财 政 部 规 划 教 材

全国中等职业学校财经类教材

# 财政金融基础知识

（第 六 版）

徐金霞 主编



中国财经出版传媒集团
中国财政经济出版社

**图书在版编目（CIP）数据**

财政金融基础知识 / 徐金霞主编. --6版. --北京：中国财政经济出版社，2022.5

财政部规划教材　全国中等职业学校财经类教材

ISBN 978-7-5223-1286-6

Ⅰ.①财…　Ⅱ.①徐…　Ⅲ.①财政金融-中等专业学校-教材　Ⅳ.①F8

中国版本图书馆 CIP 数据核字（2022）第 050223 号

责任编辑：王佳欣　　　　责任校对：徐艳丽
封面设计：卜建辰　　　　通　　读：卓文娟

财政金融基础知识
CAIZHENG JINRONG JICHU ZHISHI

中国财政经济出版社 出版

URL：http：//www.cfeph.cn
E-mail：cfeph@cfeph.cn



社址：北京市海淀区阜成路甲 28 号　邮政编码：100142
营销中心电话：010-88191522
天猫网店：中国财政经济出版社旗舰店
网址：https：//zgczjjcbs.tmall.com
北京鑫海金澳胶印有限公司印刷　各地新华书店经销
成品尺寸：185mm×260mm　16 开　12.25 印张　306 000 字
2022 年 5 月第 6 版　2022 年 5 月北京第 1 次印刷
定价：35.00 元
ISBN 978-7-5223-1286-6
（图书出现印装问题，本社负责调换，电话：010-88190548）
本社质量投诉电话：010-88190744
**打击盗版举报热线：010-88191661　QQ：2242791300**

# 编写 说明

本书是财政部规划教材，由财政部教材编审委员会组织编写并审定，作为全国中等职业学校财经类教材使用。

《财政金融基础知识》（第六版）是根据财政部“2021—2025 年学历教材建设规划”的要求修订的。按照中等职业教育培养目标，着力于培养学生分析问题的基本能力和基本操作能力，提高学生的综合素质，本教材以现行财政、金融体制及业务为主线，系统而简要地阐述财政和金融的基本概念、基本原理和基本业务知识。

本教材自 2002 年（第一版）、2007 年（第二版）、2010 年（第三版）、2012 年（第四版）、2017 年（第五版）出版以来，满足了全国中等职业学校财经类专业教学的需要。但是随着我国中等职业教育理念、人才培养模式、教学内容和教学方法的发展变化及职业教育的大力发展；随着经济体制改革的不断深入，财政、金融理论和实践的不断改革发展，财政金融领域的新政策、新技术、新业务大量涌现，为适应职业教学的需要，我们必须与时俱进，按照职业教育的需求及经济体制改革的进程对教材及时进行修订，增加新知识、新技术，使教材服务于社会，服务于学生，满足社会需求，这样的教材才具有生命力。我们以“服务为宗旨，就业为导向，能力为本位，全面素质教育为基础”的思路修订教材，本次修订的主要特点是“新颖、通俗、实用”。

一、教材的新颖性

教材的修订面对职业岗位需要，以能力为本位，反映新时期、新观念、新特点、新业务、新方法的前沿知识，将最新的知识及业务向学生展示，体现了内容的新颖性；增加了二维码扫描，使教材成为互联网立体化教材，体现了形式的新颖。

二、教材的通俗性

在教材内容的难易程度上充分考虑当前中职学生的实际知识层次，文字通俗易懂，让学生有兴趣学，学得会，用得上。按照理论够用的原则，在内容上以实用、够用为原则，选择岗位需求的，去除抽象的理论，理论问题的阐述尽可能简单明了。

三、教材的实用性

教材的内容实用、规范。为便于学生掌握知识，提升能力，结合理论增加了更多的实例及阅读资料。另外，为全面培养学生的综合素质和职业能力，教材配备了相应的训练、练习。

本次修订，由杭州市财政局徐金霞主持，并修订第一章、第四章；福建省宁德财经学校钟华修订第二章和第三章；贵州省财政学校孟军修订第五章、第八章；四川财经职业学院杨滢修订第六章、第七章；杭州科技职业技术学院陈淑女修订第九章；主编提出修订大纲和修订体例，并最后总纂定稿。

本教材有配套的练习册《财政金融基础知识（第六版）习题集》，用书学校任课老师若需要答案，请以电子邮件的形式向中国财政经济出版社索取（请注明学校、全书名、版次），E－mail：caijingjiaocai@163.com。本教材还为任课老师制作了电子教案及电子课件，如有需要，请登录如下网址下载：http：//jiaocai.cfeph.cn。

在教材的修订过程中，得到了财政部教材编审组各位专家的具体指导；教材中参考、借鉴和引用了有关著作、教材上的研究成果，在此我们一并表示衷心的感谢。

限于编者理论水平和实践知识，教材难免出现误漏之处，恳请读者批评指正。

编　者

2022年2月

# 目 录

# 第一章 财政概述

【知识目标】 1. 理解财政、公共财政的概念及特征

2. 掌握社会主义市场经济条件下财政的职能

3. 了解市场缺陷的表现及政府职能

【思政目标】 增强学生社会责任感和主人翁意识，激发爱国主义情怀

【情境引例】

### 各级财政疫情防控资金支出超4 000亿元

2020年伊始，一场新冠疫情彻底打乱了我们生活的节奏，财政部部长刘昆在全国财政工作会议上表示，2020年，全国财政系统把疫情防控作为最重要、最紧迫的工作来抓，优先保障疫情防控经费，加快资金拨付使用。

2020年财政工作面临的困难之多、挑战之大，是多年未有的。疫情暴发蔓延时，全国财政收入大幅下滑，收支矛盾异常突出，地方财政运转尤为困难。严峻形势面前，部党组迎难而上、担当作为，统筹疫情防控和经济社会发展，坚决落实“积极的财政政策要更加积极有为”要求，制定出台了扩大财政赤字、发行抗疫特别国债、新增地方政府专项债券等一揽子政策举措，既为抗击疫情提供了有力支撑，也为恢复经济赢得了主动。

坚持生命至上，全力支持抗击新冠肺炎疫情。面对来势汹汹的疫情，全国财政系统闻令而动、听令即行，把疫情防控作为最重要、最紧迫的工作来抓。第一时间明确提出“两个确保”。按照特事特办、急事急办原则，优先保障疫情防控经费，加快资金拨付使用，确保人民群众不因担心费用问题而不敢就诊，确保各地不因资金问题而影响医疗救治和疫情防控。截至2020年11月底，各级财政疫情防控资金支出超过4 000亿元，为开展相关工作提供了坚实支撑。

加强应对疫情财税政策保障。围绕减轻患者救治费用负担、提高疫情防治人员待遇、保障医疗防控物资供应、加强科研攻关特别是药物和疫苗研发等方面，出台实施一系列针对性强的财税政策。大力支持重大疫情防控救治体系和应急物资保障体系建设，提升公共卫生和医疗基础设施能力水平。加强抗疫国际合作。同时，加大政策解读和宣传力度。组织召开系列新闻发布会，编写发布财政支持疫情防控政策措施问答、“六保”财政政策措施问答、中国财政政策执行情况报告等，增强社会各方面信心。

（资料来源：中华人民共和国财政部网站，2021年1月20日。）

对于财政部，很多人都不陌生，但是对于公共财政、政府预算、国债、财政赤字、转移支付、财政政策、政府性基金等，很多人对其具体内涵并不了解。在接下来的课程里，我们将揭开其面纱，一探究竟。

## 第一节 财政的概念

### 一、社会生活中的财政现象

财政现象是指在日常生活中可以观察、观测和体会到的财政行为及结果。在现实社会生活中，每个人都与财政有着各种各样的联系，通过各种方式、各种渠道与财政“打交道”，从我们每个人的衣食住行到国家的政治活动和经济建设，时时处处都存在着财政现象。

从每个人的一生看，呱呱坠地的那一天，我们中的多数人是在政府经营的医院里度过的。伴随时光的流逝，我们渐渐成长，开始接受应有的教育，而我们就读的幼儿园、小学、中学、大学等，多半是由政府开办的。在完成学业的过程中，如果经济方面出现困难，我们可以申请政府提供的助学贷款。当我们走上工作岗位后，受伤生病，可以享受政府提供的医疗保障服务；万一失业，可以按规定领取失业保险金。而当我们年老退休之后，可以获得社会养老保险金。此外，政府还专门针对贫困人员、老人和老兵们提供了相应的扶贫、补贴或抚恤计划。

在现代社会中，每个人的生活都时时刻刻受到政府经济活动的影响。开灯照明，用的电是政府兴建的供电厂提供的；刷牙洗脸，用的水是由政府投资的自来水公司供应的；烧菜做饭，用的煤气是由政府创办的煤气供应公司提供的；上班下班，走的是市政部门投资修筑的道路，乘的是市政部门提供的公共汽车；晚餐之后，既可以待在家里看看政府创办的电视台的节目，也可以到政府兴建的公园散散心。可见，我们每天的起居住行都与政府有着相当密切的关系。

当然，我们在享受各种产品和服务的时候，也需要付出相应的代价。我们在用水、用电、用气，或者在收看有线电视、乘坐公共汽车时，需要向相应的城市公用事业部门缴纳一定的使用费。同时，尽管像公园、广场、国防、治安等各种服务往往由政府向公众免费提供，但实际上，我们在享受政府所提供的各种服务的同时，也以纳税义务人的身份为政府的各方面开支缴纳各种税收和费用。

国民收入的三次分配

**想一想：**

你的生活中接触过的财政现象有哪些？什么是财政呢？

## 二、财政的概念

我国作为一个历史悠久的文明古国，财政活动源远流长，但我国古代没有“财政”一词，对于财政范畴的表述，使用的是“国计”“国用”“度支”等名词。我国政府文献中首次使用“财政”一词，是在清朝光绪二十四年（1898 年），当时维新派为学习西洋文化从日本引进了财政概念，并在戊戌变法诏书中写进了“改革财政实行国家预算”的条文。

从起源上考察，财政是伴随着国家的产生而产生的。人类社会随着生产力的不断提高，出现了私有财产，社会分类为剥削阶级和被剥削阶级，阶级斗争的结果产生了国家。国家一旦产生，为维持国家机构的存在并保证实现其职能，就必须从社会产品分配中占有一部分国民收入，这就产生了财政这种特殊的经济行为和经济现象。上海辞书出版社于 2020 年出版的第七版《辞海》对“财政”一词所做的解释如下：财政亦称“国家财政”，是国家为实现职能需要，参与社会产品分配所形成的分配活动以及所体现的特定分配关系。可以从以下几方面理解：

“财政”一词的起源

### （一）财政分配的目的

财政分配的目的是保证国家实现其职能的需要。任何社会形态的国家都有其职能，国家的职能体现国家的性质。无论在何种社会形态下，财政分配总是围绕着实现国家职能目的而进行。

**资料卡**

**市场经济下的国家（政府）职能**

政府职能是政府在经济和社会生活中固有的功能。市场经济体制下的政府职能包括政治职能、经济职能和社会职能。

1. 政治职能。政治职能也称为“主权职能”，包括两方面内容：一是对外的政治职能，主要是维护国家主权和保护领土完整，这就要求建立国防和外交；二是对内的政治职能，主要是维护国内正常的生产和生活秩序，这就要求建立必要的立法、司法与行政管理机构。

2. 经济职能。政府的经济职能是现代政府的重要职能。随着经济和公共事务的发展，社会矛盾越来越多，出现了许多企业无法解决、需要政府来协调和解决的事务，从而促使政府从传统的不干预经济，转为经济的干预者和调节者。政府的经济职能是指国家为经济的发展对社会经济生活进行管理的职能，包括经济行政事务管理的职能，如确立正常经济秩序、制定各种有利于公平竞争的经济法律或法规并组织实施、确立产权制度、限制垄断、制定产业政策和技术政策等；包括宏观调控职能，如从事基础设施建设、政府直接向公共工程投资、对经济周期实施调控等。

3. 社会职能。政府的社会职能是指管理社会公共事务、提供公共服务方面的功能。它包括城市规划、城市公共设施建设和管理、人们的身体健康和卫生方面，就业和社会保障方面，环境保护，支持文化、科学、教育、体育的发展等。

### （二）财政分配的主体

分配的主体是指分配的决定者。不同的分配形式表现出的分配主体是不相同的，其他分配形式更多地表现为分配主体的多样性和非绝对性。由于财政是一种政府的经济活动，所以财政分配的主体只能是政府，而且是唯一的，其他任何以社会组织或团体为主的经济活动都不属于财政。

**思考：**社会产品分配形式，除了财政分配以外，还有哪些形式？它们的主体分别是什么？

### （三）财政分配的对象

财政分配的对象是社会产品，主要是社会产品中的剩余产品。因为由财政分配所满足的公共需要，虽然也是社会再生产过程的客观需要，但不是企业物质再生产过程的直接需要。这就决定了可供财政分配的社会产品，主要是物质生产过程中劳动者为满足社会公共需要而提供的一部分剩余产品。从社会总产品的价值构成来看，C + V + M 构成社会产品价值，C 是补偿价值，V 是用于劳动力再生产的部分，M 是剩余价值，财政分配的主要对象是 M，但是国家在其财政分配活动中，并不是将所有的剩余产品（或其价值）加以集中，而只是将剩余产品（或其价值）的一部分，通过征税、收费、举债等方式集中起来。

### （四）财政是分配范畴

分配范畴是指决定社会产品归谁占有，占有多少，以及如何分配，即解决社会产品在价值量上分割的份额、比例所形成的各种经济关系。财政是分配范畴，是指财政决定了社会产品中归政府占有并支配的相应份额。这个基本属性表现为，政府以各种财政收入形式取得一部分社会产品，并通过各类支出项目将其再分配到政府各个部门去使用。财政的这种收支行为改变了整个社会产品在政府、法人组织和个人之间的占有比例，实质是使政府对一部分社会产品拥有所有权。因此，财政属于社会再生产过程中的分配范畴。

### （五）财政是政府的经济活动

在市场经济条件下，任何一个经济主体无论是企业、政府，还是家庭个人都面临着生存、发展两大问题，财政就是解决政府生存、发展的一种经济活动。因此，财政有两项基本任务：一是通过各种有效手段，提供政府主体生存所必不可少的物质资料；二是为政府主体的发展筹措必要的资金和物资。

## 三、财政的一般特征

财政分配与其他分配形式相比较，具有以下特征：

### （一）政府（国家）主体性

市场经济条件下存在着政府、企业和个人家庭三大经济主体，与之相适应，就存在着三种理财活动：以政府为主体的理财活动称为“财政”，又称为“公共理财”；以企业为主体的理财活动称为“企业财务”或“公司理财”；以个人家庭为主体的理财活动称为“个人理财”或“家庭理财”。财政分配的政府主体性特征包括两层意思：

1. 财政分配必须依托政府的公共权力。财政是一种非市场行为，是一种对收入的再分配。首先，政府是社会公共事务管理机关。政府通过法律、秩序和公共服务，为社会提供了劳务，因而它有权从社会总产品中获得自己的一份收入。其次，公共事务在本质上是全体居民共同利益的体现，但这种利益往往是抽象的，如国防、行政管理等，因此，政府无法像市场行为那样按向个人提供的服务来收费，因而只有凭借公共权力，通过税收和行政性收费方式来获得收入。

2. 在财政分配中，政府处于主动的、支配的地位，亦即财政分配的目的、分配的方向、范围、数量等都体现着政府的意志，服从政府的利益，按照政府的需要来进行。

#### （二）强制性

财政分配活动的强制性是指政府凭借公共权力通过颁布法令来进行财政收支活动，即政府通过强制方式来取得财政收入，即对公民征税。同样，财政支出也具有强制性特征，在财政支出规模和用途的安排中，不能按某一公民的意见做出决策，必须通过一定的政治程序作出决策并依法强制实施。

#### （三）无偿性

财政分配形式的无偿性是指政府取得财政收入是无偿的，国家征税以后，税款成为国家财政收入的一部分，由财政统一分配，而不直接向具体纳税人返还或支付报酬。财政支出也同样是无偿的，财政安排的支出一般不需要资金使用单位偿还。

## 第二节　市场与公共财政

### 一、市场经济的优势与缺陷

社会资源的配置方式有两种，一种是市场配置方式，另一种是政府配置方式。在市场经济体制下，对社会资源的配置侧重于市场配置方式，市场起决定性作用而政府配置资源只是弥补市场配置资源的不足。

#### （一）市场经济的优势

市场经济是一种经济体系，它由供求机制、价格机制和竞争机制组成，在这种体系下产品和服务的生产及销售主要由市场的价格机制所引导，而不是像计划经济一般由国家所引导。市场经济是迄今为止最有效率的资源配置方式和手段之一。

#### （二）市场经济的缺陷

市场经济不是万能的，它在许多方面存在缺陷，又称为市场失灵，在一些领域或场合，市场机制本身并不能得到有效发挥，从而无法得到有效配置资源的结果，而市场缺陷只有通过政府来弥补。市场缺陷表现在以下几方面：

1. 不能为社会提供公共产品。

（1）公共产品的含义。公共产品又称公共物品，是指可供社会成员共同消费的物品或劳务，即满足社会公共需要的产品。这些产品在每一社会成员消费时不会导致其他社会成员对该产品消费的减少。因此，这类产品可同时为众多社会成员享用，但产品的成本和效用却不因消费者人数的变化而改变。最典型的公共产品有国防、治安、气象预报等。公共产品是和私人产品对应的，私人产品是为满足个人需要，通过市场供给的；而公共产品是为满足社会公共需要。在社会经济生活中，公共产品不能由市场来提供，只能通过政府财政支出来保障。

（2）公共产品的特征。相对于私人产品，公共产品具有两个基本特征：

①非排他性。非排他性也称为消费上的非排斥性，是指这类产品在技术上不易排斥众多的受益者的消费。也就是说，当某人消费这类产品时，他无法排斥其他人也同时消费这类产品。在国家法律制度的许可范围内，人人可以享受公共产品带来的任何利益。例如，每个公民都可以无差别地受益于国防所提供的安全保障，每个人都可以从天气预报中得到气象信息。当一个人享受城市优美环境时，并不排斥他人也享受优美的环境。

②非竞争性。非竞争性是指公共产品可以提供给任何人消费，每一消费者的消费并不影响其他消费者的利益，这种消费无须通过竞争来实现，因此，公共产品的边际成本为零，即每增加一个公共产品的消费者，政府并不需要相应增加一定的成本投入。同时，由于公共产品的消费是共同消费，因此每个消费者的消费都不会影响他人消费的数量与质量。如国家在国防、治安、环境保护、气象预报等方面提供的服务不会因为增加消费者而影响全体国民的利益。又如公共电视台的节目对任何人都是开放的，它不会因为电视机数量的增加而使那些原来可以收看到的人看不到，或者变得影像模糊。因此，这类产品的消费不具有竞争性；当某一灯塔建成投入使用后，无论是1艘船还是100艘船经过，其产生的效果都是相同的。

公共产品的非排他性和非竞争性使公共产品的提供不可能像私人产品那样通过市场竞争来实现。同时，这种能为任何人享用的公共产品必然难以给提供者带来直接的经济利益，因此，公共产品的提供是任何私人企业都不能接受的。然而从整个社会角度看，公共产品是社会稳定与发展及国民福利增长的需要，因此，公共产品主要通过政府的作用由公共部门来提供。

> **小问题**
>
> 私人产品有何特征？

（3）公共产品的分类。按照公共产品是否完全具备非排他性和非竞争性这两个基本特征为标准来划分，可将公共产品分为纯公共产品和准公共产品。

①纯公共产品，是指完全具备非排他性和非竞争性的社会产品。如国防、社会治安、外交、行政管理、立法、司法、环保等。

②准公共产品，也称“混合产品”，是指只具备非排他性和非竞争性这两个特征中的一个，而另一个特征则表现不充分的社会产品，是介于纯公共产品和私人产品之间的公共产品，它既具有公共产品的特征，又具有私人产品的特征，较为典型的准公共产品是具有拥挤性的公共产品，即指那些随消费者人数的增加而产生拥挤，进而会减少每个消费者可以享用的公共产品。例如，政府建设一条公路，人人都可以使用，在一定范围内，公路上增加一些车辆或行人不会增加公路的边际成本，但当车辆和行人增加到造成公路十分拥挤时，为保证公路的正常运行就必须追加投入，或政府不得不对这种拥挤的公共产品消费进行一定的限制，通过收费来限制或改善公路的拥挤状况。在这里，公路的使用有了一定的排他性和竞争

性，它不再是典型的公共产品，而是一种准公共产品。还有一些产品不具有明显的消费上的非排他性和非竞争性，但是具有明显的效益外溢性，如高等教育，由于大学容纳的学生人数有限，所以高等教育不完全具有非竞争性，但高等教育既可以提高受教育者自身的素质，增强其未来的收入能力，同时又为国家培养有用的人才，提高全民族的素质，使整个社会受益，所以，高等教育属于准公共产品。在通常情况下，准公共产品或由政府提供，或通过政府的必要补贴让私人部门提供。

**小问题**

纯公共产品和准公共产品的界限可以调整吗？职业教育是公共产品吗？

**案例**

根据国家规定，2021 年高速免费通行时间确定，共免 22 天。全国高速公路重大节假日免费的一年减收额在 200 亿元左右。

**思考分析：**道路为大家出行提供极大方便，为什么城市道路免费通行，而高速公路却要收取通行费呢？

2. 外部效应。外部效应是指商品生产者的内部成本与外部成本、内部效益与社会效益的不一致，给其他社会成员带来的影响。它分为外部正效应和外部负效应两种情况：

（1）外部正效应，又称“外部收益”，它说明的是私人部门从事某项经济活动给其他人带来利益的现象，即商品生产者的内部效益远远低于社会效益的现象。如长江上游植树造林，长江下游可以受益。生产者的成本大于收益，利益外溢，而得不到应有的效益补偿。

（2）外部负效应，又称“外部成本”，它说明的是私人部门从事某项经济活动给其他人带来损失的现象，即商品生产者的生产成本大大低于社会成本的现象。如造纸、化工等污染企业的“三废”不作任何处理直接对外排放，企业成本最低，但造成环境污染而带来的社会成本将是不可估量的；卷烟厂生产的香烟会给消费者的身体健康带来危害，增加了个人或社会的医疗开支，但卷烟厂并不需要负担这笔费用。这都是负的外部效应，即生产者的成本小于收益，受损者得不到损失补偿，因而市场竞争就不可能形成理想效率配置。

对于外部正效应而言，政府可以通过财政补贴的办法，使企业的私人利益和社会利益相等；对于外部负效应而言，政府可以通过征税、罚款等办法，从而使企业承担它给社会其他成员造成的损失，使企业的私人成本和社会成本相等。

**案例**

2019 年 9 月，公安部统一指挥浙江、山东、河南等地公安机关，历时 4 个月成功破获一起特大利用地沟油制售食用油案，一条集掏捞、粗炼、倒卖、深加工、批发、零售等 6 大环节地沟油黑色产业链浮出水面。此次行动抓获犯罪嫌疑人 32 名，同时扣押食用地沟油 100 余吨。据嫌犯交代，购买地沟油主要销往河南、山东、河北等地粮油批发市场。中国人一年消耗食用油 3 000 万吨，而地沟油就占 300 万吨，也就是说每 10 顿饭里，就可能有一顿是地沟油做的。地沟油对人体危害极大，会引起消化不良、腹泻、腹痛、胃癌、肠癌。

**思考分析：**食品质量直接影响消费者的身体健康，为什么食品安全事件屡禁不止？政府在食品安全方面应做哪些事？

3. 垄断。垄断是指一个或少数企业独占生产和市场，即生产集中于一个或少数企业，市场价格及生产量也由一个或少数企业所控制。市场效率是以完全自由竞争为前提的，而垄断的出现意味着产品的价格和利润水平不是取决于市场供求、竞争关系，而是通过垄断价格来获取超额利润，这样市场效率也就丧失了。为了对付垄断，政府可以向垄断企业征收超额税收，实行公共管制（如公共定价等），制定反垄断的法律法规等。

4. 信息不对称。当事人的一方具有较多的信息，而另一方则信息较少，这种情形就称为信息不对称。信息多的一方可以利用对方的无知而导致效率的损失。典型的信息不对称是生产和销售假冒产品，假冒产品给人们提供的是虚假信息，因而引起了消费误导。由于信息不对称是一个社会问题，是市场经济本身无法克服的，但是，政府可以提供充分的信息，并通过一些公共管制（如信息、质量、资格管制）的办法，来弥补该市场缺陷。这是政府的一种社会性服务，属于公共服务的范围。

5. 收入分配不公。在市场经济中分配主要由市场机制来完成，市场机制支付报酬是以“生产能力”和“贡献”为标准的，生产能力不同，贡献不同，其收入也不一样；私有财产制度使有产者收入多于无产者；垄断的存在和社会不均等各种因素，都必然造成贫富差距，造成收入分配的不公平。即市场经济是不可能兼顾社会公平的。社会成员的收入差距过大，会给社会带来不稳定因素，最终会影响市场经济的稳定发展。因此，就需要政府干预，通过政府与市场的有效配合，保证公平分配。

相关知识

**基尼系数**

基尼系数由意大利经济学家基尼（1884—1965）于1912年提出，是国际上用来综合考察居民内部收入分配差异状况的一个重要分析指标。它是一个比值，数值在0和1之间。基尼系数的数值越低，表明财富在社会成员之间的分配越均匀。一般发达国家的基尼系数在0.24到0.36之间。0.4为警戒线。国家统计局公布的2020年居民收入情况显示，2020年全国居民收入基尼系数为0.468。

6. 宏观经济失衡。在市场经济条件下，生产和消费主要是由市场机制来自发调节。由于市场机制自发调节的盲目性，自发的过度竞争不可避免地造成失业、通货膨胀和经济波动等，社会总供给和社会总需求之间就不一定能够达到最佳的平衡，国民经济就可能发生周期性的波动与失衡，从而出现失业、通货膨胀等问题。这种宏观经济的失衡会给生产者和消费者带来一定的损失，社会的经济发展也会受到不利的影响和干扰。为了实现经济的均衡增长，政府必须干预经济。

7. 个人偏好不合理。市场经济在生产什么的问题上采取尊重消费者主权的原则，根据消费者的个人偏好来生产产品，因此个人偏好的合理性是市场竞争结果合理性的前提条件。但是，在现实市场中，人们的个人偏好并不总是合理的，从而出现优值品和劣值品问题。所谓优值品，是指消费者对它的评价低于合理评价的产品，如教育、保险等；所谓劣值品，是指消费者对它的评价高于合理评价的产品，如毒品、香烟等。政府可以通过财政补贴、推行义务教育等方式引导市场消费更多的优值品，通过税收、法律等方式减少乃至禁止市场对劣值品的消费。

## 二、公共财政

公共财政是与市场经济相联系的一种财政模式或类型，是指国家（政府）集中一部分社会资源，用于为市场提供公共物品和服务，满足社会公共需要的分配活动或经济行为。它主要着眼于满足社会公共需要，弥补“市场失效”缺陷。

公共财政具有以下基本特征：

### （一）公共性

公共性是指公共财政着眼于满足社会公共需要。公共财政的职能范围是以满足社会公共需要为口径界定的，凡不属于或不能纳入社会公共需要领域的事项，财政就不去介入；凡属于或可以纳入社会公共需要领域的事项，财政就必须涉足。

政府在财政活动中必须坚持一视同仁的公平原则，平等地对待所有的市场活动主体，对于同样的经济行为，不论其行为主体的身份如何，政府都应当按照同样的标准和规格，以同样的态度和方式对待。一视同仁的财政活动有利于市场主体构建公平竞争的外部条件，体现财政活动的公共性。

资料卡

**社会公共需要**

社会公共需要是指社会公众作为一个整体在生产、生活和工作中共同的需要，如对安全、秩序、公民基本权利和经济发展的社会条件等方面的需要。它区别于微观经济主体的个别需要。社会公共需要包括政府执行其职能以及执行某些社会职能的需要，如国防、文教、卫生、生态环境保护的需要以及基础设施、基础产业和支柱产业、风险产业的投资；广义上还包括为调解市场经济运行而采取的各种措施等。

### （二）非营利性

在市场经济条件下，政府作为社会管理者，其行动的动机不是，也不能是取得相应的报偿或盈利，而只能以追求公共利益为己任。表现在财政收支上，财政收入的取得，要建立在为满足社会公共需要而筹集资金的基础上；财政支出的安排，要始终以满足社会公共需要为宗旨。

### （三）公平性

公共财政政策要一视同仁。市场经济的本质特征之一就是公平竞争，体现在财政上就是必须实行一视同仁的财政政策，为社会成员和市场主体提供公平的服务。

### （四）法治性

法治性即收支行为规范化，财政活动必须有法可依，依法理财。现代市场经济是一种法治经济，而市场经济的法治性也要求财政收支活动纳入法治化轨道，客观上要求一切与政府权力相关的公共收入都必须纳入政府预算。依法理财是市场经济条件下保证市场主体平等竞争和提高市场配置资源效率的必要条件。财政必须严格执行通过的预算方案，未经授权，不得改变。

### （五）民主性

民主性要求政府的财政分配活动公开、透明，受到公众的制约和监督。财政的民主性表现在：一切财政资金都必须纳入政府预算，所有开支都必须有详细的说明；政府预算必须经过最高权力机构审议通过，充分反映公众的利益。

**阅读资料**

**《国家基本公共服务标准（2021 年版）》出台**
**基本公共文化服务主要范围进一步明确**

国家发展改革委会同 20 个部门共同研究起草了《国家基本公共服务标准（2021 年版）》，明确了现阶段国家提供基本公共服务项目的基础标准。《标准》涵盖了幼有所育、学有所教、劳有所得、病有所医、老有所养、住有所居、弱有所扶“七有”，以及优军服务保障、文体服务保障“两个保障”，共 9 个方面、22 大类、80 个服务项目。每个项目均明确了服务对象、服务内容、服务标准、支出责任和牵头负责单位。赵辰昕表示，制定出台国家基本公共服务标准是我国保障和改善民生的一次重大制度创新，有利于保障和改善基本民生，有利于推动发展成果全民共享，有利于推进国家治理体系和治理能力现代化。

据统计，“十三五”期间共有 31 个省（区、市）制定了具体实施标准。333 个地市、2846 个县出台了基本公共文化服务目录。“这些标准和目录的发布实施，标志着我国基本公共文化服务标准体系正在逐步形成。”该负责人介绍，各级文化和旅游部门与发改、财政等部门共同推进标准落实工作。2015 年，中央财政整合设立中央支持地方公共文化服务体系建设补助资金，统筹支持地方落实国家标准。2015 年至 2020 年，中央财政累计安排该项补助资金 820.49 亿元，其中 2020 年 152.9 亿元，支持实施公共数字文化建设、文化志愿服务等项目，为 2.3 万个村文化活动室配置基本文化服务设备，为 1.2 万个乡镇配送以戏曲为主的演出约 7.8 万场，为 200 个基层国有院团更新流动舞台车，开展了广场舞展演等群众文化活动和“村晚”等民俗节庆活动，切实保障人民群众文化权益。同时，中央财政安排相关资金 470.56 亿元，其中 2020 年 79.24 亿元，支持全国 5 万余个公共图书馆、美术馆、文化馆（站）、博物馆、纪念馆免费开放和提供公益性讲座、展览等基本公共文化服务，支持为边远贫困地区、边疆民族地区和革命老区每年培养、选派约 1.9 万名文化工作者，为公共文化服务体系建设提供了有力支撑。

（资料来源：《中国文化报》，2021 年 4 月 22 日。）

**想一想：**

上述内容体现了公共财政的什么特征？

# 第三节 财政的职能

财政职能是指财政本身固有的职责和功能，这是财政这一经济范畴本质的反映，具有客观必然性。它回答财政能干什么和应该干什么的问题。社会主义市场经济条件下，公共财政具有三个职能：资源配置职能、收入分配职能、经济稳定职能。

## 一、资源配置职能

### （一）资源配置职能的含义

资源配置职能是指将一部分社会资源集中起来，形成财政收入，然后通过财政支出活动，由政府提供公共物品或服务，引导社会资金流向，弥补市场缺陷，从而优化全社会的资源配置。高效地配置资源，这始终是经济学的核心问题。在市场经济中，市场这只“无形的手”在资源配置中发挥决定性作用，而政府这只“有形的手”主要在市场“失灵”的领域发挥作用。作为政府履行职能的重要手段之一，财政不仅是一部分社会资源的直接分配者，也是全社会资源配置的调节者。这一特殊地位，决定了财政的资源配置职能既包括对用于满足社会公共需要资源的直接分配，又包括对全社会资源的间接调节。

### （二）资源配置职能的主要内容

财政在资源配置方面的任务是：利用税收政策、预算支出政策等，对全国的生产要素进行合理组合，通过对生产要素的合理组合，形成部门、产业、行业间的资源结构，以合理的资源配置实现最大的经济效益和社会效益。财政资源配置职能的内容主要表现在：

1. 调节资源在政府部门和非政府部门之间的配置。确保社会资源的一部分配置到政府部门和社会公共事业部门，以满足人们对公共产品和政府服务的需求，实现资源在社会需要与企业需要之间的最优配置。这主要是通过政府的税收手段来完成的。

**提示：**社会资源集中到政府部门手中的规模主要取决于社会对公共产品和政府服务的需求量，而财政收入占国民生产总值的比重则是反映政府集中社会资源规模的一个重要指标。

2. 调节资源在产业部门之间的配置。财政通过预算支出或通过税收、财政补贴等手段影响私人部门的支出方向来直接或间接调节社会资源在产业行业之间的配置，实现社会资源在各产业部门之间的最优配置，使国民经济各部门能够得到协调的发展。

**思考题：**由于能源紧缺、二氧化碳过度排放和空气污染三大问题，世界各国都在大力发展新能源汽车，我国也不例外，但是电动汽车比同级别燃油车价格高很多，而且充电设施少，那么政府应该采取什么措施推动新能源汽车的发展呢？

3. 调节资源在不同地区之间的配置。地区之间经济发展不平衡是一国在经济发展过程中可能面临的客观现实。在已有的经济布局中，经济发达地区的劳动生产率高，基础设施健全，投资利润和劳动报酬相对较高，就必然吸引各种经济资源更多地流向经济发达地区。而经济落后地区的投资和就业吸引力远不如经济发达地区，使其与经济发达地区的差距越来越大。财政资源配置职能的一个重要内容就是通过转移支付、财政补贴、税收等多种手段，实现资源在各个地区之间的合理配置。

## 二、收入分配职能

### （一）收入分配职能的含义

收入分配职能是指政府财政收支活动对各个社会成员收入在社会财富中所占份额施加影响，以公平实现收入分配。在政府对收入分配不加干预的情况下，一般会根据个人财产多少和对生产所作贡献大小等因素，将社会财富在社会各成员之间进行初次分配。这种市场化分配有利于提高效率，但容易造成社会成员间收入差距过大，从而需要政府对市场初次分配结果实施再分配调节，促进形成合理有序的收入分配格局，维护社会公平与正义。

财政调节收入分配的目标是公平。一般而言，公平可以分成经济公平和社会公平两个层次。经济公平强调分配规则的公平，它要求经济主体在机会均等的原则下遵循相同的竞争规则，要求要素投入和要素收入相一致，是市场等价交换的体现。社会公平强调分配结果的公平，是指将收入差距维持在现阶段社会各阶层所能接受的合理范围内。

### （二）收入分配职能的主要内容

财政在收入分配方面的重要任务是通过税收和支出等手段对市场分配机制进行干预或对市场分配机制造成的收入分配不公平的结果进行调节，使社会财富的分配基本符合社会公平。

1. 调节企业的利润水平，主要是通过征税剔除或减少客观因素对企业利润水平的影响，使企业的利润水平能够反映企业的生产经营管理水平和主观营力状况，使企业在大致相同的条件下获得大致相同的利润，为企业创造一个公平竞争的外部环境。例如，通过开征资源税，可以把一些开采自然资源的企业因资源条件好而取得的超额利润征收上来；通过征收消费税剔除或减少价格的影响；企业（公司）所得税可调节不同行业的盈利水平等，从而实现企业之间的公平竞争。

2. 调节居民个人收入水平，既要合理拉开收入差距，又要防止贫富悬殊，逐步实现共同富裕。这主要有两种手段：一是通过税收进行调节，如通过征收个人所得税，缩小个人收入之间的差距；二是通过转移支出来调节居民的实际生活水平，如财政补贴支出、社会保障支出、社会救济支出等，以维护居民最低生活水平和福利水平。

3. 创造就业机会，使中低收入者得到获取收入的机会。政府可以利用税收优惠政策创造就业机会并扩大就业培训，使中低收入者得到获取较高收入的机会。政府的再就业工程正是财政实现收入公平分配的体现。

阅读资料

### 近十年我国基尼系数总体呈波动下降趋势

党的十八大以来，我国经济实力持续跃升，人民生活水平全面提高，居民收入分配格局逐步改善。虽然存在贫富差距，但城乡、地区和不同群体居民收入差距总体上趋于缩小。

农村居民收入增速明显快于城镇居民，城乡居民相对收入差距持续缩小。从收入增长上看，2011—2020 年，农村居民人均可支配收入年均名义增长 10.6%，年均增速快于城镇居民 1.8 个百分点。从城乡居民收入比看，城乡居民人均可支配收入比逐年下降，从 2010 年的 2.99 下降到 2020 年的 2.56，累计下降 0.43。2020 年，城乡居民人均可支配收入比与 2019 年相比下降 0.08，是党的十八大以来下降最快的一年。

地区之间居民收入差距逐年下降。2011—2020 年，收入最高省份与最低省份间居民人均可支配收入相对差距逐年下降，收入比由 2011 年的 4.62（上海与西藏居民收入之比）降低到 2020 年的 3.55（上海与甘肃居民收入之比），是进入 21 世纪以来的最低水平。2020 年，东部与西部、中部与西部、东北与西部地区的收入之比分别为 1.62、1.07、1.11，分别比 2013 年下降 0.08、0.03 和 0.18。

不同群体之间居民收入差距总体缩小。基尼系数是衡量居民收入差距的常用指标，通常用居民收入来计算，近十几年我国基尼系数总体呈波动下降态势。全国居民人均可支配收入基尼系数在 2008 年达到最高点 0.491 后，2009 年至今呈现波动下降态势，2020 年降至 0.468，累计下降 0.023。同时居民收入分配调节在加大。“十三五”时期，全国居民人均转移净收入年均增长 10.1%，快于居民总体收入的增长。

（资料来源：封面新闻，2021 年 9 月 28 日。）

**想一想：**

什么是共同富裕？

## 三、经济稳定职能

### （一）经济稳定职能的含义

经济稳定与发展职能是指通过实施特定的财政政策，实现充分就业、物价稳定、国际收支平衡和经济增长等目标。政府根据宏观经济运行的不同状况，相机抉择采取相应的财政政策措施。

**想一想：**

充分就业是指百分百的就业吗？失业的原因有哪些？

### （二）经济稳定职能的主要内容

经济稳定与发展职能的主要任务是调节总供给与总需求的平衡。

1. 通过财政预算政策进行调节。在经济滑坡时，总需求小于总供给，财政可以实行适度放松政策，通过增加支出或减少税收，或二者同时并举由此扩大总需求，增加投资和就业；在经济繁荣时期，总需求大于总供给，财政可以实行紧缩政策，减少支出或增加税收，或二者同时并举，由此减少总需求，紧缩投资，抑制通货膨胀。在总供给和总需求基本平衡，但结构性矛盾比较突出时，实行趋于中性的财政政策。

总之，通过财政收入和支出的松紧搭配，相机抉择，决定或影响总供给和总需求的平衡，使整个经济协调、稳定发展，并有适度增长。

2. 通过较为稳定的制度性安排来发挥财政内在稳定器的作用。财政的内在稳定器主要包括累进所得税和失业保险制度两个内容。例如，当经济过热，出现通货膨胀时，一般来说，企业和个人的名义收入水平相应提高，这时，适用的税率也会相应提高，这样与通货膨胀前的情况相比企业和个人就要缴纳更多的税收，他们的税后实际收入就会下降，这有利于抑制总需求。另外，在经济过热时期，失业率会下降，政府的失业救济支出会减少，这也有利于抑制总需求。反之，当经济衰退，社会总需求小于总供给时，企业和个人的收入水平就会下降，这时适用的税率也会相应降低，这样会增加企业和个人的税后实际收入，有利于扩大需求。同时，在失业保险方面，由于经济衰退导致失业工人增多，政府的失业救济金支出也会增加，这有利于扩大总需求，有利于刺激经济复苏。

3. 通过财政投资、补贴和税收政策等手段，加快农业、资源，交通运输，邮电通信等公共设施的发展，解决经济增长中的“瓶颈”问题，促进传统工业向现代知识经济转化，以信息产业为纽带加快产业结构的转换，合理利用资源，保护环境，以保证国民经济的可持续发展。同时，财政还应该承担文教科卫、社会保障和社会保险制度的重任，使经济增长与经济发展相互促进，相互协调。

**阅读资料**

**浙江省推进高水平建设“四好农村路”**

省交通运输厅、省财政厅正式出台《高水平建设“四好农村路”三年行动计划考核办法》，通过考核的加快发展县最高可获得5 000万元省级奖励资金，推动进一步把浙江的农村公路建好、管好、护好、运营好，加速从“村村通”迈向“路路美”。

21世纪初，浙江在国内率先启动了康庄工程，基本实现了行政村村村通公路，出门方便了，山货、土特产好卖了，一大批浙江乡村因此走上了康庄道。十多年后的今天，随着乡村旅游的兴起，浙江广大乡村希望生活更美些，致富的道路更“宽”些。而这正是浙江高水平建设“四好农村路”的本意之一。

为了顺应百姓需求和发展需要，2018年5月15日，浙江省在淳安县召开助推乡村振兴战略高水平建设“四好农村路”推进大会，启动高水平建设“四好农村路”三年行动计划暨“千项百亿”工程，即用3年时间，投资1 000亿元，提升改造农村公路4万千米；同步实施的“千项百亿”工程，计划投资190亿元，实施1 200个重点项目，集中开工一批当前最为迫切、带动力最强、群众期盼度最高的重点项目。

动员会以来，浙江省各地高水平建设“四好农村路”全面推开，基本建立了县、乡、村三级路长制，把任务责任分解到人、落到实处。作为“千项百亿”工程项目之一，通往云和长汀村的农村公路已进入拓宽施工阶段。随着交通改善，长汀村的“人工沙滩”等旅游资源开始被盘活，不少在外打拼的游子敏锐地嗅到了乡村旅游热的机遇，纷纷返乡开起了农家乐和民宿，昔日的空壳村重现生机。

省交通运输厅负责人表示，浙江省把“四好农村路”建设摆在全局的战略高度，全力推进三年行动计划，力争到2020年，农村公路的畅通、安全、舒适、美丽水平全国领先；农村公路的建设、管理、养护、运营机制全国领先；农村公路服务经济社会发展水平全国领先。到2035年，全面建成具有浙江特色的高水平“四好农村路”，综合水平争取达到世界一流，为浙江省实现“两个高水平”奠定坚实基础。

（资料来源：《浙江日报》，2018年9月4日。）

**思考分析：**财政为什么要加大农村道路建设的投入？体现财政的什么职能？

## 复习思考题

1. 什么是财政？如何理解财政概念？
2. 什么是公共产品？如何分类？公共产品都应该由财政提供吗？
3. 社会生活中为什么需要财政？
4. 举例说明外部效应和信息不对称现象。

# 第二章
# 财政收入

【知识目标】 1. 了解政府非税收入的范围及我国的国债制度
2. 掌握财政收入的概念及其主要形式
3. 掌握税收的概念、基本特征及税制的三大要素
4. 掌握国债的概念、特征及作用

【思政目标】 通过本章学习，增强学生国家观念，培养学生的法治意识，树立依法纳税理念

【情境引例】

**减税降费，助力经济高质量发展**

2021 年前三季度，国内生产总值同比增长 9.8%——历经风雨，具有极强韧性的中国经济再次成为寒意中的一抹暖色。与此相对应的是，前三季度，全国新增减税降费 9 101 亿元，新办涉税市场主体达 970.3 万户，亿万市场主体的澎湃活力再次证明了“放水养鱼”的政策智慧与决策远见。

2021 年以来，税务部门结合党史学习教育，全力贯彻落实各项减税降费政策，聚焦创新驱动、制造智造、中小微企业等重点领域，以减税、退税、缓税等形式，将优惠快、简、准地送达纳税人、缴费人手中，以税务人的“用心”，换来税费服务举措的“创新”，收获税收营商环境的“清新”，有效激发亿万市场主体活力，为“高质量号”中国经济列车在把握新发展阶段、贯彻新发展理念、构建新发展格局的轨道上行稳致远提供强大动力。

（资料来源：《中国税务报》，2021 年 12 月 6 日。）

突如其来的新冠肺炎疫情，严重影响了我国经济的发展，在严峻形势下，税务部门通过减税降费等形式，有效激发亿万市场主体活力，助力经济高质量发展。什么是税收？它如何调节经济？除了税收，还有哪些财政收入呢？

# 第一节 财政收入概述

## 一、财政收入的含义

财政收入是政府为了满足社会公共需要，依据政治权力和经济权力，通过一定形式，所筹集、占有的一切资金总和。财政收入是政府可以直接支配的货币资金。财政收入是财政支出的前提，也是安排和使用财政资金的起点，是满足社会公共需要、实现国家职能的财力保证。

## 二、财政收入的来源构成

财政收入的构成，是指财政收入的不同性质、不同来源、不同类别的组成结构。

### （一）财政收入的产业构成

财政收入的产业构成是国民经济三大产业部门在提供财政收入中的贡献及贡献程度。随着中国经济迈向高质量发展，产业结构不断优化，财政收入结构也不断优化。

**相关链接**

国民经济按产业可分为第一产业、第二产业和第三产业。

第一产业包括：农业、牧业、林业、渔业等；

第二产业包括：工业和建筑业；

第三产业包括：第一、第二产业以外的各业，主要有服务业、旅游业、交通运输业、金融保险业等。

1. 第一产业。第一产业是我国财政收入的源泉和基础，第一产业的发展会影响整个国民经济的发展，是国民经济各部门赖以生存和发展的基本条件。第一产业中主要是农业，由于目前我国已取消了农业税，加之工农业产品交换中存在着价格剪刀差，使农业部门创造的一部分价值转移到工业、商业、交通运输等部门实现，因而财政来源于第一产业的收入相对较少。这其中第一产业的农产品附加值低，低税、免税产值比重大，以及国家长期对第一产业实行轻税政策等也是重要的原因。

2. 第二产业，是财政收入的重要来源。我国经过 60 多年的大规模建设，产业结构得到极大改善，比例也日趋合理。到 2019 年，第一产业由 1952 年的 51% 下降为 7.1%，第二产业由 20.8% 上升为 39%，第三产业则由 28.16% 大幅上升至 53.9%。工业结构实现了从门类简单到齐全，从以轻工业为主到轻、重工业共同发展，从以劳动密集型工业为主导，向劳动、资本和技术密集型共同发展的转变。目前我国已经形成一个行业比较齐全的工业体系，拥有联合国产业分类中所列的全部工业门类。因此，工业是财政收入重要的来源。第二产业的发展和经济效益如何，对财政收入的增长至关重要。

3. 第三产业。随着市场经济体制改革加快和科学技术进步，以及产业结构逐步调整，第三产业发展较快，第三产业占 GDP 的比重也越来越大，带来与第三产业关联度较高，税收同比快速增长，财政收入来自第三产业的比重也越来越高。第三产业已成为我国开辟财源，筹集财政资金的主要产业。

**提示：**目前，我国第二、第三产业增加值要高于 GDP 的增长，而财政收入主要是由来自于第二、三产业的二十几种税收和非税收收入组成。

据国家统计局数据显示，在税收收入中，第三产业税收占比由“十二五”末期的 54.8% 上升至 2019 年的 56%，提高 2.1 个百分点；第二产业税收占比由“十二五”末期的 45.1% 下降至 2019 年的 43%。

### （二）财政收入的管理权限构成

按照我国财政收入的管理权限，财政收入可分为中央财政收入和地方财政收入。

1. 中央财政收入。中央财政收入是指按照国家预算法规和财政管理体制的规定，由中央政府集中筹集和支配使用的财政资金。中央财政收入在财政总收入中占主导地位。

2. 地方财政收入。地方财政收入是指按照国家预算法规和财政管理体制的规定，由地方政府集中筹集和支配使用的财政资金。

2007 年以来，中国地方财政收入占比逐年提高，2020 年全国公共财政预算收入 18.29 万亿元，其中，中央本级收入 8.28 万亿元，地方本级收入 10.01 万亿元，地方财政收入占全国公共财政收入的比例为 54.74%。

## 三、财政收入的形式

财政收入的形式是指国家取得财政收入的手段或者具体方式。目前，世界各国取得财政收入的主要形式都是税收。目前我国的财政收入中绝大部分也来源于税收。我国财政收入的主要形式有以下几类：

### （一）税收收入

税收是国家财政收入的主要形式。它是国家依据政治权力，按照法定标准和程序，强制地、无偿地、固定地取得财政收入的一种形式。运用税收组织财政收入，可以保证财政收入的可靠、及时和均衡。税收是财政收入的主要来源，在筹集资金和调节经济中具有重要的作用。我国目前税收收入占国家财政收入的 90% 以上。

### （二）政府非税收入

政府非税收入是除税收以外的其他政府财政收入。包括政府性基金收入、行政事业性收费收入、罚没收入、国有资本经营收入、国有资源（资产）有偿使用收入等，政府非税收入是政府财政收入的重要形式。

### （三）债务收入

债务收入是国家以信用的形式从国内外取得的借款收入。包括国内债务收入（国债发行收入、向国家银行借款收入等）和国外债务收入（向外国政府借款收入、向国际组织借款收入、对外发行债券收入等）。

### （四）其他收入

其他收入是指除以上几类收入以外的其他各种分散、零星的收入。包括贷款转贷回收本金收入、政府间的转移性收入等。

**阅读资料**

**2020 年全国一般公共预算收入决算**

单位：亿元

| 项　目 | 预算数 | 决算数 | 决算数为预算数的% | 决算数为上年决算数的% |
|---|---|---|---|---|
| 一、税收收入 | 153 310.00 | 154 312.29 | 100.7 | 97.7 |
| 国内增值税 | 57 420.00 | 56 791.24 | 98.9 | 91.1 |
| 国内消费税 | 12 520.00 | 12 028.10 | 96.1 | 95.7 |
| 进口货物增值税、消费税 | 13 310.00 | 14 535.50 | 109.2 | 91.9 |
| 进口货物增值税 | 12 660.00 | 13 914.52 | 109.9 | 92.0 |
| 进口消费品消费税 | 650.00 | 620.98 | 95.5 | 90.1 |
| 出口货物退增值税、消费税 | -12 140.00 | -13 628.98 | 112.3 | 82.6 |
| 出口货物退增值税 | -12 123.00 | -13 611.63 | 112.3 | 82.6 |
| 出口消费品退消费税 | -17.00 | -17.35 | 102.1 | 77.4 |
| 企业所得税 | 36 965.00 | 36 425.81 | 98.5 | 97.6 |
| 个人所得税 | 10 585.00 | 11 568.26 | 109.3 | 111.4 |
| 资源税 | 1 815.00 | 1 754.76 | 96.7 | 96.3 |
| 城市维护建设税 | 4 460.00 | 4 607.58 | 103.3 | 95.6 |
| 房产税 | 3 000.00 | 2 841.76 | 94.7 | 95.1 |
| 印花税 | 2 525.00 | 3 087.45 | 122.3 | 125.4 |
| 其中：证券交易印花税 | 1 300.00 | 1 773.65 | 136.4 | 144.3 |
| 城镇土地使用税 | 2 220.00 | 2 058.22 | 92.7 | 93.8 |
| 土地增值税 | 6 200.00 | 6 468.51 | 104.3 | 100.1 |
| 车船税 | 895.00 | 945.41 | 105.6 | 107.3 |
| 船舶吨税 | 50.00 | 53.72 | 107.4 | 106.9 |
| 车辆购置税 | 3 020.00 | 3 530.88 | 116.9 | 100.9 |
| 关税 | 2 750.00 | 2 564.25 | 93.2 | 88.8 |
| 耕地占用税 | 1 380.00 | 1 257.57 | 91.1 | 90.5 |
| 契税 | 6 000.00 | 7 061.02 | 117.7 | 113.7 |
| 烟叶税 | 110.00 | 108.67 | 98.8 | 97.9 |
| 环境保护税 | 225.00 | 207.06 | 92.0 | 93.6 |
| 其他税收收入 | | 45.50 | | |

续表

| 项　　目 | 预算数 | 决算数 | 决算数为预算数的% | 决算数为上年决算数的% |
|---|---|---|---|---|
| 二、非税收入 | 26 960.00 | 28 601.59 | 106.1 | 88.3 |
| 专项收入 | 7 130.00 | 7 123.36 | 99.9 | 99.8 |
| 行政事业性收费收入 | 3 840.00 | 3 838.65 | 100.0 | 98.7 |
| 罚没收入 | 3 092.00 | 3 113.87 | 100.7 | 101.7 |
| 国有资本经营收入 | 2 398.00 | 1 938.95 | 80.9 | 25.1 |
| 国有资源（资产）有偿使用收入 | 7 910.00 | 9 934.33 | 125.6 | 123.2 |
| 其他收入 | 2 590.00 | 2 652.43 | 102.4 | 105.1 |
| 全国一般公共预算收入 | 180 270.00 | 182 913.88 | 101.5 | 96.1 |
| 全国财政使用结转结余及调入资金 | 29 980.00 | 26 302.37 | 87.7 | 118.5 |
| 支出大于收入的差额 | 37 600.00 | 37 600.00 | 100.0 | 136.2 |

注：1. 全国一般公共预算支出大于收入的差额 = 支出总量（全国一般公共预算支出 + 补充预算稳定调节基金）- 收入总量（全国一般公共预算收入 + 全国财政调入资金及使用结转结余）

2. 全国财政调入资金及使用结转结余，是中央和地方财政按照建立跨年度预算平衡机制、推进财政资金统筹使用以及盘活财政存量资金等要求，从预算稳定调节基金、政府性基金预算、国有资本经营预算调入的资金，以及地方财政使用的以前年度结转结余资金（按照现行规定，地方财政结转结余资金当年不列预算支出，在以后年度实际使用时再列预算支出）。

## 第二节　税收收入

### 一、税收的概念

#### （一）税收的含义

税收是国家为实现其职能的需要，凭借政治权力，按照法律规定的标准，强制地、无偿地取得财政收入的一种形式。它体现以国家为主体的分配关系，是国家取得财政收入的主要形式和调控经济运行的重要杠杆。

对税收的含义可从五个方面来理解：

1. 税收是国家为了实现其职能而取得财政收入的一种方式；
2. 征税的主体是国家，除了国家之外，任何机构和团体都无权征税；
3. 征税依据的是国家的政治权力，这种政治权力凌驾于财产权利之上，没有国家的政治权力为依托，征税就无法实现；
4. 征税的目的是政府实现其职能，满足社会公共需要；
5. 税收是一个分配范畴，体现着特定的分配关系。

### （二）税收的基本特征

税收的基本特征通常被概括为三性，即强制性、无偿性和固定性。

1. 税收的强制性。税收的强制性是指政府凭借公共权力，以法律、法令形式来规范政府作为征税人和社会成员作为纳税人之间的权利和义务关系，依据法律进行征税。具体体现在：政府征税是凭借国家的公共权力，强制征收，而不是凭借财产权利。对征税人和纳税人都具有法律上的约束力。我国宪法明确规定我国公民有依法纳税的义务，否则就要受到法律的制裁。税收的强制性主要体现在征税过程中。

**提示：**税收的强制性是税收范畴最为明显的形式特征，这是由税收作为补偿公共产品成本这一性质所决定的。公共产品的非排他性特征决定了公共产品的消费者不可能自愿出价，而只有采取强制的方式使公共产品的价值得以补偿。

2. 税收的无偿性。税收的无偿性是指国家征税以后，税款一律纳入国家财政预算，成为国家财政收入的一部分，由财政统一分配，而不直接向具体纳税人返还或支付报酬。税收的无偿性是对个体纳税人而言的，其享有的公共利益与其缴纳的税款并非一对一的对等，但就纳税人的整体而言则是对等的，政府使用税款目的是向社会全体成员包括具体纳税人提供社会需要的公共产品和公共服务。因此，税收的无偿性表现为个体的无偿性、整体的有偿性。

3. 税收的固定性。税收的固定性是指国家征税必须通过法律形式，预先规定统一的征税标准，包括纳税人、课税对象、税率、纳税期限、纳税地点等征纳行为规范，按照法律确定的标准实施征税。这些标准一经确定，在一定时间内是相对稳定的。

当然，税收的固定性是相对于某一时期而言的。国家可以根据经济和社会发展需要适时地修订税法，但这与税收整体的相对固定性并不矛盾。

税收的三个特征是一个完整的统一体，它们相辅相成、缺一不可。无偿性是税收这种特殊分配手段本质的体现，是核心；强制性是实现税收无偿征收的保障；固定性是无偿性和强制性的一种规范和约束。三者相互配合，保证了政府财政收入的稳定。

纳税人的权利与义务

## 二、税收制度的构成要素

税收制度，简称“税制”，是国家通过立法程序规定的各种税收法令和征收管理办法的总称。它由纳税人、课税对象、税率、纳税期限、纳税环节、纳税地点、税收减免和违章处理等要素构成，其中纳税人、课税对象和税率是最重要的税制要素，一般称之为税制“三要素”。

### （一）纳税人

纳税人又称“纳税义务人”，是指税法规定的直接负有纳税义务的单位和个人，包括自然人和法人。自然人和法人是两个相对称的法律概念，所谓**自然人**，是指依法享有民事权利，并承担民事义务的公民个人，包括本国公民，也包括外国人和无国籍人。如在我国从事工商业活动的个人，以及工资和劳务报酬的获得者等，都是以个人身份来承担法律规定的民事责任及纳税义务。所谓法人，是自然人的对称，是指依法成立并能独立行使法定权利和承担法律义务的社会组织，如社团、公司、企业等。

**相关链接**

与纳税人有联系的一个概念是负税人。从严格意义上讲，纳税人是法律上的纳税主体，即直接向国家缴纳税款的单位和个人；而负税人是经济上的纳税主体，即最终承担税款的单位和个人。纳税人和负税人既可以是一致的，也可能不一致。一般认为，当存在税负转嫁时，纳税人和负税人不一致。

### （二）课税对象

课税对象又称“征税对象”“征税客体”，是税法规定的对什么征税，是征纳税双方权利义务共同指向的客体或标的物，是征税的依据。课税对象是一种税区别于另一种税的主要标志，因为它体现着不同税种征税的基本界限，决定着不同税种名称的由来以及各个税种在性质上的差别。如增值税是以增值额为征税对象，财产税是以纳税人拥有或使用的财产为征税对象，所得税是以企业、个人的所得为征税对象。课税对象随着社会生产力的发展变化而变化。课税对象的具体化是税目，它反映了具体的征税范围，代表征税的广度。并非所有税种都需要规定税目，有些税种不分课税对象的具体项目，一律按照课税对象的应税数额采用同一税率计征税款，因此一般无须设置税目，如企业所得税。有些税种具体课税对象比较复杂，需要规定税目，如消费税、增值税等，一般都规定有不同的税目。

### （三）税率

税率是税额与课税对象之间的数量关系或比例关系，是计算税额的尺度和依据，它体现了征税的深度，是税收制度的中心环节。在课税对象既定的条件下，直接关系到财政收入的多少和纳税人税负的轻重，体现着国家的税收政策。我国现行的税率一般可划分为比例税率、累进税率和定额税率三种形式。

1. 比例税率。比例税率是对同一课税对象或同一税目，不论其数额的大小，都按同一比例征税，税额与课税对象成正比例关系。在比例税率下，同一课税对象的不同纳税人的负担相同，具有鼓励生产、计算简便的优点，也有利于税收征管。其缺点是有悖于税收公平的原则，且具有累退性质。比例税率一般适用于对商品的课税。我国的增值税、企业所得税等采用的是比例税率。

2. 累进税率。累进税率是按课税对象数额的大小，划分若干等级，每个等级由低到高规定相应的税率，课税对象数额越大税率越高，数额越小税率越低。它对调节纳税人收入的作用比较直接、明显，而且适应性强、灵活性大，多适用于对所得额的征税。如我国个人所得税中的工资薪金所得适用七级超额累进税率，个体工商户生产经营所得及对企事业单位的承包经营所得适用五级超额累进税率。

3. 定额税率。定额税率也称固定税额。它是按课税对象的一定计量单位直接规定一个固定的税额，而不规定征收比例。它与比例税率的区别，主要在于计税依据不同，比例税率是按征税对象的价值量计征，定额税率则按照征税对象的实物量计征。定额税率适用于从量计征的税种，如资源税。

### （四）纳税期限

纳税期限是税法规定纳税人向国家缴纳税款的法定期限。合理确定和严格执行纳税期限，对于保证财政收入的稳定性和及时性有重要作用。不同性质的税种以及不同情况的纳税人，其纳税期限也不相同。我国现行税制的纳税期限有三种形式：按期纳税、按次纳税和按年计征、分期预缴。采取哪种形式的纳税期限缴纳税款，同课税对象的性质有着密切关系。一般来说，商品课税大都采取“按期纳税”形式；企业所得课税采取“按年计征、分期预缴”形式。无论采取哪种形式，如纳税申报期的最后一天遇公休或节假日，都可以顺延。

### （五）纳税环节

纳税环节是指从生产到消费的整个流转环节中，税法规定应当缴纳税款的环节。纳税环节有广义和狭义之分。广义的纳税环节指全部课税对象在再生产中的分布情况。例如，资源税分布在生产环节，商品税分布在流通环节，所得税分布在分配环节。狭义的纳税环节是指应税商品在流转过程中应纳税的环节，具体指每一种税的纳税环节，是商品课税的特殊概念。按照纳税环节的多少，可将税收课征制度划分为两类：一次课征制和多次课征制。

### （六）纳税地点

纳税地点主要是指根据各个税种纳税对象的纳税环节和有利于税款的源泉控制而规定的纳税人（包括代征、代扣、代缴义务人）的具体纳税地点。

### （七）税收减免

税收减免是根据政府政策，对某些纳税人和征税对象给予鼓励和照顾的一种特殊规定。主要包括三个方面。

1. 减免税。减税是从应征税款中减征部分税款，免税是免征全部税款。

2. 起征点，即税法规定的征税对象开始征税的数额。未达到起征点的不征税，超过起征点就要按全部数额征税。

3. 免征额，即允许从征税对象数额中扣除的免于征税的数额。征税对象不超过免征额时不征税，超过免征额时，仅就超过部分征税。

税收减免体现了国家一定时期的经济和社会政策，有较强的政策目的性和针对性，能将税收的统一性和灵活性相结合。

### （八）违章处理

违章处理是对纳税人违反税法的行为所采取的处罚措施。它是保证税法贯彻执行的重要手段。纳税人的违章行为主要有：偷税、骗税、抗税、欠税等。

偷税是指纳税人伪造、变造、隐匿、擅自销毁账簿、记账凭证，或者在账簿上多列支出或者不列、少列收入，或者经税务机关通知申报而拒不申报或者进行虚假的纳税申报，不缴或者少缴应纳税款的违法行为。

骗税是指纳税人采取对所生产或者经营的商品假出口等欺骗手段，骗取国家出口退税款的违法行为。

抗税是指纳税人以暴力、威胁方法拒不缴纳税款的违法行为。

欠税即拖欠税款，是指纳税人在纳税期限届满后，仍未缴或少缴应纳税款的违章行为。

偷税、骗税和抗税属于违法犯罪行为；欠税属于一般违章行为，不构成犯罪。对纳税人的违章行为，可以根据情节轻重的不同，分别采取以下方式进行处理：批评教育，强行扣款，加收滞纳金，罚款，追究刑事责任等。

**阅读资料**

**纳税服务的主要载体**

随着纳税服务领域的拓展和现代科学技术的发展，我国的纳税服务手段不断改进和完善，纳税服务的主要载体目前主要有以下几种：

一、办税服务厅

办税服务厅是纳税服务的重要场所，一般设立申报纳税、发票管理、综合服务三类窗口。在办税服务厅，对各种纳税申报实行“一窗式”管理，每个申报窗口都可受理、审核不同税种的申报；推行“一站式”服务，将纳税人需要到税务机关办理的各类事项统一到办税服务厅办理，并实行即时、限时办理。同时，在办税服务厅提供表证单书样本、纸墨等用品，设立税法公告栏，及时编印和发放税收政策法规、规定的宣传资料；设立电子触摸屏、显示屏、排队叫号系统等，方便纳税人办税。

二、税务网站

税务网站是纳税服务的重要网络平台。按照国家电子政务总体框架和税收信息化建设总体要求，税务网站的主要功能是推进政务公开，开展税收宣传，进行咨询辅导，方便公众参与，实施网上办税事务等。税务网站根据纳税人的需求设置网站栏目，重点开设税法宣传、纳税咨询、办税服务和权益保护等基本服务功能，并在此基础上，逐步拓展疑难问题在线咨询、意见建议在线收集、投诉举报在线受理等网上互动功能。

三、12366 纳税服务热线

12366 是全国税务机关统一的特种服务电话号码。12366 纳税服务热线的主要服务功能包括纳税咨询、办税指南、涉税举报、投诉监督等，并已逐步开通发票、待办事项等信息查询和电话申报、满意度随机调查等功能。通过人工与自动语音相结合，为纳税人提供 24 小时多功能语音服务。此外，依托 12366 纳税服务热线可同步实现短信服务、网上咨询等功能。

（资料来源：国家税务总局网站。）

## 三、我国现行税收制度

我国现行税制是以流转税为主体、所得税为发展重点的复合税制体系。税收制度的主体是税种，当今世界各国普遍实行由多个税种组成的税收体系。在这些体系中的各个税种都有各自的特点，同类型税种之间又存在着多方面的共同点。按征税对象的不同来分类，是税收分类最基本和最主要的方法。按照这种分类方法，我国目前的税种大体可分为以下几类：

### （一）对商品和劳务的征税

对商品和劳务的征税简称“流转税”，它是指以流转额为课税对象的税种。流转税税基宽广，收入及时、稳定、充裕、可靠；负担普遍，能够体现普遍纳税原则；计税依据和税额的计算简单，容易征收，便于征管。目前流转税是我国的主体税种。我国现行的流转税税种主要有增值税、消费税、关税等，主要在生产、流通或者服务业中发挥调节作用。

1. 增值税。增值税是对在我国境内从事销售货物或者提供劳务以及进口货物的单位和个人就其增值额征收的一种税。我国目前增值税的征税范围比较广，涉及生产、批发、零售、交通运输和部分现代服务业等劳务。为了征管的需要，将纳税人划分为一般纳税人和小规模纳税人，一般纳税人采用凭专用发票抵扣税款的方法来计算应纳税款，而小规模纳税人采用简易办法按征收率计征税款。

**提示：**我国增值税属于中央地方共享税，是我国目前最大的税种。

2. 消费税。消费税是对在我国境内从事生产、零售、委托加工、进口应税消费品的单位和个人就其销售额或销售数量征收的一种税。消费税是在增值税普遍征收基础上选择烟、酒、化妆品等十几类消费品进行征税，主要目的是调节消费结构。消费税根据税法确定的税目，按照应税消费品的销售额、销售数量分别实行从价定率或从量定额的办法计算应纳税额。消费税的纳税期限与增值税的纳税期限相同。

**提示：**我国的消费税属于中央税。

3. 关税。关税是由海关依照关税法对准许进出关境的货物和物品征收的一种税。关税对保护本国工农业生产和组织财政收入具有重要作用。随着世界经济一体化的逐步加深，关税税率在逐步降低。

### （二）对所得的征税

对所得的征税又称“所得税”。所得税是对以各种所得额为征税对象的税种的总称。所得税在组织财政收入、公平分配、稳定经济、促进经济发展等方面具有重要意义。所得税也是目前许多国家的主体税系。它以所得额为征税对象，实行“所得多的多征，所得少的少征，无所得的不征”的原则，较好地体现了量能负担，它对调节国民收入分配，缩小纳税人之间的收入差距有着特殊的作用。较多情况下采用累进税率，被人们称为“自动稳定器”。我国现行的所得税税种主要有：对企业征收的企业所得税和对个人征收的个人所得税两个税种。主要是在国民收入形成后，对生产经营者的利润和个人的纯收入发挥调节作用。

1. 企业所得税。企业所得税是对中国境内的一切企业和其他取得收入的组织（不包括个人独资企业、合伙企业），就其来源于中国境内外的生产经营所得和其他所得征收的一种税。企业所得税以企业每一纳税年度的收入总额，减除不征税收入、免税收入、各项扣除以及允许弥补以前年度亏损后的余额，为应纳税所得额。

2. 个人所得税。个人所得税是以个人取得的各项应税所得（包括个人取得的工资薪金所得、生产经营所得等9个应税项目）为对象征收的一种税。我国目前采用混合征收制，居民个人取得综合所得（工资薪金、劳务报酬、稿酬、特许权使用费）先按月或者按次预缴，年终按纳税年度合并计算个人所得税；非居民个人取得综合所得，按月或者按次分项计算个人所得税。纳税人取得分类所得（利息股息、财产租赁、财产转让、偶然所得）按次分别计算个人所得税；生产经营所得按年计算个人所得税。

### （三）对资源的征税

征收这类税有两个目的：一是为了取得资源消耗的补偿基金，保护国有资源的合理开发利用；二是为了调节资源级差收入，以利于企业在平等的基础上开展竞争。目前我国对资源的征税主要有资源税、城镇土地使用税、耕地占用税、土地增值税等税种。

1. 资源税。资源税是对各种应税自然资源征收的一种税。征税范围包括原油、天然气、煤炭、其他非金属矿原矿、黑色金属矿原矿、有色金属矿原矿、盐七大类。采取从量定额征收的方法。主要是因开发和利用自然资源差异而形成的级差收入发挥调节作用。

2. 城镇土地使用税。城镇土地使用税是以在城市、县城、建制镇和工矿区范围内的土地为征税对象，以实际占用的土地面积为计税依据，按规定税额对使用土地的单位和个人征收。其税额标准按大城市、中等城市、小城市和县城、建制镇、工矿区分别确定，在每平方米0.6～30元之间。

3. 耕地占用税。耕地占用税是对占用耕地建房或者从事其他非农业建设的单位和个人，依其占用耕地的面积征收。其税额标准在每平方米5～50元之间。

4. 土地增值税。土地增值税是对转让国有土地使用权、地上建筑物及附着物并取得收入的单位和个人，就其转让房地产所取得的增值额征收的一种税。

### （四）对财产和行为的征税

对财产的征税是以纳税人所拥有或支配的财产为课税对象征收的税。这类税的作用在于适当调节财产拥有人的收入，控制财富的集中，提高财产的使用效率。对行为的征税是以纳税人的某种特定行为作为课税对象征收的税。征收行为税的主要目的是通过征税对某种行为加以限制或监督管理，或者只是为了开辟地方财源，达到特定的目的。这类税通常课税对象单一，税源较小，收入零星分散，且归作地方财政收入。我国现行对财产和行为的征税有房产税、车辆购置税、车船税、契税、印花税、环境保护税、烟叶税、船舶吨税、城建税等，主要是对某些财产和行为发挥调节作用。

1. 房产税。以城市、县城、建制镇和工矿区范围内的房屋为征税对象，按房产余值或租金收入为计税依据，向产权所有人征收的一种税。其税率分为两类：按照房产余值计算应纳税额的，适用税率为1.2%；按照房产租金收入计算应纳税额的，适用税率为12%，但个人按市场价格出租的居民住房，减按4%的税率征收。房产税按年征收、分期缴纳。

2. 契税。契税以出让、转让、买卖、赠予、交换发生权属转移的土地、房屋为征税对象征收，承受的单位和个人为纳税人。出让、转让、买卖土地、房屋的税基为成交价格，赠予土地、房屋的税基由征收机关核定，交换土地、房屋的税基为交换价格的差额。税率为3%～5%。

**提示：**开征契税的作用是通过征税，国家确认了纳税人的房地产所有权，因而保障了产权人的合法权益，同时也有利于房地产交易的管理。

3. 印花税。印花税是对经济活动和经济交往中书立、领受税法规定的应税凭证征收的一种税。它征收面广，对各类合同、产权转移书据、营业账簿、权利许可证照及财政部确定的其他凭证征税；对不同凭证分别采用比例税率和定额税率计征。

4. 车船税。车船税是以在我国境内依法应当到车船管理部门登记的车辆、船舶为征税对象，向车辆、船舶的所有人或管理人按其种类、吨位，实行定额征收的一种税。车船税按年申报缴纳。

5. 城市维护建设税。城市维护建设税是对缴纳增值税、消费税的单位和个人，就其增值税、消费税的税额为课税对象征收的一种税。城市维护建设税分别与增值税、消费税同时缴纳。

6. 车辆购置税。车辆购置税是对在我国境内购置汽车、摩托车、电车、挂车、农用运输车等应税车辆的单位和个人，就其购置的应税车辆在购置环节一次性征收的一种税。

7. 环境保护税。在中华人民共和国领域和中华人民共和国管辖的其他海域，直接向环境排放应税污染物的企业事业单位和其他生产经营者为环境保护税的纳税人，应当依法缴纳环境保护税。

8. 烟叶税。对在我国境内收购烟叶（包括晾晒烟叶和烤烟叶）的单位，以收购烟叶的金额为计税依据征收的一种税。

9. 船舶吨税。船舶吨税亦称“吨税”，是海关对外国籍船舶航行进出本国港口时，按船舶净吨位征收的一种税。

**阅读资料**

### 个人所得税专项附加扣除

纳税人个人所得税的专项附加扣除有子女教育、继续教育、大病医疗、住房贷款利息、住房租金、赡养老人六项。

1. 子女教育。纳税人的子女接受全日制学历教育的相关支出，按照每个子女每月1 000元的标准定额扣除。

2. 继续教育。纳税人在中国境内接受学历（学位）继续教育的支出，在学历（学位）教育期间按照每月400元定额扣除。同一学历（学位）继续教育的扣除期限不能超过48个月。纳税人接受技能人员职业资格继续教育、专业技术人员职业资格继续教育的支出，在取得相关证书的当年，按照3 600元定额扣除。

3. 大病医疗。在一个纳税年度内，纳税人发生的与基本医保相关的医药费用支出，扣除医保报销后个人负担（指医保目录范围内的自付部分）累计超过15 000元的部分，由纳税人在办理年度汇算清缴时，在80 000元限额内据实扣除。

4. 住房贷款利息。纳税人本人或者配偶单独或者共同使用商业银行或者住房公积金个人住房贷款为本人或者其配偶购买中国境内住房，发生的首套住房贷款利息支出，在实际发生贷款利息的年度，按照每月1 000元的标准定额扣除，扣除期限最长不超过240个月。纳税人只能享受一次首套住房贷款的利息扣除。

5. 住房租金。纳税人在主要工作城市没有自有住房而发生的住房租金支出，可以按照以下标准定额扣除：直辖市、省会（首府）城市、计划单列市以及国务院确定的其他城市，扣除标准为每月1 500元；除第一项所列城市以外，市辖区户籍人口超过100万人的城市，扣除标准为每月1 100元；市辖区户籍人口不超过100万人的城市，扣除标准为每月800元。纳税人的配偶在纳税人的主要工作城市有自有住房的，视同纳税人在主要工作城市有自有住房。

6. 赡养老人。纳税人赡养60岁（含）以上父母的，按照每月2 000元标准定额扣除，其中，独生子女按每人每月2 000元标准扣除，非独生子女与其兄弟姐妹分摊每月2 000元的扣除额度。

7. 3岁以下婴幼儿照护费用。自2022年1月1日起，纳税人照护3岁以下婴幼儿子女的相关支出，在计算缴纳个人所得税前按照每名婴幼儿每月1 000元的标准定额扣除。具体扣除方式上，可选择由夫妻一方按扣除标准的100%扣除，也可选择由夫妻双方分别按扣除标准的50%扣除，监护人不是父母的，也可以按上述政策规定扣除。

（资料来源：国家税务总局，2022年3月19日。）

**小问题**

你父母每月的个人所得税专项附加扣除金额有多少？

# 第三节　政府非税收入

## 一、政府非税收入的概念

### （一）政府非税收入的含义

政府非税收入是指除税收收入以外，由各级国家机关、事业单位、代行政府职能的社会团体及其他组织依法利用政府权力、政府信誉、国家资源（资产）或所有者权益等取得的各项收入，是政府财政收入的重要组成部分，是政府参与国民收入分配和再分配的一种形式。2020年，全国政府非税收入为28 585亿元，相当于同期财政收入的15.63%。

### （二）政府非税收入与税收收入的比较

1. 政府非税收入与税收收入的相同点。

第一，二者的征收主体都是政府。不论税还是非税，征收的主体只能是政府或者政府授权的单位，除此之外，任何经济单位、社会团体和个人都无权征收。

第二，二者的征收目的都是满足社会公共需要，实现社会利益，而不是满足私人需要，实现私人利益。

第三，二者的征收都有一定的标准。非税收入中无论是社会保障基金收入，还是规费、使用费以及罚没收入的收取都要符合政府颁布的既定征收标准。这和税收的固定性基本相同。

第四，二者都必须依法管理。从严格意义上讲，无论是税收收入还是非税收入，都必须纳入预算，预算之外不应该存在政府财政分配活动，这是预算完整性原则的集中体现。

2. 政府非税收入与税收收入的不同点。

第一，二者的征收范围存在区别。虽然从整体上讲，二者的征收范围都有广泛性特征，但非税收入的征收范围具有更强的选择性，特别是政府规费和使用费的收取，一般限定在能够按照收益原则确定消费者的项目内，而税收筹资则适用于不能确定特定消费者的项目。

第二，二者所依据的征收原则存在区别。虽然二者的征收标准都具有确定性，但税收征集的确定主要是依据支付能力原则，即纳税人缴纳的税收收入的多少和其从政府提供的公共服务中得到的利益的大小并无必然联系，而和纳税人的支付能力的大小直接相关。而非税收入征收标准的确定则通常依据收益原则（罚没收入收取的标准的确定则依据征集对象违法、违规的程度，实际是收益原则的必要补充），根据征集对象从政府提供的公共服务中得到利益的大小来确定收入征集标准。

第三，收入征收的强制性程度不同，税收收入具有明显的强制性，只要经济主体发生了应该纳税的行为、取得了应该纳税的收入或者拥有应该纳税的财产，就必须依照简洁规定缴税，否则会受到惩罚；而非税收入除罚没收入、社会保障基金收入具有明显的强制性以外，其他收入形式的强制性表现得并不是十分明显。比如政府不能为了收费而强迫消费者接受其产品或服务。

第四，收入征集有偿和无偿的区别。非税收入中除罚没收入具有无偿性外，其他的收入形式一般都具有有偿的性质，体现政府和收入缴纳者之间一定的交换关系。而税收收入的征集则是无偿的，政府取得税收收入并不偿还，也不向纳税人做出提供任何服务或产品的承诺。

第五，二者在政府收入体系中的地位不同。虽然非税收入包括的具体收入形式较多，但其却不是政府收入的主体，政府收入的主体是税收收入。

## 二、政府非税收入的范围

### （一）政府性基金收入

政府性基金是指各级人民政府及其所属部门根据法律、行政法规和中共中央、国务院文件规定，为支持特定公共基础设施建设和公共事业发展，向公民、法人和其他组织无偿征收的具有专项用途的财政资金。征收政府性基金必须严格按国务院规定统一报财政部审批，重要的报国务院审批。地方无权批准设立基金项目，也不得以行政事业性收费的名义变相批准设立基金项目。

**相关链接**

我国现在的全国政府性基金一共有二十项，包括：铁路建设基金、民航发展基金、高等级公路车辆通行附加费（海南）、国家重大水利工程建设基金、水利建设基金、城市基础设施配套费、农网还贷资金、教育费附加、地方教育附加、文化事业建设费、国家电影事业发展专项资金、旅游发展基金、中央水库移民扶持基金、地方水库移民扶持基金、残疾人就业保障金、森林植被恢复费、可再生能源发展基金、船舶油污损害赔偿基金、核电站乏燃料处理处置基金、废弃电器电子产品处理基金等。

### （二）行政事业性收费

行政事业性收费是指国家机关、事业单位、代行政府职能的社会团体及其他组织根据法律、行政法规等有关规定，依照国务院规定程序批准，在向公民、法人提供特定服务的过程中，按照成本补偿和非营利原则向特定服务对象收取的费用。行政事业性收费遵循非营利性原则，是政府非税收入的重要形式。目前我国行政事业性收费种类主要包括：管理性收费、资源性收费、证照性收费、检验检疫收费、政府机关为维护国家主权而实施的收费等。

#### （三）罚没收入

罚没收入是执法机关依法收缴的罚款（罚金）、没收款、赃款、没收物资、赃物的变价款收入。包括公安、检察院、法院、工商、新闻出版、技术监督、税务、海关、食品药品监督、卫生、检验检疫、证监会、保监会、银监会、审计等部门的罚没收入，以及缉私罚没收入等。

#### （四）国有资本收益

国有资本经营收入是指各级人民政府及其部门、机构履行出资人职责的企业上交的国有资本收益。包括利润收入、国有股股利、股息收入、产权转让收入等。

#### （五）国有资源（资产）有偿使用收入

国有资源（资产）有偿使用收入是指有偿转让国有资源、国有资产使用权而取得的收入。包括海域使用金收入、场地和矿区使用费收入、特种矿产品出售收入、专项储备物资销售收入、利息收入、非经营性国有资产出租收入、出租车经营权有偿出让和转让收入等。

#### （六）其他政府非税收入

其他政府非税收入主要包括：以政府名义接受的捐赠收入、主管部门集中收入、彩票公益金收入、特许经营收入等。以政府名义接受的捐赠收入，是指以各级政府、国家机关、实行公务员管理的事业单位、代行政府职能的社会团体以及其他组织名义接受的非定向捐赠货币收入，不包括定向捐赠货币收入、实物捐赠收入以及以不实行公务员管理的事业单位、不代行政府职能的社会团体、企业、个人或者其他民间组织名义接受的捐赠收入。

### 三、政府非税收入管理制度

非税收入是政府财政收入的重要组成部分，应当纳入财政预算管理。加强政府非税收入管理是市场经济条件下理顺政府分配关系、健全公共财政职能的客观要求，也是从源头上防范腐败的一个重要方面。

我国从20世纪90年代提出“收支两条线”管理制度，2001年至今深化“收支两条线”改革，规范非税收入管理。这一制度作为规范财政资金管理的一种有效方式，以及防止腐败行为和加强党风廉政建设的一项重要措施，已在实践中不断得到充实、发展和完善。

#### （一）“收支两条线”管理制度的含义

“收支两条线”管理制度是指国家机关、事业单位、社会团体及其他组织，将按照国家有关规定依法取得的政府非税收入全额缴入国库或者财政专户，支出通过财政部门编制预算进行统筹安排，资金通过国库或财政专户收缴和拨付的管理制度。

### （二）“收支两条线”管理制度的内容

1. 收费主体是履行或代行政府职能的国家机关、事业单位和社会团体。罚没主体是指国家行政机关、司法机关和法律、法规授权的机构。

2. 各种收费、罚没项目的设立都必须有法律、法规依据。

3. 收费、罚没收入必须全部上缴财政，作为国家财政收入，纳入财政预算管理。

4. 收费实行收缴分离，罚没实行罚缴分离，即实行执收执罚单位开票、银行缴款、财政统管的模式。

5. 执收、执罚单位的开支，由财政部门按批准的预算拨付。

**一问一答**

提问：市、县级政府具有行政事业性收费项目的审批权限吗？

解答：《财政部　国家发展改革委关于发布〈行政事业性收费项目审批管理暂行办法〉的通知》（财综［2004］100号）规定，行政事业性收费项目实行中央和省两级审批制度，国务院和省、自治区、直辖市人民政府及其财政、价格主管部门按照国家规定的权限审批管理收费项目。除国务院和省级政府及其财政、价格主管部门外，其他国家机关、事业单位、社会团体，以及省级以下（包括计划单列市和副省级城市）人民政府，均无权审批收费项目。

（资料来源：财政部网站。）

# 第四节　国　　债

## 一、国债的概念

### （一）国债的含义

所谓国债就是国家借的债，即国家债务，通常是指一国中央政府作为主体，依据有借有还的信用原则取得的资金。

我国的国债专指财政部代表中央政府发行的国家公债，由国家财政信誉作担保，信誉度非常高，历来有“金边债券”之称，稳健型投资者喜欢投资国债。

### （二）国债的特征

国债是一个特殊的财政范畴，它是一种非经常性的财政收入，因为国家发行债券或借款实际上是筹措资金，意味着政府可支配的资金的增加。国债与财政收入的其他形式相比，具有以下主要特征：

1. 自愿性，是指国债的发行或认购建立在认购者自愿认购的基础上，以借贷双方自愿互利为基础，对认购者而言，买与不买，买多买少，完全由其视个人或单位情况自主决定，这与财政收入的其他形式相比具有明显的区别。

2. 有偿性，是指通过发行国债筹集的财政资金，政府不仅要作为债务按期偿还，而且还要按事先规定的条件向认购者支付一定数额的利息。

3. 灵活性，是指国债发行与否、发行多少、发行条件和发行时间，一般完全由政府根据财政资金的余缺状况灵活地加以确定，而非通过法律形式预先规定。国债具有灵活性这一特征，使得它能与财政收入的其他形式相互配合，相互补充。

## 二、国债的作用

### （一）弥补财政赤字，平衡财政收支

发行国债弥补财政赤字，是国债产生的主要原因，也是目前世界各国的普遍做法。因此，弥补财政赤字是国债最基本的作用。弥补财政赤字的方式主要有增加税收、动用财政历年结余、向银行借款和发行国债。从比较弥补赤字的各种手段看，发行国债是比较可靠的方法，一般情况下不会对经济造成不利影响，因为通常只是引起购买力的转移，并不增加流通中货币量。

### （二）为经济建设、调整产业结构筹集资金

国债是国家信用的主要形式和典型形式，是筹集建设资金的重要手段。在技术与管理既定的前提下，增加投资是加快经济增长的主要动力。同时，将债务收入投资于国民经济薄弱环节，如能源、交通、基础设施等，可以调整产业结构。

### （三）作为财政政策工具，调节宏观经济运行

在市场经济体制下，政府的一项重要职能是进行宏观经济调控。其主要手段是实行财政政策与货币政策相配合，运用各种政策工具调节宏观经济运行，其中国债是一种重要的财政政策工具。政府通过发行国债筹集的资金，用于基础设施投资，可以刺激投资需求与消费需求，调节社会总供给与总需求的平衡。同时，国债资金用于基础设施投资，扩大社会的积累规模，实际上是将消费基金变为积累基金，改变了资金的用途。

作为财政政策工具的国债对宏观经济的调控，离不开发达的证券市场。国债进入证券市场交易，对于资本市场的形成和发展发挥着重要的推动作用。

## 三、国债制度

### （一）国债的分类

1. 国债按发行地域分类，分为内债和外债。内债是在国内发行的国债，简称内债，是指政府作为债务人向本国境内的居民和单位发行的国债；外债是在国外发行的国债，简称外债，是指政府作为债务人在境外发行的国债。世界各国发行的国债，以内债为主体。

2. 国债按偿还期限分类，分为短期、中期、长期国债。短期国债是指期限一般在一年以内的债券；中期国债是指期限一般在一年以上十年以下的债券；长期国债是指期限一般在十年以上的债券。

3. 国债按发行主体分类，分为国家公债和地方公债。国家公债是指中央政府发行的国债；地方公债是指地方政府发行的国债。

4. 国债按流通方式分类，分为可转让国债和不可转让国债。可转让国债是指在金融市场上自由流通买卖的国债；不可转让国债是指不能在金融市场上自由流通买卖的国债。

5. 国债按发行凭证分类，分为纸质国债和记账式国债。纸质国债是指印有券面的实物国债；记账式国债是指记录债权人姓名、金额等事项，以账簿方式发行的国债。在现代金融条件下记账式国债多以电子账户为依托，发行成本较低，效率较高。我国目前的国债大多是记账式国债。

6. 国债按付息方式分类，分为到期一次还本付息国债和定期付息国债。到期一次还本付息国债是指期满时本息一次偿还的国债；定期付息国债是按年或按半年支付利息，本金在期满时一次偿付的国债。

### （二）国债的发行

1. 国债的发行方法。

（1）公募法，指国家财政部门或委托其他部门向社会直接公开募集国债的方法。公募法又可进一步分为直接公募法和间接公募法。直接公募法即由财政国库直接承担发行的责任，通过银行系统向公众募集国债，发行的费用和损失全部由国库承担；间接公募法又称委托募集法，是按照法定的条件，由银行部门代理国家承担国债发行的责任，通过银行系统向公众募集国债。

（2）承销法，又称承购包销法，是根据一定的发行条件，先由金融机构全部承购国债，然后再向社会间接销售的方法。一般来说，在公债数额巨大的情况下，一家金融机构是很难独立承担包销任务的，所以需由多家金融机构组成国债的承购包销团来进行公债的销售。政府还可以利用招标的方式来选择承销机构，以降低发行成本。承销的最大好处是国债的最终融资规模是确定的，并且很快就能进入国库。与间接公募法不同的是包销法是国债发行权的转让，政府一般不干预，银行可以自主决定发行事务。目前。我国国债的发行主要采用这种方法。

（3）公卖法，是指政府委托经纪人在证券交易所按市场价格公开出售国债的方法。公卖法不同于公募法，在公募法发行的条件下，国债的价格由国家确定或选定并且固定不变。而在公卖法的发行条件下，国债的价格由证券市场的资金供求行市决定并且不断波动。

2. 国债的发行价格。国债的发行价格，是指政府债券的出售价格或购买价格。按照国债发行价格与票面值的关系，国债的发行价格有三种：

（1）平价发行，按国家债券的票面额出售，即国债发行价格与国债的票面价值相等。平价发行的前提条件是市场利率与国债发行利率大体一致。

（2）溢价发行，即国债的发行价格高于国债的票面价值，认购者按高于票面额的价格支付资金，政府到期则按票面价值偿还本金。溢价发行的前提条件是国债票面利率高于市场利率。

（3）折价发行，即国债的发行价格低于国债的票面价值，认购者按低于票面额的价格支付资金，政府到期则按票面价值偿还本金。折价发行的前提条件是国债票面利率低于市场利率。

### （三）国债市场

国债市场是指国债交易的场所或系统。国债市场是证券市场的组成部分。根据国债交易的层次或阶段，可分为国债发行市场和国债流通市场。

1. 国债发行市场，又称国债一级市场，是政府以发行债券的方式筹集资金的场所。在一级市场上，具体决定国债的发行时间、发行金额和发行条件，并引导投资者认购及办理认购手续、缴纳款项等。国债发行市场的主体是政府（筹资人）、投资人和中介人。

2. 国债流通市场，又称国债二级市场，是买卖和转让已发行的政府债券的场所，即政府债券的交易市场。在二级市场上，投资人可以根据对政府债券行情的判断，随时买进卖出债券。

### （四）国债的偿还

1. 国债的偿还方法。

（1）市场购销偿还法，是指政府在市场上按照国债行市，适时购进国债，以此在该国债到期前逐步清偿。这种方法只适用各种期限的上市国债，并以短期国债为主，市场购销偿还法可以通过中央银行的公开市场业务在证券市场上陆续收购国债，这样不仅可以减少政府的还本付息支出，而且可以维持国债价格的稳定。

（2）分期逐步偿还法，是指政府按照国债的数额，分期按比例偿还的方法。

（3）抽签轮次偿还法，是指政府通过定期按债券号码抽签确定偿还一定比例国债的方法。

（4）到期一次偿还法，是指政府按照发行债券的到期日和票面金额连本带息一次全部偿清的偿债方法。

（5）以新替旧偿还法，是指政府通过发行新债券来兑换到期旧债券的一种偿还方式。

2. 国债偿债资金来源。

（1）设立偿债基金，是指政府为保证每年偿还一定数额的国债，由政府预算设置专项基金用以偿还国债，由专门机构进行管理，不得用于其他用途，专门用于偿还债务。

（2）通过预算列支，是指政府根据年度偿债计划将还本付息费用列入当年支出预算之中。这种方式确定偿债资金来源比较方便，但是各年度债务支出的多少受到期国债的牵制，因而对预算支出的冲击比较大。若到期国债数额较多，此时财政收入增长缓慢。一般性的预算开支又不能削减或增加，就难以保证财政收支的平衡。

（3）举借新债，是指政府通过发行新国债取得收入用于偿还旧债。这种做法对于债权人来说，政府履行了偿债义务，但从政府来看，它只是调换了债权人，债务依然存在，并没有减少，只是偿还期推迟了。从各国政府普遍都举借债务以取得财政收入的实际情况看，借新债还旧债不失为市场体制下各国政府还债方法的现实选择。

## 四、我国的国债

我国目前的国债品种主要有储蓄式国债和记账式国债两种：

### （一）储蓄式国债

1. 储蓄式国债的概念。储蓄式国债是指一国政府面向个人投资者发行，以吸收个人储蓄资金为目的，满足长期储蓄性投资需求的一种不可流通国债，按债权记录方式分为纸质凭证和电子方式两种。

2. 储蓄式国债的种类。我国的储蓄式国债包括凭证式储蓄国债和电子式储蓄国债，这两个品种将在我国长期并存。

（1）凭证式储蓄国债，是一种储蓄式债券，以收款凭证的形式记录债权，可以记名，遗失也可以挂失。一般通过商业银行系统向社会投资者销售，有时也让证券公司或邮政系统等机构代理发行，计息日为购买日。凭证式国债属于非上市证券，不能在证券市场上挂牌交易，但在持有期内，持券人如遇特殊情况需要提取现金，可以到原购买网点提前兑取。凭证式国债票面形式类似于银行定期存单，利率通常比同期银行存款利率高，具有类似储蓄，又优于储蓄的特点，因此有“储蓄式国债”之称，适合大多数中老年投资者。

（2）电子式储蓄国债，是我国财政部面向境内中国公民储蓄类资金发行的，以电子方式记录债权的不可流通人民币债券。

### （二）记账式国债

记账式国债以记账形式记录债权，通过证券交易所交易系统进行交易，可以记名、挂失。这种国债在属性上等同于记名债券，投资者若要对它进行买卖，首先需要在证券交易所设立账户，然后才能交易，成交后不采用实物券的交收，而是直接通过交易系统在投资者账户上作增减记录。因此记账式国债又称无纸化国债。由于记账式国债的发行和交易均采用现代科学技术手段，实行无纸化，所以相对来说效率高，成本低，交易安全性好，符合现代金融工具发展的方向。

阅读资料

**2020年财政收支情况网上新闻发布会文字实录（节选）**

**问：**2020年地方政府专项债券投向了哪些领域，使用情况如何？下一步有何安排？

**答：**2020年，全国人大批准安排新增专项债券额度3.75万亿元，经国务院批准后中央财政已分批全部下达各省（区、市）。地方政府专项债券除用于支持中小银行化解风险外，用于交通、市政和产业园区基础设施，以及职业教育和托幼、医疗、养老等民生服务领域约占8成，用于生态环保、农林水利、能源、冷链物流等领域约占2成。总体看，2020年专项债券发行使用情况良好、符合政策预期，有效发挥了地方政府债券对冲疫情影响、扩大有效投资、促进宏观经济平稳运行等积极作用。

下一步，财政部将进一步夯实管理制度，加强专项债券管理，提高政府债券资金使用绩效，发挥专项债券对加快重大项目建设、做好“六稳”工作、落实“六保”任务的积极作用。一是及时出台工作指引。明确专项债券用途调整的程序、范围、时限、信息公开等要求，指导地方开展好相关工作，尽早形成实物工作量。二是持续强化监管。提高信息化监管手段，对专项债券管理实行“一竿子插到底”穿透式监控，及时掌握项目资金使用和建设进度等信息，督促地方规范使用债券资金。三是强化信息公开。充分发挥全国统一的地方政府债务信息公开平台作用，督促地方公开债券信息以及项目建设进度、资金使用进度等，以信息公开强化外部约束。四是做好专项债券项目准备。指导地方做好2021年专项债券高质量项目准备，坚持负面清单管理，确保项目合格合规；坚持形成有效投资，确保形成实物工作量；坚持债务风险防范，确保法定债券不出现风险。

**问：** 目前地方政府债务总体情况如何？下一步将如何抓实化解地方政府债务风险？

**答：** 截至2020年末，地方政府债务余额25.66万亿元，控制在全国人大批准的限额28.81万亿元之内，加上纳入预算管理的中央政府债务余额20.89万亿元，全国政府债务余额46.55万亿元，按照国家统计局公布的2020年GDP初步核算数101.6万亿元计算，政府债务余额与GDP之比（负债率）为45.8%，低于国际通行的60%警戒线，风险总体可控。

下一步，财政部将坚决贯彻落实党中央、国务院决策部署，按照“开好前门、严堵后门”的思路，加强与相关部门的分工合作和协同监管，进一步完善地方政府规范举债融资机制，抓实化解隐性债务风险工作。一是持续完善法定债务管理，保持宏观杠杆率基本稳定。兼顾稳增长和防风险需要，合理确定政府债券规模，保持适度支出强度。继续坚持“资金跟项目走”原则，提前做好项目准备，完善专项债券项目确定机制，适当放宽发行时间限制，合理扩大使用范围，提高债券资金使用绩效。二是持之以恒防范化解隐性债务风险，持续用力、久久为功。坚决遏制隐性债务增量，对各类新增隐性债务行为，发现一起、查处一起、问责一起，终身问责、倒查责任；稳妥化解隐性债务存量，完善常态化监控、核查、督查机制，对各类隐性债务风险隐患做到早发现、早处置，牢牢守住不发生系统性风险的底线。

（资料来源：财政部新闻办公室，2021年1月28日。）

## 复习思考题

1. 简述财政收入的形式。
2. 什么是政府非税收入？包括哪些具体内容？
3. 什么是税收？它有哪些特征？简述我国现行的主要税种。
4. 什么是国债？它有哪些特征？

# 第三章
# 财政支出

【知识目标】 1. 了解财政支出的分类及政府采购制度
2. 掌握财政支出的主要内容
3. 掌握我国社会保障制度的主要内容
4. 理解财政补贴的特征与主要内容

【思政目标】 通过本章学习，增强学生国家观念，教育学生关心支持财政工作，明确我国财政取之于民、用之于民的本质

【情境引例】

### 财政支出有力有为

多添一个蛋、一盒奶，就托起一份健康成长的希望。为确保更多贫困地区农村学生吃上营养餐，“十三五”时期，中央财政共安排学生营养膳食补助资金1 030亿元，每年约有3 200万名学生受益。

这是财政支出有力有为的一个缩影。数据显示，2016年、2017年、2018年、2019年全国财政支出分别突破18万亿元、20万亿元、22万亿元、23万亿元，年均增长率达到8%。

从国家发展的重要战略、重大项目，到百姓生活的衣食住行、民生保障，财政“真金白银”在“十三五”时期持续加大投入：

——全力保障好脱贫攻坚资金投入，中央财政累计安排专项扶贫资金5 305亿元，连续5年每年新增200亿元；

——支持打好污染防治攻坚战，中央财政生态环保相关支出累计安排18 743亿元，推动生态环境质量持续改善；

——支持建立更加完善的医疗保障体系，全国财政卫生健康支出从13 159亿元增长到17 545亿元，年均增长7.5%；

——兜牢兜实养老保障网，中央财政累计安排企业职工基本养老保险补助资金2.4万亿元，持续加大对基本养老保险基金的补助力度；

……

“在财政收支矛盾较为突出的情况下，财政部门坚持保持必要的财政支出规模，重点增

加了对脱贫攻坚、民生保障、生态环保等重点领域的投入，在促增长、惠民生等方面发挥重要作用。”何代欣说。

公共财政取之于民，必须用之于民。

财政部表示，“十三五”时期，财政部门坚持有保有压，不断优化支出结构，精准聚焦增强对国家经济社会发展大局的支撑能力，支持深化供给侧结构性改革，推动经济高质量发展；与此同时，始终坚持以人民为中心的发展思想，突出财政的公共性、公平性，使改革发展成果更多更公平惠及广大人民群众。

（资料来源：新华社，2020 年 10 月 22 日。）

# 第一节　财政支出概述

## 一、财政支出的含义

财政支出是政府为提供公共产品和服务，依据法律程序，将集中的财政资金进行有计划的分配活动。它既包括政府提供公共产品所需要的资金安排，也包括政府提供必要的混合产品而安排的支出。主要有：保证国家机器正常运转、维护国家安全、巩固各级政府政权建设的支出；维护社会稳定、提高全民族素质、提升人民生活水平的社会公共事业支出；有利于经济环境和生态环境改善、具有巨大外部经济效应的公益性基础设施建设的支出；对宏观经济运行进行必要调控的支出等。财政支出又称为“公共支出”或“政府支出”。就其本质而言，财政支出是政府提供公共产品的成本。

财政支出是政府提供公共服务、履行其职能的财力保证。财政支出的规模大小反映着政府职能活动范围的大小；财政支出的内容和方向反映着政府在各个时期的政策和目标；财政支出结构的确定和调整反映着社会经济结构、产业结构的形成和变动；财政支出的效益直接决定着国民经济整体经济效益和社会效益的好坏。

## 二、财政支出的分类

### （一）按财政支出的功能分类

财政支出按功能分类，主要反映在市场经济体制下政府活动的不同功能和政策目标，具体反映政府各项职能活动，即政府究竟做了什么事。

我国目前财政支出按功能分类包括：一般公共服务、外交、国防、公共安全、教育、科学技术、文化体育与传媒、社会保障和就业、社会保险基金支出、医疗卫生、节能环保、城乡社区事务、农林水事务、交通运输、资源勘探、电力信息等事务、商业服务业等事务、金融监管等事务、其他支出、政府间转移性支出等。按功能分类反映政府的职能，体现政府一定时期内的方针政策、支出结构和资金的使用方向。

相关链接

财政支出按功能分类，是国际规范的分类方法，也是市场经济国家通行的做法。这种分类法便于进行国际比较与研究。我国财政支出从2007年开始采用按支出功能分类的方法。

### （二）按财政支出的经济性质分类

财政支出的经济分类，即按财政支出的经济性质和具体用途分类，它反映政府的钱究竟是怎么花出去的。我国财政支出的经济分类包括：工资福利支出、商品和服务支出、对个人和家庭的补助支出、对企事业单位的补贴、转移性支出、赠予、债务利息支出、债务还本支出、基本建设支出、其他资本性支出等。

财政支出按经济性质分类全面反映政府经常性支出、资本性支出，并将各类支出充分细化，具体反映政府提供公共服务所需的支出，以及政府购置固定资产、土地和无形资产的支出。

**提示：**我国的财政支出从2007年开始采用按支出的功能分类的同时，也按支出的经济性质分类。

### （三）按财政支出是否取得等价补偿分类

财政支出按支出能否获得直接的等价补偿，可分为购买性支出和转移性支出。

1. 购买性支出，又称“消耗性支出”，是指政府用财政资金直接购买提供公共服务所需的商品和劳务所发生的支出，包括政府投资支出、一般公共服务支出、外交支出、公共安全支出、社会科教文卫支出、国防支出等。购买性支出以等价交换为原则，政府在付出资金的同时，获得了相应的商品或劳务，它直接影响全社会的商品和劳务的供求关系，对生产和就业有直接的影响。所以，购买性支出是财政对社会资源的一种重新配置，具有较强的资源配置功能。在财政支出中，如果购买性支出比重较大，政府直接配置资源的规模就大，对经济的影响也大。购买性支出体现的是政府的市场性再分配活动。

2. 转移性支出，又称“无偿支出”，是指政府以无偿的方式将财政资金单向转移给单位和个人，并不获取等价的商品和劳务，包括财政补贴支出、社会保障支出、债务利息支出等。它所体现的是政府的非市场性再分配活动。其目的主要是调节经济主体间的收入分配，实现收入分配的社会公平。因此，转移性支出体现了政府的分配政策，是对国民收入在社会成员之间的一种再分配。购买性支出有较强的资源配置功能，而转移性支出则有较强的收入分配功能。转移性支出体现的是政府的非市场性分配。

相关链接

将财政支出分为购买性支出和转移性支出，是西方国家财政通常采用的分类方法，对我国也有一定经济意义。西方国家转移性支出在财政支出中往往占有大部分。而目前我国转移性支出在财政支出中所占的比重比较小，但随着经济体制改革的深入，社会保障体系的建立健全，转移性支出的总量和占财政支出的比重将不断增长。购买性支出和转移性支出在财政总支出中的比例，可以反映财政支出的侧重点，有利于财政职能的发挥和完善，有利于国家实施宏观调控。

### （四）按财政支出的管理权限分类

按财政支出的管理权限分类，可将财政支出分为中央财政支出和地方财政支出。

1. 中央财政支出，是按照分税制财政管理体制的规定，由中央预算安排使用和管理，实现中央政府职能的各项支出。中央财政支出主要承担国家安全、外交和中央国家机关运转所需要的费用，以及协调地区经济发展、调整产业结构和中央直接管理的事业发展等的支出。

2. 地方财政支出，是按照分税制财政管理体制的规定，由地方各级预算安排使用和管理，实现地方政府职能的各项支出。地方财政支出主要承担本地区政府机关运转所需的支出，以及本地区经济、事业发展等所需支出。

**提示：**这种分类方法有利于正确处理中央政府与地方各级政府之间的财政分配关系，为制定和完善财政管理体制提供依据。

# 第二节　财政支出的主要内容

## 一、政府的购买性支出

购买性支出是指政府用财政资金直接购买提供公共服务所需的商品和劳务所发生的支出。

### （一）购买性支出的主要内容

1. 公共服务支出。公共服务支出反映政府提供公共服务发生的支出，是财政的最基本支出。主要包括：

（1）一般公共服务支出。财政用于政府各级立法机构、行政管理机构行使其职能，提供一般公共服务所发生的各项费用支出。它是保证政府机构正常有效运转的财力保证。我国的一般公共服务支出的具体内容包括：人大事务、政协事务、发展与改革事务、统计信息事务、财政事务、税收事务、审计事务、海关事务、人力资源事务、纪检监察事务、人口与计划生育事务、商贸事务、知识产权事务、工商行政管理事务、质量技术监督与检验检疫事务、国土资源事务、海洋管理事务、测绘事务、地震事务、气象事务、民族事务、宗教事务、港澳台侨事务、档案事务、民主党派及工商联事务、群众团体事务、党委办公厅（室）及相关机构事务、组织事务、宣传事务、统战事务、对外联络事务等方面的支出。

（2）外交支出。反映政府外交事务方面发生的各项费用支出。包括：外交管理事务、驻外机构、对外援助、国际组织、对外合作与交流、对外宣传、边界勘界联检等方面的支出。2020 年中央财政安排外交支出 515.44 亿元，降低 16.5%，主要是国际组织股本金等支出减少。

（3）国防支出。反映政府用于国防方面的支出。包括：现役部队、预备役部队、民兵、国防科研事业、专项工程、国防动员等方面的支出。保卫国家安全和领土、主权完整，历来都是国家必须履行的基本职责，所以这项支出是财政必须保证的支出之一。2020 年中央财政安排国防支出 12 918.77 亿元，增长 6.6%。主要用于支持国防和军队现代化建设，改善部队训练生活条件，提高完成多样化军事任务的能力等方面。

（4）公共安全支出。公共安全支出反映政府用于维护社会公共安全方面的支出，这是维护国家安全与社会和谐稳定的需要及财力保证。包括：武装警察、公安、国家安全、检察、法院、司法、监狱、劳教、国家保密、缉私警察等方面的支出。2020 年中央财政安排公共安全支出 1 362.90 亿元，降低 0.1%。主要用于完善政法经费保障体制，稳步提高地方政法经费补助水平，支持地方特别是中西部地区化解政法机关基础设施建设债务，提高公共服务和社会管理能力等方面。

2. 公共事业支出。公共事业支出反映政府用于文化、教育、科学、卫生、体育等事业的费用。这些单位是为社会提供公共服务的非权力机构，但承担某些政府职能，它们是介于政府机关和企业之间的公共部门，它们提供的是纯公共产品和准公共产品，与社会经济发展和城乡居民生活息息相关，服务效益的外溢十分明显，所以这些事业的开展所需经费应由财政和社会公众共同承担。文教科卫等部门是非物质生产部门，它们不生产物质产品，也不提供生产性劳务。但它们是社会发展、人类进步所不可缺少的。科学技术是第一生产力，为社会提供科研成果；教育是科技的基础与源泉，为社会培养人才，提高全民族文化素质；文化能满足人们的精神文化生活；卫生医疗保健是提高劳动力身体素质的保证；体育能增强人们的体质，等等。这些事业越发达，对物质生产的贡献就越大。

（1）教育支出。反映政府用于教育事务方面的支出。包括：教育行政管理、学前教育、小学教育、初中教育、普通高中教育、普通高等教育、初等职业教育、中专教育、技校教育、职业高中教育、高等职业教育、成人教育、广播电视教育、留学教育、特殊教育、教师进修及干部继续教育支出等。近年来，按照教育法和实施科教兴国战略的要求，中央和各级地方政府把教育作为财政支出重点，积极采取有效措施，大幅增加教育投入，较好地保障了教育事业发展的需要。

我国的九年义务教育已经实现了全免费，政府可以无差别地为每一位适龄儿童提供受教育的机会，从这意义上说它是纯公共产品，即义务教育经费都来自政府。而就中、高等教育等非义务教育而言，在个人接受中、高等教育的过程中，不但个人获得了收益，同时也提高了社会的文明程度，因而中、高等教育是准公共产品，教育成本应由政府和个人共同承担，即中、高等教育实行教育成本分担机制。

（2）科学技术支出。反映政府用于科学技术方面的支出。包括：科学技术管理事务、基础研究、应用研究、技术研究与开发、科技条件与服务、社会科学、科学技术普及、科技交流与合作、科技重大专项、科技奖励等方面的支出。

（3）文化体育与传媒支出。反映政府用于文化、文物、体育、广播影视、新闻出版等方面的支出。主要用于推动公共文化服务体系建设，支持博物馆、公共图书馆等公益性文化设施免费开放，继续实施重点文化惠民工程，加大对国家重点文物、大遗址、红色文化资源和非物质文化遗产保护力度，加强重点媒体国际传播能力建设，促进中华文化“走出去”，支持文化产业发展等。

（4）卫生健康支出。反映政府用于医疗卫生方面的支出。包括：医疗卫生管理事务、公立医院、基层医疗卫生机构、公共卫生、医疗保障（包括行政事业单位医疗、公务员医疗补助、优抚对象医疗补助、城市医疗救助、农村医疗救助、城乡居民基本医疗保险等）、中医药、食品和药品监督管理事务等方面的支出。由于国民健康状况的不同，国民的医疗消费也不是完全意义上的公共消费，而带有私人消费的色彩，它不可能完全由政府提供，我国目前实行个人、用人单位、政府共同承担医疗费用保障制度。但是，公共卫生服务则不同，如疾病预防控制、卫生监督、妇幼保健、精神卫生、应急救治、基本公共卫生服务、重大公共卫生专项、突发公共卫生事件应急处理等，这些服务是由社会成员无差别地享受的，是纯公共产品，因此，私人是不可能愿意提供该项服务的，它必须由政府来提供资金。

近年来，各级财政积极调整财政支出结构，努力增加医疗卫生投入。2020 年卫生健康支出 19 216. 19 亿元，增长 15. 2%。

阅读资料

**财政性教育经费投入连续 8 年占 GDP 4%以上**

“十三五”期间，中央财政坚持把教育作为财政支出重点领域予以优先保障，加大教育投入，保证财政教育投入持续稳定增长，不断调整优化支出结构。据统计，2016—2020 年，全国一般公共预算教育支出累计 16. 21 万亿元，是一般公共预算第一大支出。自 2012 年起连续 8 年保持在 4% 以上。

一是加快发展学前教育。2016—2020 年，中央财政累计安排支持学前教育发展资金 804 亿元，支持地方公办民办并举、多种形式扩大普惠性学前教育资源，深化学前教育体制机制改革，健全幼儿资助制度，并在分配资金时，重点向“三区三州”等深度贫困地区倾斜。

二是促进义务教育均衡优质发展。2016—2020 年，中央财政共安排义务教育经费保障机制资金 6 085 亿元。全国约 1. 5 亿城乡义务教育学生免除杂费并获得免费教科书，约 2 500 万家庭经济困难学生获得生活补助，约 1 400 万进城务工人员随迁子女实现相关资金可携带。

三是推动职业教育高质量发展。通过现代职业教育质量提升计划资金，重点支持推动各地建立完善以促进改革和提高绩效为导向的中高职生均拨款制度、支持落实中国特色高水平高职学校和专业建设和“1 + X”证书制度试点等改革部署、支持各地中等职业学校改善基本办学条件、提高职业院校“双师型”教师队伍素质等。2016—2020 年，累计安排资金 1 036 亿元。

四是支持高等教育内涵发展。整合设立中央高校建设世界一流大学（学科）和特色发展引导专项资金，持续稳定支持“双一流”建设，2016—2020 年，共安排专项资金 919 亿元。支持地方推进“双一流”建设，2016—2020 年，共安排资金 1 789 亿元。

五是健全完善学生资助政策体系。目前，已建立起覆盖所有教育阶段、形式多样、功能完备的学生资助政策体系，中央财政根据新形势下的经济发展水平、财力状况、物价水平等因素，会同教育部等有关部门适时调整相关资助标准。

（资料来源：《中国财经报》，2020 年 10 月 20 日。）

3. 经济、民生方面的支出。

（1）农林水事务支出。反映政府用于农业、林业、水利等方面的支出。包括：农业、林业、水利、南水北调、扶贫、农业综合开发、农村综合改革、新菜地开发建设基金支出、育林基金支出、森林植被恢复费安排的支出、中央水利建设基金支出、地方水利基金建设支出等。

近年来，党中央、国务院把“三农”工作作为全党各项工作的重中之重，出台了一系列重大强农惠农政策。中央财政及各级地方财政不断增加“三农”投入，积极调整财政支出结构，确保财政支农资金稳定增长。2020 年中央、地方财政共安排农林水事务支出 23 948.46 亿元，增长 4.6%。

（2）节能环保支出。反映政府用于节能、保护环境方面的支出。包括：环境保护管理事务、环境监测与监察、污染防治、自然生态保护、天然林保护、退耕还林、风沙荒漠治理、退牧还草、已垦草原退耕还草、能源节约利用、污染减排、可再生能源、资源综合利用、能源管理事务等方面的支出。

近年来，按照建设资源节约型和环境良好型社会的要求，各级财政部门不断创新财税政策，加大投入力度，支持推动环境保护和生态建设。2020 年中央财政安排节能环保支出 6 333.40 亿元，降低 13.9%。主要用于促进开发低碳技术，支持节能技术改造、淘汰落后产能、重点流域水污染防治，支持环境监管能力建设，推进城镇污水、垃圾处理设施配套管网及重大减排工程，促进农村环境综合整治和生态示范创建，推动发展可再生能源，加强林业重点工程和草原生态建设，巩固退耕还林成果，鼓励重要能源、资源、原材料进口，严格控制“两高一资”产品出口等方面。

（3）城乡社区事务支出。反映政府用于城乡社区事务方面的支出。包括：城乡社区管理事务支出、城乡社区规划与管理支出、城乡社区公共设施支出、城乡社区环境卫生支出、建设市场管理与监督支出、政府住房基金支出、国有土地使用权出让收入安排的支出、城市公用事业附加安排的支出、国有土地收益基金支出、农业土地开发资金支出、新增建设用地有偿使用费安排的支出、城市基础设施配套费安排的支出等。

（4）住房保障支出。反映政府用于保障性住房方面的支出，包括保障性安居工程支出（廉租住房、棚户区改造、少数民族地区游牧民定居工程、农村危房改造、公共租赁住房等）、住房改革支出、城乡社区住宅等支出。

（5）其他支出。反映政府用于交通运输、工业、资源勘探、电力信息、商业服务业、金融监管等事务，地震灾后恢复重建、国土资源气象等事务，粮油物资储备事务等方面的支出。

**小知识：什么是“三公经费”？**

三公经费是指财政拨款支出安排的出国（境）费、车辆购置及运行费、公务接待费这三项经费。

### （二）政府投资性支出

1. 政府投资的含义。投资是投资主体为获取预期效益而投入资本形成资产的经济活动。社会的总投资一般包括政府投资与非政府投资。政府投资支出也称为财政投资或公共投资，是指政府为了满足社会公共需要，将一部分公共资金转化为公共部门资产所形成的支出。上述各项支出中都含有政府公共投资支出。

PPP 模式

政府投资是社会总投资的重要组成部分，在市场经济条件下，非政府投资是社会总投资的主体，而政府投资主要是弥补市场缺陷，优化资源配置。

2. 政府公共投资的特点。政府公共投资与非政府投资相比较，具有以下特点：

（1）政府投资的宏观性。政府投资的主体是政府，是整个社会综合利益的集中代表。政府的经济职能旨在实现资源的最佳配置，协调宏观与微观的经济利益，不断提高社会经济利益。对经济实施宏观调控，实现资源配置的最优化，很大程度上是通过政府的直接投资来实现的。

（2）政府投资的公共性。政府投资一个非常重要的领域就是公益性项目，如科研、教育、文化、卫生、环保、城市公用设施、国防等项目，这些公益性投资的建设效益被社会共同享受，受益范围是全社会的人民大众。因此，政府投资具有明显的公共性特征。

（3）政府投资的示范性和引导性。政府投资的主要方向是基础性项目和公益性项目。基础性项目一般是本行业的骨干项目，对于该行业的发展和运行具有带头、示范和支撑等作用。基础性项目为人类的生活、生产和建设活动提供原料、燃料、动力以及交通运输和通信等基本服务，构成了国民经济赖以运行的物质基础。由于政府投资的领域至关重要，它制约资源配置和经济布局，并为企业、个人投资创造了环境和条件。因此，政府投资方向、结构必然对企业、个人的投资活动产生重要的导向作用，而且可以凝聚和融通其他各种投资。

（4）政府投资效益的双重性。投资主体的投资动机是获取效益。效益包括经济效益与社会效益。企业、个人等的投资主要是考虑直接的经济效益，即以尽可能少的资金投入获取尽可能多的预期收益。而政府投资的目标是服务于社会的整体利益，因此，政府投资的主要目的不是为了盈利，而是协调国民经济发展，它的效益主要应通过社会福利水平和整个宏观经济效益的提高来体现。政府投资一方面要讲求经济效益，既要讲求投资项目的微观经济效益，又要讲求投资的宏观效益；另一方面，政府投资更注重社会效益，社会效益是投资项目对社会的贡献，体现在国家民族、教育科学、公益福利、生态环境和身心健康等方面，这些项目的受益对象为整个社会，往往不易甚至不能组织投资资金的回流，社会效益好而经济效益低，一般的投资主体是不愿进行投资的，只能依靠政府投资。

3. 政府投资的范围。基本建设投资按其所形成的固定资产的经济用途进行分类，可分为公益性项目投资、基础性项目投资和竞争性项目投资三大类。随着我国政府职能的转变，政府主要是弥补市场缺陷，满足社会公共需要，因此政府投资的重点是公益性项目和基础性项目。竞争性项目主要指投资收益比较高、市场调节比较灵敏、具有市场竞争能力的生产性投资项目。竞争性项目投资主要由市场来进行，即非政府投资的主体。政府对竞争性项目的投资主要是加强政策性指导，而不是直接进行财政拨款。通过商业银行间接融资是竞争性项目投资的主要渠道。同时，在国家规定的范围内，允许企业通过发行企业债券和股票等有价证券，在资本市场上直接融资，拓宽融资渠道。我国政府投资的主要范围是：

（1）公益性项目投资支出。公益性项目投资支出是指政府用于国防、行政、科教文卫等社会公共部门有形资产的支出。公益性投资项目属于非生产性支出，一般建成后无盈利或盈利很少，市场不能提供，主要靠政府投资。公益性项目中除了特别重要的项目和必须由中央政府安排的项目由中央政府承担以外，绝大部分项目应按受益范围由所在地地方政府承担投资。同时，对于科技、教育、文化、卫生、体育、环保等公益事业，鼓励社会捐赠和由企业、个人投资兴办。

（2）基础性项目投资支出。基础性项目投资支出是指政府用于基础设施和基础工业方面最终形成资产的支出。基础设施主要包括交通运输、机场、港口、桥梁、通信、城市供排水、供气、供电等设施、农业基础设施建设、大江大河的治理、生态环境保护、自然灾害的防御等；基础工业主要指能源（包括电力）工业和原材料（包括建筑材料、钢材、石油化工、材料等）工业。基础性项目是支持一国经济运行的基础部门，直接关系到国力的强盛，决定着工农业等直接生产活动的发展水平和社会公众的生活质量状况，在国民经济中占有重要地位。基础性投资项目具有自然垄断性、资本密集性、建设周期长、回收期长、收益低的特点；且基础性项目投资支出大多属于生产性支出，但该项支出在讲求自身经济效益的同时，更要注重其社会效益，因此主要由政府集中必要的财力进行投资。

### （三）政府购买性支出的管理方式

为了节约财政支出，提高财政资金的使用效益，加强宏观调控，世界各国政府对购买性支出都建立了政府采购制度，我国也在 1996 年建立了政府采购制度，并于 2003 年 1 月 1 日起施行《中华人民共和国政府采购法》（以下简称《政府采购法》），用法律制度来规范政府的购买性支出。政府采购制度是公共财政制度的重要组成部分，是加强财政支出管理的一项有效措施。

政府采购法

1. 政府采购的概念与特点。

（1）政府采购的概念。政府采购主要是指各级国家机关、事业单位和团体组织，使用财政性资金采购依法制定的集中采购目录以内的或者采购限额标准以上的货物、工程和服务的行为。采购是指以合同方式有偿取得货物、工程和服务的行为，包括购买、租赁、委托、雇佣等。货物是指各种形态和种类的物品，包括原材料、燃料、设备、产品等。工程是指建设工程，包括建筑物和构筑物的新建、改建、扩建、装修、拆除、修缮等。服务是指除货物和工程以外的其他政府采购对象。

（2）政府采购的特点。政府采购与一般采购相比具有如下特点：

第一，政府采购的目的主要是满足社会公共需要。

第二，政府采购资金来源的公共性。政府采购的资金来源主要是财政性资金及政府贷款。

第三，政府采购范围的广泛性。政府采购从汽车、办公用品到公益设施、基础设施，涵盖商品、工程和服务各个领域。

第四，政府采购规模巨大。政府作为国内市场最大的消费者，其购买数额巨大。目前欧美发达国家每年的政府采购支出大约相当于 GDP 的 10% ~15%，占年度财政支出的比重一般在 30% 以上。我国 2020 年政府采购规模占 GDP 的比重仅为 3.6%，占财政支出中的比重仅为 10.2%，与国际平均水平相比，尚有较大差距。

第五，政府采购管理的公共性、公开性。政府采购管理是对公共资金使用的管理，因而政府采购在管理上具有鲜明的公共性特征。而政府采购活动在《政府采购法》的约束下及有关部门和社会公众的监督下进行，又具有公开性、透明性。

第六，政府采购资金采用国库集中支付方式，即财政部门直接将款项支付给供应商。

2. 我国政府采购制度的主要内容。

（1）政府采购的适用范围。我国政府采购的适用范围是使用政府财政资金的各类行政事业单位和社会团体（除涉及国家安全和另有规定外）。采购项目包括一切适宜于政府采购的项目（物品、劳务、工程等）。

（2）政府采购模式。政府采购模式，按照组织政府采购活动的主体及其采购范围，一般分为集中采购、分散采购、集中采购与分散采购相结合三种模式。集中采购是指由政府设立的职能机构统一为其他政府机构提供采购服务的一种采购组织实施形式。分散采购是指由各预算单位自行开展采购活动的一种采购组织实施形式。集中采购与分散采购相结合是指一级政府的政府采购组织实施形式既有集中采购，也有分散采购，二者同时并存，这是当前国际上的主流组织形式。我国《政府采购法》明确规定，政府采购实行集中采购与分散采购相结合的采购模式。

（3）政府采购方式。政府采购方式有公开招标、邀请招标、竞争性谈判、单一来源采购、询价等多种采购方式。我国《政府采购法》明确规定，公开招标应作为政府采购的主要采购方式。公开招标方式的最大好处就是公开、公平、公正，因此是政府采购中使用最多的一种方式。其一般程序是：准备招标文件→发布招标通告→供应商投标→评标→中标。

（4）政府采购程序。政府采购制度规定，政府采购项目不论金额大小，也不论采取什么方式，其完整的采购程序应主要包括以下几个阶段：确定采购需求→选择采购方法→确定供应商→签订采购合同→履行采购合同→采购项目的验收、结算→采购项目效益评估。

**阅读资料**

### 2020 年全国政府采购简要情况

2020 年全国政府采购规模为 36 970.6 亿元，较上年增加 3 903.6 亿元，增长 11.8%，占全国财政支出和 GDP 的比重分别为 10.2% 和 3.6%。

从层级来看，中央预算单位、地方预算单位政府采购规模分别为 2 853.0 亿元和 34 117.6 亿元，占全国政府采购规模的 7.7% 和 92.3%。从结构来看，货物、工程、服务采购规模分别为 9 175.8 亿元、17 492.4 亿元和 10 302.4 亿元，占全国政府采购规模的 24.8%、47.3% 和 27.9%。从组织形式来看，政府集中采购、部门集中采购、分散采购规模分别为 12 385.1 亿元、4 086.7 亿元和 20 498.8 亿元，占全国政府采购规模的 33.5%、11.1% 和 55.4%。从采购方式来看，公开招标、邀请招标、竞争性谈判、竞争性磋商、询价、单一来源采购规模分别占全国政府采购规模的 79.3%、1.1%、3.2%、7.7%、1.1% 和 4.3%。

政府采购政策功能作用日益凸显，有效促进经济社会发展。在支持绿色发展方面，全国强制和优先采购节能、节水产品 566.6 亿元，占同类产品采购规模的 85.7%，全国优先采购环保产品 813.5 亿元，占同类产品采购规模的 85.5%。在支持中小企业发展方面，全国政府采购授予中小微企业合同金额为 27 918.0 亿元，占全国政府采购规模的 75.5%；授予小微企业合同金额为 14 046.4 亿元，占授予中小微企业合同金额的 50.3%。此外，各级预算单位积极响应和落实支持脱贫攻坚的政府采购政策，2020 年，累计通过扶贫“832”平台采购贫困地区农副产品 99.67 亿元，在带动贫困农户增收脱贫、解决农产品滞销等方面取得了良好的社会效益。

（资料来源：财政部国库司，2021 年 9 月 3 日。）

## 二、转移性支出

转移性支出是指政府以无偿的方式将财政资金单向转移给单位和个人，并不获取等价的商品和劳务，包括社会保障支出、财政补贴支出、债务利息支出等。

### （一）社会保障支出

1. 社会保障的概念及特点。社会保障是指政府向丧失劳动能力，失去就业机会，收入未能达到应有的水平，以及由于其他原因而面临困难的公民以货币或实物形式提供基本生活保障的活动。其主要功能是：保障基本生活、维护社会稳定、促进经济发展、保持社会公平、增进国民福利。

社会保障作为一种经济保障形式，是社会财富再分配的一种制度，是一种非市场化的再分配方式或机制，是解决社会收入差距的有力杠杆。它是在市场机制分配即社会成员依据生产要素的所有权和使用权而获得收入的基础上，针对市场分配的缺陷，主要依靠政府、社会经济组织和社会团体的政治和经济力量实施的一种再分配。社会保障是向社会成员提供基本生活保障，以满足特殊需求的社会安全网。

社会保障既是一项基本的社会经济制度，也是重要的政治制度。注重保障民生之本，构建社会安全网，基本建立覆盖城乡居民的社会保障体系，是我们国家追求的社会目标之一。社会保障作为一种社会制度，具有以下特征：

（1）保障性。社会保障的保障性通常由国家立法加以确定，政府和社会组织加以保证。我国《宪法》第四十四条、第四十五条规定：“中华人民共和国公民在年老、疾病或者丧失劳动能力的情况下，有从国家和社会获得物质帮助的权利”。“国家发展为享受这些权利所需要的社会保险、社会救济和医疗卫生事业”。

（2）强制性。社会保障通过立法确立国家和社会成员的权利和义务关系。国家必须保证社会成员在遇到年老、疾病、生育、死亡等风险时得到基本生活的保障，这是每个社会成员应享有的权利；但同时必须承担相应的义务，国家在为全体社会成员提供保障的同时，也要求全社会共同承担风险，必须依法向社会成员强制征收社会保险税（费）。只有在依法缴纳了一定数量的税、费或社会保障金，为社会做出了一定的贡献，履行了义务的情况下，才能享受权利。

（3）社会性。社会保障的覆盖范围是全体社会成员。各行各业的劳动者及无业者，一旦遇到生存危机，原则上都应得到基本生活的保障。

（4）互济性。社会保障是按照社会成员共担风险的原理组织进行的。社会保障资金来自参与社会保障的社会成员所缴纳的保障费，但社会保障资金只能是向社会成员中那些因生、老、病、死、残、失业等原因亟待获得物质帮助的人提供。可见，社会成员为社会保障进行的缴纳同他可能享受的保障并不完全相等，这实质上就是社会成员之间的互相调剂。社会保障资金的统筹支付和管理，充分体现了人类互助互济的原则。

（5）公平性。实现公平分配是社会保障追求的目标。社会保障的公平性主要体现在社会成员享受社会保障待遇的权利和机会是均等的。

2. 社会保障的内容。

社会保障一般包括：社会救济、社会保险、社会福利、社会优抚等。

（1）社会救济，是指国家和社会对生活在贫困线以下的低收入者或者遭受灾害的生活困难者提供无偿物质帮助的一种社会保障制度。救助的对象主要是：没有劳动能力且没有生活来源者；或虽有收入来源，但生活水平低于法定最低标准者；或虽有劳动能力和收入来源，但由于意外灾害使生活暂时无法维持者。

维持最低水平的基本生活是社会救济制度的基本特征。社会救济经费的主要来源是政府财政支出和社会捐赠。由于社会救济以满足保障对象最低生活需要为目标，所以属于社会保障体系的最低层次。

（2）社会保险。社会保险是指以立法形式，由国家、集体和个人共同筹集基金，以确保公民在遇到生、老、病、死、伤、残、失业等风险时获得基本生活需要和健康保障的一种社会保障制度。社会保险以满足保障对象的基本生活需要为目标，属于社会保障体系的中间层次，在整个社会保障体系中居于核心地位。社会保险的保障对象是全体劳动者，资金主要来源是用人单位和劳动者个人的缴费，政府给予资助。依法享受社会保险是劳动者的基本权利。公民在年老、疾病、工伤、失业、生育等情况下依法从国家和社会获得物质帮助是宪法规定的一项公民基本权利。社会保险是公民从国家和社会获得物质帮助的重要途径之一。

社会保险是国家通过立法形式强制推行的，所以带有强制性、普遍性、互济性、储蓄性和补偿性等基本特征。包括：养老保险、失业保险、医疗保险、工伤保险、生育保险等。

第一，养老保险，是指在职人员退休前投保，退休后则可领取一定数量的退休保险金。它是由政府以立法形式确定的，劳动者在年老失去劳动能力或退出就业领域时享有的退休养老权利，除企业和劳动者在就业时缴纳的税或费外，还可依靠政府和社会提供的帮助，以维持基本生活水平的一项社会保险制度。

第二，失业保险，是指由政府以立法形式确定的，劳动者失业时所应享有的权利，除了企业和劳动者在就业时缴纳的税或费外，还可依靠政府和社会提供的帮助，以维持基本生活水平的一项社会保险制度。

第三，医疗保险，是指由政府以立法形式确定的，劳动者所应享有的疾病预防和治疗的权利，除了企业和劳动者缴纳的税或费外，还可依靠政府的补助，以保障基本医疗水平的一种社会保险制度。

第四，工伤保险，是由国家通过立法组织实施的，对在劳动过程中因工作原因造成劳动者意外受伤、患病、致残而使劳动能力丧失或衰退时，为其提供生活和医疗保障的一种社会保险制度。

第五，生育保险，是由国家通过立法组织实施的，在劳动者生育子女而导致劳动力暂时中断时，由国家或社会及时给予物质帮助的一种社会保险制度。

（3）社会福利，是国家和社会为全体社会成员提供的各种福利补贴和举办各种福利事业的总称。包括：①一般的社会福利（广义的社会福利），泛指国家和社会采取的一切有关改善和提高人民生活水平的各种措施，不仅包括社会保障的内容，而且还包括公民免费教育、医疗卫生服务、住房福利和设施等，其享受的对象是全体社会成员。②特殊的社会福利（狭义的社会福利），是国家和社会为残疾人和无劳动生活能力的人举办的福利事业，包括残疾人福利、儿童福利、老人福利等。

社会福利以提高国民的社会福利水平为目标，属于社会保障体系的最高层次，也被视为社会保障的最高纲领。

（4）社会优抚，又称优抚安置，是指国家和社会按照规定，对法定的优抚对象，如现役军人及其家属，退休及退伍军人及烈属等，为保证其一定生活水平而提供的资助和服务，以及对丧失劳动能力的孤寡老人、残疾人等进行生活安置和对尚无生活、劳动能力的孤儿进行养护的制度。社会优抚是对特定人群进行的特殊保障，属于社会保障体系的特殊层次。

3. 社会保障支出的概念。社会保障支出是指政府通过财政向由于各种原因而导致暂时或永久性丧失劳动能力、失去工作机会或生活面临困难的社会成员提供基本生活保障的支出。即财政用于社会保障方面的各项支出。

社会保障支出的原则是公平地对待每个国民并确保其基本生活权益，政府要通过再分配保护困难群体利益，缩小贫富差距，促进经济发展。

4. 社会保障支出的内容。社会保障支出是财政转移支付的重要内容。主要包括：财政对社会保险基金的补助（包括对基本养老、医疗、失业工伤、生育保险基金、新型农村社会养老保险基金、城镇居民养老保险基金的补助等）、补充全国社会保障基金、行政事业单位离退休、企业改革补助、就业补助、抚恤、退役安置、社会福利、残疾人事业、城市居民最低生活保障、其他城镇社会救济、自然灾害生活救助、红十字事业、农村最低生活保障、其他农村社会救济（五保供养等）、大中型水库移民后期扶持基金支出、小型水库移民扶助基金支出、补充道路交通事故社会救助基金、残疾人就业保障金支出、优抚对象医疗补助、城市医疗救助、新型农村合作医疗、农村医疗救助、城镇居民基本医疗保险等。

2020 年中央地方财政共安排社会保障和就业支出 32 581 亿元，增长 10.9%。

## （二）财政补贴支出

1. 财政补贴的概念。财政补贴是政府为了实现特定的政治经济和社会目标，在一定时期内，对某些特殊的产业、部门、地区、企事业单位、居民个人或项目给予的补助和津贴。财政补贴主要是在一定时期内对生产或经营某些销售价格低于成本的企业或因提高商品销售价格而给予企业和消费者的经济补偿。它是国家财政通过对分配的干预，调节国民经济和社会生活的一种手段，目的是为了支持生产发展，调节供求关系，稳定市场物价，维护生产经营者或消费者的利益。从本质上来说，它属于一种转移支付，属于国民收入的再分配，即不同经济利益主体之间的利益分配。

2. 财政补贴的特征。与其他的财政分配形式相比，财政补贴具有以下几个特征：

（1）政策性。财政补贴的依据是国家在一定时期的政策目标，其规模、结构、期限等都必须服从政府的政策需要，体现了较强的政策性。由于国家的政策包括了社会、政治、经济等多方面的内容，因此，财政补贴不仅是国家调控经济的杠杆，也是协调各种社会关系，保证社会安定团结，建立和谐社会的经济手段。

（2）灵活性。财政补贴是依据不同时期国家特定政策需要，灵活调整和优化补贴对象、补贴标准、补贴数量、补贴期限与补贴方式。财政补贴是国家可以掌握的一个灵活的经济杠杆。它可以根据国家的政治经济形势的变化和国家政策的需要，适时地修正、调整和更新财政补贴的规模和结构。与其他财政杠杆相比，其作用来得更直接、更迅速。

（3）可控性。财政补贴的对象、规模、结构，以及在哪个环节补贴、何时取消补贴等具体内容，都是由财政部门根据国家的政策需要来决定的。因此，财政补贴是国家可以直接控制的经济杠杆，具有可控性。

（4）时效性。财政补贴是根据国家一定时期的政策需要而进行补贴的，它需要不断地修正、更新和调整。

3. 财政补贴的内容。

（1）对农业、林业的补贴。对农业、林业的补贴，包括退耕还林粮食费用补贴、风沙荒漠治理粮食费用补贴、退牧还草粮食费用补贴、稳定农民收入补贴、农业结构调整补贴、农业生产资料补贴、农业生产保险补贴、农业支持保护补贴、棉花专项补贴、化肥专项补贴、农机补贴、公益林补贴等。对农业、林业的补贴是财政补贴的主要内容，其目的一是为了扶持农业，保证农业的稳定增长，有利于农业生产的发展；二是为了平抑市场物价，保证人民群众生活的基本稳定；三是为了农民收入的稳定增长。

（2）企业政策性补贴。企业政策性补贴是指财政对由于国家政策的原因给生产经营的企业带来损失而进行的补贴。企业为了贯彻国家的政策，体现政府的意志而造成的亏损，与企业主观努力无关，因此其亏损不应由企业承担。如“石油价格改革对交通运输的补贴”、公共交通运营补助等。

（3）财政贴息。财政贴息是国家财政对国家重点支持的企业和项目给予贷款利息补助。财政贴息的主要目的在于贯彻国家的产业政策，鼓励开发高新技术产品或名特优产品，引进国外先进的技术设备，实现经济的健康协调发展。如林业贷款贴息、农业综合开发贷款贴息、中西部经济技术开发区建设项目贷款贴息、重点产业振兴、技术改造项目贷款贴息和小额担保贷款贴息等。

（4）居民生活补贴。它是财政直接给予职工、居民的各项福利性的生活补贴。主要有住房补贴、交通补贴、煤气费补贴、取暖费补贴等。

（5）税式支出，又称税收支出，是指政府给予特定纳税人的各种税收优惠而形成的财政收入损失。它是政府通过税收优惠给予纳税人的一种隐蔽性补贴，包括免税、减税、退税、税收抵免、延期纳税等。目前，税收优惠政策主要涵盖农业、工业基础设施、环境保护和节能减排、科技进步和自主创新、科教文卫等方面。

4. 财政补贴的作用。

（1）调节经济活动，促进经济良性运行。由于市场缺陷和市场失灵，政府需用种种手段来加以直接或间接干预。财政补贴是政府调控经济的重要手段之一。政府利用财政补贴来配合政府的投资政策，使基础产业得以维持和发展，保证政府投资在产业结构的形成与调整的导向中发挥积极的作用。无论是亏损补贴、价格补贴，还是税式支出，都具有这样的作用。在市场经济条件下，引起微观经济主体对补贴需求的主要原因是价格水平偏低所带来的损失。商品和劳务的价格水平影响其经济行为，政府将通过财政补贴这只看得见的手来改变相对价格，通过微观经济主体接受补贴后的定价行为引起需求结构和供给结构的变化。对政府鼓励消费的商品和劳务，给予限价补助，增加需求；同时通过限价补助，弥补微观经济主体的利益损失，增加商品的有效供给。

（2）促进资源的有效利用。资源不仅是有限的，而且同种资源还具有质量等级的差异。一方面，在市场经济条件下，由于利益原则的驱动，微观经济主体追求大量占用高质量的资源，以获取最大的经济效益，这是市场机制的积极作用；但另一方面，在有限的资源中，低质量的资源则有被浪费或抛弃的可能，政府通过财政补贴政策和其他财政政策的配合使用，消除或缩小微观经济主体之间的级差收入，以促进有限资源的高效利用，弥补市场的不足。

（3）促进人民生活的稳定和社会的安定。经济运行的复杂性，经常会导致需求和供给在总量和结构上的失衡现象，当社会总需求大于总供给时，会导致物价的上涨；即使在总需求与总供给大体平衡的条件下，由于内部结构的不协调，也会出现部分商品和劳务的价格上涨。当价格上涨超过了社会公众收入承受的能力，政府将通过补贴支出来平抑物价或弥补公众生活消费的价差损失，维护公众生活的稳定和社会的安定。另外，由于市场竞争机制的存在，资源在各地区、各部门、各微观经济主体间的分布不均衡，也将造成收入上的差异，通过财政补贴可以缩小这种差距，实现社会的公平分配，稳定社会经济和社会公众生活。

财政补贴对社会经济生活具有积极的调节作用，它是作为市场机制的补充而存在的。但是财政补贴如果在对象的选择、数量规模的确定、补贴方式、环节与项目的选择、补贴时间的确定等方面出现失误，将会使这一杠杆产生负向的调节作用，使得政府宏观调控的效应和市场机制的功能受到损害。财政补贴应与其他经济政策（如投资政策、税收政策、工资政策、价格政策、社会保障政策等）密切配合、协调，充分发挥其积极作用，真正弥补市场的缺陷，实现资源的优化配置。

阅读资料

**财政补贴资金“一卡”领取**

国务院有关部门联合下发了《关于进一步加强惠民惠农财政补贴资金“一卡通”管理的指导意见》（以下简称《意见》）。

根据《意见》，到2023年，实现所有直接兑付到人到户的惠民惠农财政补贴资金（如最低生活保障金、困难残疾人生活补助、农机购置补贴等）原则上均通过“一卡通”方式发放；实现中央统筹、省负总责、市县抓落实的监管格局基本建成；实现“一张清单管制度”“一个平台管发放”，补贴政策的科学性和资金绩效明显提高。

“一卡通”资金的发放使用在以下五个方面开展创新：一是向社会公布补贴政策清单，以公开促改革，加快补贴政策和项目资金清理整合进度。二是规范代发金融机构，从源头上解决“卡出多行”“一人多卡”“人卡分离”等问题。三是规范补贴资金发放流程，堵塞漏洞，实现管理规章制度化、程序流程规范化、操作权限明确化。四是搭建集中统一管理平台，实现有关数据的集中采集和管理，为信息公开和加强监管提供保障。

五是依法依规公开补贴信息，主动接受群众监督和舆论监督。

《意见》明确了鼓励推行以社会保障卡为载体发放补贴资金。相关部门负责人表示，习近平总书记在扎实推进长三角一体化发展座谈会上提出，要探索以社会保障卡为载体建立居民服务“一卡通”。社保卡具有较好的群众基础，持卡人数已达13.29亿人，覆盖约95%的人口，广泛应用于社保缴费、待遇发放、就医购药等民生服务领域。通过社保卡发放惠民惠农财政补贴资金，有利于持续优化政府基本公共服务。

以社会保障卡为载体发放补贴资金，对于享受补贴的群众来说，不用重复办理银行卡、重复登记银行账号；对于基层工作人员来说，通过联网核验，可提高审核效率，缩短发放周期；对于政府部门来说，通过社保卡“一卡通”发放补贴，可实现各类发放信息的集中采集和管理，有利于加强资金监管，让每一分钱都安全及时地发到群众手中。

（资料来源：《人民日报》，2020年12月14日。）

### （三）债务利息支出和捐赠支出

1. 债务利息支出。债务利息支出是指财政用于偿还国内、国外债务的利息支出。我国目前财政的债务利息支出主要包括：①国内债务利息支出，包括国库券利息支出；向国家银行借款利息支出和其他国内借款利息支出。②国外债务利息支出，其中包括向国外政府借款利息支出；向国际组织借款利息支出；其他国外借款利息支出和地方向国外借款利息支出。

2. 捐赠支出。捐赠支出是指中央财政用于国外医疗、科技优惠贷款等方面的援助支出。该项支出对加强各国之间的政治经济往来，加快我国经济发展，维护世界和平具有重要意义。我国目前财政的捐赠支出主要包括成套项目支出、一般物资支出、优惠贷款援助本金及贴息支出、医疗援助支出、科技合作援外支出和其他支出。

## 第三节　我国的社会保障制度

社会保障制度是国家通过立法而制定的社会保险、社会救助、社会福利和社会优抚等一系列制度的总称，是现代国家最重要的社会经济制度之一。现代国家必须制定社会保障法律规范，保证社会保障制度真正得到贯彻实施。根据国际劳工组织关于社会保障体系的设计，结合中国几十年来实施的社会保障的实践，一个具有中国特色的、科学的社会保障体系，应由四大部分组成：社会保险、社会救助、社会福利和社会优抚。我国目前的社会保障主要包括缴费型的社会保险和非缴费型的社会救助、社会福利、优抚安置、社会互助等内容。

## 一、社会保险制度

2011 年 7 月 1 日起施行的《中华人民共和国社会保险法》（以下简称《社会保险法》），是中国特色社会主义法律体系中起支架作用的重要法律，是一部着力保障和改善民生的法律。它的颁布实施，表明我国建立覆盖城乡居民的社会保障体系，更好地维护公民参加社会保险和享受社会保险待遇的合法权益，已经走上法制化的轨道。《社会保险法》规定，国家建立基本养老保险、基本医疗保险、工伤保险、失业保险、生育保险等社会保险制度，保障公民在年老、疾病、工伤、失业、生育等情况下依法从国家和社会获得物质帮助的权利。

《社会保险法》

### （一）养老保险制度

1. 基本养老保险制度。基本养老保险制度，是指缴费达到法定期限并且个人达到法定退休年龄后，国家和社会提供物质帮助以保证因年老而退出劳动领域者稳定、可靠的生活来源的社会保险制度。由两个部分组成：职工基本养老保险制度和城乡居民社会养老保险制度。基本养老保险制度从法律制度层面上实现了“覆盖城乡居民”。

（1）职工基本养老保险制度。

①职工参加基本养老保险，由用人单位和职工共同缴纳基本养老保险费。用人单位缴费一般不超过其工资总额的 16%，具体比例由省、自治区、直辖市人民政府确定；职工个人按本人工资的 8% 缴费。城镇个体工商户和灵活就业人员参加基本养老保险，由个人按当地社会平均工资的 18% 左右缴费。

②基本养老保险实行社会统筹与个人账户相结合。用人单位缴纳基本养老保险费，记入基本养老保险统筹基金。职工缴纳基本养老保险费，记入个人账户。

③基本养老保险基金由用人单位和个人缴费以及政府补贴等组成。

（2）城乡居民基本养老保险制度。年满 16 周岁（不含在校学生），非国家机关和事业单位工作人员及不属于职工基本养老保险制度覆盖范围的城乡居民，可以在户籍地参加城乡居民养老保险。

城乡居民养老保险由个人缴费、集体补助与政府补贴构成。其中个人缴费标准由各省政府设置若干档次，由参保人自主选择档次缴费，多缴多得；国家为每个参保人员建立终身记录的养老保险个人账户，个人缴费、集体补助与政府补贴全部记入个人账户。个人账户储存额按国家规定计息。年满 60 周岁、累计缴费满 15 年，且未领取国家规定的基本养老保障待遇的，可终身按月领取城乡居民养老保险待遇。

2. 补充养老保险制度。我国实行基本养老保险与补充养老保险相结合的制度，即建立基本养老保险、企业（单位）补充养老保险和职工个人储蓄性养老保险相结合的多层次养老保险制度。在按规定参加基本养老保险的基础上，由企业根据经济效益情况，自愿建立补充养老保险，单位和职工共同缴费，职工退休以后领取。目前采用企业年金的方式，年金费用由企业和职工个人共同缴纳，实行基金完全积累，采用个人账户方式进行管理。企业年金是我国养老保险的第二支柱。截至 2020 年底，全国有 105 227 户企业建立了企业年金，参加职工人数为 2 717.53 万人。年末企业年金基金累计结存达 22 496.83 亿元。

阅读资料

### 多层次、多支柱养老保险体系

目前，我国已初步构建起以基本养老保险为基础、以企业（职业）年金为补充、与个人储蓄性养老保险和商业养老保险相衔接的“三支柱”养老保险体系。

第一支柱即基本养老保险制度，由国家、单位和个人共同负担，坚持全覆盖、保基本。截至2020年底，职工基本养老保险参保人数4.56亿人（其中领取待遇人数1.28亿人），积累基金4.83万亿元；城乡居民基本养老保险参保人数5.42亿人（其中实际领取待遇人数1.61亿人），积累基金9 759亿元。

第二支柱为企业（职业）年金制度，由单位和个人共同负担，实行完全积累，市场化运营。截至2020年底，全国参加企业（职业）年金6 953万人，积累基金3.6万亿元。

第三支柱即个人储蓄性养老保险和商业养老保险。目前，尚没有正式制度安排。

目前，发展“第三支柱”已有基本思路，总体考虑是建立以账户制为基础，个人自愿参加，国家财政从税收上给予支持，资金形成市场化投资运营的个人养老金制度。

（资料来源：《人民日报》，2021年7月13日。）

### （二）医疗保险制度

医疗保险制度是国家通过立法形式确定的，当法定范围内的社会成员患病期间为其提供医疗费用帮助的社会保险制度，其主要内容为：

1. 基本医疗保险制度。

（1）城镇职工基本医疗保险制度。

①城镇职工基本医疗保险覆盖城镇所有用人单位和职工，城镇灵活就业人员也可以参加基本医疗保险。

②基本医疗保险基金由用人单位和个人缴费以及政府补贴等组成。用人单位缴费比例为职工工资总额的8%左右，个人缴费为本人工资的2%，退休人员不缴费。个人缴费全部划入个人账户，单位缴费30%左右划入个人账户，其余70%左右建立社会统筹基金，具体划入比例由统筹地区根据个人账户的支付范围和职工年龄等因素确定。个体参保人员缴纳基本医疗保险费，按上一年全市城镇非私营单位在岗职工年平均工资为缴费基数，缴纳费率为9%左右。

③支付标准。医疗费用由医疗保险基金和个人共同分担：门诊（小额）医疗费用主要由个人账户支付；住院（大额）医疗费用主要由统筹基金支付。

（2）城乡居民基本医疗保险制度。目前我国基本全面完成将城镇居民基本医疗保险和新型农村合作医疗两种制度整合为统一的城乡居民基本医疗保险和大病保险制度，即在建立“统一覆盖范围、统一筹资政策、统一保障待遇、统一医保目录、统一定点管理、统一基金管理、统一机构人员”的城乡居民基本医疗保险制度；同时建立与城乡居民基本医保相衔接的大病保险制度，实行统一筹资标准、待遇政策和管理服务，减轻大病患者的医疗费用负担；实现城乡居民基本医保和大病保险制度市级统筹，全面实现基本医保、大病保险和医疗救助的“一站式”结算。

2021 年居民医保人均财政补助标准新增 30 元，达到每人每年不低于 580 元。同步提高居民医保个人缴费标准 40 元，达到每人每年 320 元。中央财政按规定对地方实行分档补助，地方各级财政要按规定足额安排财政补助资金并及时拨付到位。进一步放开参加基本医疗保险的户籍限制，对于持居住证参加当地居民医保的，各级财政要按当地居民相同标准给予补助。

2. 补充医疗保险制度。

（1）全国各地普遍建立了大额医疗费用补助制度，其资金来源主要由个人或企业缴费，以解决超过基本医疗保险最高支付限额以上的医疗费用。

（2）国家鼓励企业为职工建立补充医疗保险，主要解决企业职工基本医疗保险待遇以外的医疗费用。

**思考：**基本医疗保险制度包括了中职学生吗？中职学生参加的是什么医疗保险制度？

### （三）失业保险制度

失业保险制度是指国家通过立法强制实行的，由政府和社会集中建立基金，对因失业而暂时中断生活来源的劳动者提供物质帮助的制度。它是社会保障体系的重要组成部分。其主要内容为：

1. 资金来源是城镇企事业单位和其职工共同缴纳的失业保险费（用人单位按照本单位工资总额的 2%、职工按照本人工资的 1% 缴纳）、失业保险基金的利息、财政补贴等。

2. 失业保险基金的开支范围。向失业职工发放失业保险金，支付失业职工在领取失业保险金期间的医疗补助及死亡的丧葬补助等。

3. 城镇企事业单位招用的农民合同制工人参加失业保险，用人单位按规定缴费，个人不缴费。

### （四）工伤保险制度

工伤保险制度是指通过国家立法强制实行的，国家和社会为在生产、工作中遭受事故伤害和患职业性疾病的劳动者及亲属提供医疗救治、生活保障、经济补偿、医疗和职业康复等物质帮助的一种社会保障制度。职工应当参加工伤保险，由用人单位缴纳工伤保险费，职工不缴纳工伤保险费。其具体内容为：

1. 工伤保险的资金来源是用人单位缴纳的工伤保险费、工伤保险基金的利息、财政补贴等。

2. 工伤保险基金的开支范围。向因工负伤的职工支付病假工资、医疗费用、伤残补助津贴、工伤护理费、残疾辅助器具费、伤残抚恤金、供养亲属抚恤金、一次性工亡补助金、丧葬补助金等。

3. 用人单位应当按照本单位职工工资总额，根据社会保险经办机构确定的费率缴纳工伤保险费。

### （五）生育保险制度

生育保险制度是通过国家立法规定，在劳动者因生育子女而导致劳动力暂时中断时，由国家和社会及时给予物质帮助的一项社会保险制度。其主要内容为：

1. 生育保险的资金来源是用人单位缴纳的生育保险费、生育保险基金的利息、财政补贴等。

2. 生育保险基金开支范围。生育津贴、医疗护理、生育补助等。

3. 生育保险费由用人单位缴纳。我国生育保险待遇主要包括两项：一是生育津贴，用于保障女职工产假期间的基本生活需要；二是生育医疗待遇，用于保障女职工怀孕、分娩期间以及职工实施节育手术时的基本医疗保健需要。

阅读资料

## 国务院办公厅关于全面推进生育保险和职工基本医疗保险合并实施的意见（节选）

全面推进生育保险和职工基本医疗保险（以下统称两项保险）合并实施，是保障职工社会保险待遇、增强基金共济能力、提升经办服务水平的重要举措。主要政策有：

（一）统一参保登记。参加职工基本医疗保险的在职职工同步参加生育保险。实施过程中要完善参保范围，结合全民参保登记计划摸清底数，促进实现应保尽保。

（二）统一基金征缴和管理。生育保险基金并入职工基本医疗保险基金，统一征缴，统筹层次一致。按照用人单位参加生育保险和职工基本医疗保险的缴费比例之和确定新的用人单位职工基本医疗保险费率，个人不缴纳生育保险费。同时，根据职工基本医疗保险基金支出情况和生育待遇的需求，按照收支平衡的原则，建立费率确定和调整机制。

职工基本医疗保险基金严格执行社会保险基金财务制度，不再单列生育保险基金收入，在职工基本医疗保险统筹基金待遇支出中设置生育待遇支出项目。

（三）统一医疗服务管理。两项保险合并实施后实行统一定点医疗服务管理。医疗保险经办机构与定点医疗机构签订相关医疗服务协议时，要将生育医疗服务有关要求和指标增加到协议内容中，并充分利用协议管理，强化对生育医疗服务的监控。执行基本医疗保险、工伤保险、生育保险药品目录以及基本医疗保险诊疗项目和医疗服务设施范围。

（四）统一经办和信息服务。两项保险合并实施后，要统一经办管理，规范经办流程。经办管理统一由基本医疗保险经办机构负责，经费列入同级财政预算。充分利用医疗保险信息系统平台，实行信息系统一体化运行。

（五）确保职工生育期间的生育保险待遇不变。生育保险待遇包括《中华人民共和国社会保险法》规定的生育医疗费用和生育津贴，所需资金从职工基本医疗保险基金中支付。生育津贴支付期限按照《女职工劳动保护特别规定》等法律法规规定的产假期限执行。

（六）确保制度可持续。各地要通过整合两项保险基金增强基金统筹共济能力；研判当前和今后人口形势对生育保险支出的影响，增强风险防范意识和制度保障能力；按照“尽力而为、量力而行”的原则，坚持从实际出发，从保障基本权益做起，合理引导预期；跟踪分析合并实施后基金运行情况和支出结构，完善生育保险监测指标；根据生育保险支出需求，建立费率动态调整机制，防范风险转嫁，实现制度可持续发展。

2019 年底前实现两项保险合并实施。

（资料来源：国务院办公厅，2019 年 3 月 6 日。）

**思考：**生育保险与医疗保险合并实施，是否就意味着生育保险取消了？“五险一金”变“四险一金”了吗？

## 二、社会救助制度

社会救助是基础的、最低层次的社会保障，其目的是保障公民享有最低生活水平，保障全体公民最基本的生存权利。社会救助的对象是社会保险这道安全网保护不了的人群，所以社会救济制度更强调国家和社会对个人的责任和义务。

### （一）城市居民最低生活保障制度

城市居民最低生活保障制度，是国家按照最低生活保障线标准，给予城市中的贫困居民基本生活保障的制度。

1. 适用对象。持有非农业户口的城市居民，凡共同生活的家庭成员人均收入低于当地城市居民最低生活保障标准的，均有从当地人民政府获得基本生活物质帮助的权利。

2. 城市居民最低生活保障所需资金，由地方人民政府列入财政预算，纳入社会救济专项资金支出项目，专项管理，专款专用。

国家鼓励社会组织和个人为城市居民最低生活保障提供捐赠、资助；所提供的捐赠资助，全部纳入当地城市居民最低生活保障资金。

3. 城市居民最低生活保障标准，按照当地维持城市居民基本生活所必需的衣、食、住费用，并适当考虑水电燃煤（燃气）费用以及未成年人的义务教育费用确定。

城市居民最低生活保障制度为城市贫困人口提供了最基本的生活保障。财政支出包括：城市居民最低生活保障金支出、城市居民最低生活保障对象临时补助等。

### （二）农村最低生活保障制度

为贯彻落实中共十六届六中全会精神，切实解决农村贫困人口的生活困难，国务院决定，2007 年在全国建立农村最低生活保障制度，将符合条件的农村贫困人口纳入保障范围，稳定、持久、有效地解决全国农村贫困人口的温饱问题。

建立农村最低生活保障制度，实行地方人民政府负责制，按属地进行管理。各地从当地农村经济社会发展水平和财力状况的实际出发，合理确定保障标准和对象范围。农村最低生活保障标准由县级以上地方人民政府按照能够维持当地农村居民全年基本生活所必需的吃饭、穿衣、用水、用电等费用确定，且随着当地生活必需品价格变化和人民生活水平提高适时进行调整。

农村最低生活保障对象是家庭年人均纯收入低于当地最低生活保障标准的农村居民，主要是因病残、年老体弱、丧失劳动能力以及生存条件恶劣等原因造成生活常年困难的农村居民。

农村最低生活保障资金的筹集以地方政府为主，地方各级人民政府将农村最低生活保障资金列入财政预算，省级人民政府要加大投入。中央财政对财政困难地区给予适当补助。

目前我国财政的农村最低生活保障支出包括：农村最低生活保障金支出、农村最低生活保障对象临时补助、农村五保供养支出等。

### （三）灾害救助体系

国家建立了针对突发性自然灾害的应急体系和社会救助制度，对于在自然灾害中遭受损失的灾民，政府给予灾民生活救济。党和政府把灾民生活救济摆在突出重要的位置，灾民生活救济主要是吃饭、穿衣、住房和抢救、转移、安置、防疫、治病，以及自然灾害恢复重建等支出。

### （四）流浪乞讨人员救助制度

2003 年 8 月 1 日，我国正式实施《城市生活无着的流浪乞讨人员救助管理办法》。该办法按照“自愿受助、无偿援助”的原则，对在城市生活无着的流浪乞讨人员给予关爱性的救助管理，根据受助人员的不同情况和需求，给予食宿、医疗、通信、返乡及接送等方面的救助服务。

### （五）城市医疗救助制度

2005 年我国开始建立城市医疗救助制度。城市医疗救助制度是政府拨款和社会各界自愿捐助等多渠道筹资建立城市医疗救助基金，对患大病的城市贫困群众实行医疗救助的制度。

1. 医疗救助基金来源。城市医疗救助基金来源包括财政拨款、彩票公益金、社会各界自愿捐助、利息收入等。地方财政每年安排城市医疗救助资金并列入同级财政预算，中央和省级财政对困难地区给予适当补助。

2. 医疗救助基金的管理。城市医疗救助基金纳入社会保障基金财政专户，专项管理，专款专用。

3. 救助对象。城市医疗救助对象是城市居民最低生活保障对象中未参加城镇职工基本医疗保险人员，已参加城镇职工基本医疗保险、但个人负担仍然较重人员和其他特殊困难群众。对救助对象在扣除各项医疗保险可支付部分、单位应报销部分及社会互助帮困等后，个人负担超过一定金额的医疗费用或特殊病种医疗费用给予一定比例或一定数量的补助。

### （六）农村医疗救助制度

我国在 2003 年建立了农村医疗救助制度。农村医疗救助制度是政府拨款和社会各界自愿捐助等多渠道筹资，对患大病农村五保户和贫困农民家庭实行医疗救助的制度。

1. 农村医疗救助基金来源。农村医疗救助基金来源包括财政拨款、彩票公益金、社会各界自愿捐助、利息收入等。

2. 农村医疗救助基金的管理。农村医疗救助基金是用于农民贫困家庭医疗救助的专用基金，按照公开、公平、公正、专款专用、量入为出、收支平衡的原则进行管理和使用。开展医疗救助工作，应遵循“政府资助、社会捐助和个人负担相结合，主要以个人负担，政府给予适当资助”、“医疗救助与新型农村合作医疗制度相结合”的原则，救助对象缴纳个人应负担的全部或部分资金，参加当地新型农村合作医疗，享受新型农村合作医疗待遇，因患大病经合作医疗补助后个人负担医疗费用过高，影响家庭基本生活的，再给予适当的医疗救助。另外，国家规定的特种传染病救治费用，按有关规定给予补助。

### （七）特殊对象的社会救助制度

特殊对象的社会救济制度是国家对特定对象给予生活救济或困难补助，以保障他们基本生活的制度。如归侨、外侨人员生活救助支出等。

## 三、社会优抚和安置制度

优抚安置是国家对在民族解放、国家独立和保卫国家安全作出贡献和牺牲的人员及其家属实行优待、抚恤和安置的一项重要保障制度，是我国社会保障体系的重要组成部分。在我国，优抚对象有七种人：一是中国人民解放军的现役军人（含人民武装警察部队指战员）；二是革命伤残军人；三是复员军人；四是革命烈士家属；五是因公牺牲军人家属；六是病退军人家属；七是现役军人家属。安置对象是退役军人，包括退伍义务兵、退伍志愿兵、复员干部、转业干部、离退休干部等。

社会优抚和安置的资金来源是财政拨款，具体包括死亡抚恤、伤残抚恤、在乡复员和退伍军人生活补助、退役安置等财政支出。

## 四、社会福利制度

社会福利解决的是人们在温饱问题基本解决的情况下，如何提高人们的物质和精神生活水平的问题；而社会救济解决的是人们的基本生存问题。我国目前的社会福利主要为老年人、残疾人、孤儿等特殊群体提供必要的社会福利服务，以扶老、助残、救孤为目的，社会福利是社会保障体系的一个重要组成部分。现阶段，我国社会福利体系的构成大体可以分为三个部分：

### （一）特殊性社会福利

国家和社会为残疾人和无劳动能力与生活能力的人举办的福利工厂、孤儿院、养老院等福利事业，以及为老年人、儿童、残疾者提供免费或低费的社会服务。包括老年人福利支出、儿童福利支出、残疾人就业和培训支出、残疾人职业康复支出、扶持农村残疾人生产支出、奖励残疾人就业单位支出等。

### （二）职业福利

职业福利主要是指职工因其所从事的职业而从企业所获得的福利待遇，它的主要目的是为了提高职工的物质文化生活水平，满足职工的一般性需求。

### （三）一般性社会福利

一般性社会福利是指以国家和政府为主体举办的，旨在提高全体社会成员物质文化生活水平的福利性事业。如公民免费教育、医疗卫生服务、住房福利和各种公共设施等。

社会福利服务是国家、社会、单位、家庭、个人共同的责任。社会福利服务除政府拨款、社会资助、慈善恩济外，还可以发展福利彩票等多渠道筹集资金，包括实物和志愿者服务。实现投资主体多元化。

## 五、住房保障制度

住房保障制度是世界各国普遍采用的一项公共政策。其目的在于保障社会成员的基本人权（生存权、居住权等）、维护社会稳定和促进社会公平。住房保障制度是指政府和单位在住房领域实施社会保障职能，对城镇居民中低收入家庭进行扶持和救助的一种住房政策措施的总和；弥补了市场经济的缺陷和不足，对市场经济中弱者和低收入者提供帮助和救济，这一制度提高了市场配置住房资源的效率，体现了社会公平和人道主义精神，是社会稳定、经济发展、社会进步的需要，是实现社会公平和社会安定的助推器。住房保障制度是我国社会保障体系的重要组成部分，是各级政府社会职责的重要内容。

我国当前以住房公积金制度、经济适用房制度、公共租赁住房制度和廉租房制度为主要内容的住房保障制度，对于支持城镇中低收入居民解决住房问题起到了重要作用。

### （一）住房公积金制度

住房公积金制度是一种强制性的住房储蓄制度。住房公积金由个人和用人单位按月共同缴纳，全部记入个人账户，实行专户存储，专项用于职工购买、建造、大修自住住房，具有义务性、互助性和保障性特点。

### （二）经济适用房制度

经济适用房是指政府提供政策优惠，限定建设标准、供应对象和销售价格，具有保障性质的政策性商品住房。

### （三）廉租住房制度

廉租住房是指政府向城镇最低收入居民家庭提供的基本住房保障，属于完全的政府保障性质。廉租住房制度是针对住房困难的城镇最低收入家庭实施的一种住房保障制度。

### （四）公共租赁住房制度

公共租赁住房简称“公租房”，是指由国家提供政策支持、限定建设标准和租金水平，面向符合规定条件的城镇中等偏下收入住房困难家庭、新进就业无房职工和在城镇稳定就业的外来务工人员出租的保障性住房。

公共租赁住房不是归个人所有，而是由政府或公共机构所有，用低于市场价或者承租者承受得起的价格，向新就业职工出租，包括一些新的大学毕业生、一些退休老人及残疾人以及一些从外地迁移到城市工作的群体。

## 复习思考题

1. 财政支出有哪些分类方法？
2. 为什么国家要实行义务教育制度？
3. 我国为什么要实行政府采购制度？
4. 什么是社会保障、社会保险？我国社会保障制度包括哪些内容？
5. 我国目前政府对农业、农民的财政补贴有哪些？

# 第四章
# 政府预算

【知识目标】 1. 了解政府预算的分类、编制、执行及政府决算
2. 理解政府预算的特征及政府预算体系
3. 掌握我国现行政府预算管理体制——分税制的主要内容

【思政目标】 1. 通过预算法的教学，培养学生的法治意识
2. 理解社会主义财政“取之于民，用之于民”的本质特征，激发爱国情怀

【情境引例】

### 关于2020年中央和地方预算执行情况与2021年中央和地方预算草案的报告（摘要）

**一、2020年中央和地方预算执行情况**

2020年一般公共预算收支情况如下：

1. 全国一般公共预算。全国一般公共预算收入182 894.92亿元，为预算的101.5%，比2019年下降3.9%。其中，税收收入154 310.06亿元，下降2.3%；非税收入28 584.86亿元，下降11.7%。加上调入资金及使用结转结余26 133.32亿元（包括中央和地方财政从预算稳定调节基金、政府性基金预算、国有资本经营预算调入资金，以及地方财政使用结转结余资金），收入总量为209 028.24亿元。全国一般公共预算支出245 588.03亿元，完成预算的99.1%，增长2.8%。加上补充中央预算稳定调节基金1 040.21亿元，支出总量为246 628.24亿元。收支总量相抵，赤字37 600亿元，与预算持平。

2. 中央一般公共预算。中央一般公共预算收入82 771.08亿元，为预算的100%，下降7.3%。加上从中央预算稳定调节基金调入5 300亿元，从中央政府性基金预算、中央国有资本经营预算调入3 580亿元，收入总量为91 651.08亿元。中央一般公共预算支出118 410.87亿元，完成预算的99.1%，增长8.2%。加上补充中央预算稳定调节基金1 040.21亿元，支出总量为119 451.08亿元。收支总量相抵，中央财政赤字27 800亿元，与预算持平。

2020年中央一般公共预算超收收入和支出结余1 040.21亿元，全部转入中央预算稳定调节基金。中央预备费预算500亿元，实际支出146.41亿元，主要用于洪涝灾害灾后恢复

重建等方面，剩余353.59亿元（已包含在上述结余1 040.21亿元中）全部转入中央预算稳定调节基金。2020年末，中央预算稳定调节基金余额1 131.31亿元。

3. 地方一般公共预算。地方一般公共预算收入183 439.14亿元，其中，本级收入100 123.84亿元，下降0.9%；中央对地方转移支付收入83 315.3亿元。加上从地方预算稳定调节基金、政府性基金预算、国有资本经营预算调入资金及使用结转结余17 253.32亿元，收入总量为200 692.46亿元。地方一般公共预算支出210 492.46亿元，增长3.3%。收支总量相抵，地方财政赤字9 800亿元，与预算持平。

**二、2021年中央和地方预算草案（略）**

（资料来源：新华网，2021年3月6日。）

每年的全国人大会议上，财政部长都会作关于上年预算执行情况和本年预算草案的报告，那什么是政府预算和政府决算？政府预算由哪些部分组成？预算应如何编制？……有关预算的相关问题，我们将在本章加以说明。

# 第一节　政府预算概述

## 一、政府预算的概念

### （一）政府预算的含义

俗话说："吃不穷穿不穷，算计不到一世穷"，一个家庭有家庭的财务计划，一个企业有企业的财务计划，作为一个经济体的国家，更需要有年度的收支计划，那就是预算。

新预算法解读

政府预算是经法定程序审核批准的具有法律效力和制度保证的政府年度财政收支计划，反映了政府的公共财政收支状况，是政府的基本财政收支计划，是政府筹集、分配和管理财政资金及调控经济的重要工具，体现政府集中性的财政分配关系。从以下几方面来理解政府预算的含义：

1. 政府预算是以年度政府财政收支计划的形式存在的。它是对年度政府财政收支的规模和结构进行的预计和测算，其具体形式是按一定标准将财政预算年度的财政收支分门别类地列入各种计划表格，通过这个表格反映一定时期政府财政收支的具体来源和方向。

2. 政府预算是具有法律效力的文件。作为政府预算基本内容的级次划分、收支内容、管理职权划分等，都是以预算法的形式规定的；预算的编制、执行和决算的过程也是在预算法的规范下进行的。政府预算编制后要经国家立法机构审查批准后方能公布并组织实施；预算的执行过程受法律的严格制约，不经法定程序，任何人无权改变预算规定的各项收支指标，这就使政府的财政行为通过预算的法制化管理被置于民众的监督之下。

3. 政府预算是政府调节经济的重要工具。在市场经济条件下，当市场难以保持自身均衡发展时，政府可以根据市场经济运行状况，选择适当的预算总量政策，用预算差额去弥补社会总供求缺口，以保持经济的稳定增长。

政府预算作为政府的基本财政收支计划，从形式上看，是以政府财政收支对照表的形式表现的，是具有法律效力的文件；从内容上看，政府预算反映供政府集中支配的财力来源、规模和使用方向；从作用上看，通过政府预算所确定的财政收支规模和结构，又从根本上决定政府的活动范围和方向，体现了一定时期内政府的施政方针和要达到的政治、经济和社会发展目标。

### （二）政府预算的特征

1. 预测性。是指在对经济规律和财政分配规律正确认识和运用的基础上，对计划年度政府预算收入和支出的各项指标，进行科学的预计和测算。

2. 集中性。是指政府预算组织分配的是集中性的财政资金。即政府履行其职能所必须集中使用的财力，按照国家总体利益的需要集中分配，统筹兼顾，全面安排。

3. 综合性。政府预算收入和支出的状况，在资金方面综合反映了国民经济和社会发展各方面纷繁复杂的活动，体现了有关经济和社会发展的规模、结构、比例和方向，进而全面地反映出整个国家的财力。

4. 法律性。政府预算通过法律文件得以正式体现，预算的编制、审查、批准、执行和调整都必须按照法定程序和要求进行。我国《预算法》第十三条规定："经人民代表大会批准的预算，非经法定程序，不得调整。"

5. 公开性。政府预算的编制、执行和决算都是在对民众公开的状态下进行的。预算编制完成之后要通过人民代表大会（议会）向全民公布，并由人民代表大会（议会）批准后才能有效；预算在执行过程中的调整和预算执行结果也要向人民代表大会及其常务委员会报告，并由其审查批准，这就使政府预算具有公开性的特征。

我国《预算法》规定，经本级人民代表大会或者本级人民代表大会常务委员会批准的预算、预算调整、决算、预算执行情况的报告及报表，应当在批准后二十日内由本级政府财政部门向社会公开；经本级政府财政部门批复的部门预算、决算及报表，应当在批复后二十日内由各部门向社会公开。

6. 年度性。政府预算一般是按年度编制的。所谓年度即财政年度或预算年度，是指政府预算收支起止的有效期，其期限通常为一年，故称之为"年度"。从财政角度看，称为"财政年度"；从预算角度看，称为"预算年度"；从会计角度看，称为"会计年度"。依照财政年度的起止时间不同，财政年度又可分为历年制财政年度和跨年制财政年度两种。历年制财政年度从 1 月 1 日起到同年 12 月 31 日止。按照《预算法》规定，我国的预算年度采用历年制。跨年财政年度跨两个日历年度，如日本、英国等国的财政年度是从当年 4 月 1 日起至第二年的 3 月 31 日止。

财政年度的名称，采用历年制的，依公元的年份而定，如 2010 年 1 月 1 日起到同年 12 月 31 日止称为 2010 财政年度。采用跨年制的，一般以财政年度终止日所属的年份为该期间的财政年度名称，如 2011 年 10 月 1 日起至次年 9 月 30 日止，称为 2012 财政年度。

**阅读资料**

1. 历年制，是指财政年度的起止期与年历始末相同，即公历1月1日起至12月31日止。使用历年制的有中国大陆、中国台湾、德国、法国、波兰、奥地利、匈牙利、朝鲜、南斯拉夫等。

2. 跨年制，是指财政年度起止期与年历始末不相同，如英国、日本、加拿大、印度、中国香港等国家和地区是自4月1日起至次年3月31日止；瑞典、埃及、澳大利亚、巴基斯坦、孟加拉国、苏丹等国家是自7月1日起至次年6月30日止；美国在1976年以前是自7月1日起至次年6月30日止，1976年以后改为自10月1日起至次年9月30日止。由10月1日起的还有：泰国、尼日利亚等。沙特阿拉伯、尼泊尔等国家的财政年度则是实行浮动制度，其每一年度预算的起止日期和时间周期长短是不相同的。

## 二、政府预算的组成

我国实行一级政府建立一级预算的原则，设立中央、省（自治区、直辖市）、设区的市（自治州）、县（自治县、不设区的市、市辖区）、乡（民族乡、镇）五级预算。

1. 中央政府预算（简称中央预算）经法定程序批准，是中央政府的财政收支计划。中央预算由中央各部门（含直属单位）的预算组成。中央预算在政府预算中居于主导地位，由财政部负责编制。

2. 地方政府预算由各省、自治区、直辖市预算组成，地方各级政府预算由本级各部门的预算和汇总的下一级总预算组成。各部门预算由本部门所属各单位预算组成。单位预算是指列入部门预算的国家机关、社会团体和其他单位的收支预算。地方预算收入主要来源于政府税收中属于地方的税收等，反映着发展地方经济和文化教育事业以及地方行政经费等所需要的资金，它是政府预算的组成部分，在政府预算中居于重要地位。地方预算由地方财政部门负责编制。

## 三、政府预算体系

我国目前已经建立了由一般公共预算、国有资本经营预算、政府性基金预算和社会保险基金预算组成的有机衔接的、完善的政府预算体系，把政府所有收支全部纳入预算管理，全面反映政府收支总量、结构和管理活动。

一般公共预算、政府性基金预算、国有资本经营预算、社会保险基金预算应当保持完整、独立。政府性基金预算、国有资本经营预算、社会保险基金预算应当与一般公共预算相衔接。

### （一）一般公共预算

一般公共预算是指政府凭借国家政治权力，以社会管理者身份筹集以税收为主体的财政收入，用于保障和改善民生、推动经济社会发展、维护国家安全、维持国家机构正常运转等方面的收支预算。

一般公共预算收入包括各项税收收入、行政事业性收费收入、国有资源（资产）有偿使用收入、转移性收入和其他收入。

一般公共预算支出按照其功能分类，包括一般公共服务支出，外交、公共安全、国防支出，农业、环境保护支出，教育、科技、文化、卫生、体育支出，社会保障及就业支出和其他支出。

一般公共预算支出按照其经济性质分类，包括工资福利支出、商品和服务支出、资本性支出和其他支出。

表 4－1 是地方财政一般预算收支表。

**表 4－1　　财政一般预算收支情况表**　　单位：万元

| 预算科目 | 金额 | 预算科目 | 金额 |
|---|---|---|---|
| 一、税收收入 | | 一、一般公共服务 | |
| 增值税 | | 二、外交 | |
| 消费税 | | 三、国防 | |
| 企业所得税 | | 四、公共安全 | |
| 个人所得税 | | 五、教育 | |
| 资源税 | | 六、科学技术 | |
| …… | | 七、文化体育与传媒 | |
| 二、非税收入 | | 八、社会保障和就业 | |
| 专项收入 | | 九、医疗卫生 | |
| 行政事业性收费收入 | | 十、环境保护 | |
| 罚没收入 | | 十一、城乡社区事务 | |
| 国有资本经营收入 | | 十二、农林水事务 | |
| 国有资源（资产）有偿使用收入 | | …… | |
| 一般预算收入小计 | | 一般预算支出小计 | |
| 上级补助收入 | | 上解上级支出 | |
| 返还性收入 | | …… | |
| …… | | | |
| | | 补助下级支出 | |
| 一般性转移支付收入 | | 返还性支出 | |
| 均衡性转移支付补助收入 | | …… | |
| 民族地区转移支付补助收入 | | | |
| 调整工资转移支付补助收入 | | 一般性转移支付支出 | |
| …… | | 均衡性转移支付补助支出 | |
| | | 民族地区转移支付补助支出 | |
| 专项转移支付收入 | | 调整工资转移支付补助支出 | |
| 专项补助收入 | | …… | |
| 增发国债补助收入 | | | |
| | | 专项转移支付收入 | |

续表

| 预算科目 | 金　额 | 预算科目 | 金　额 |
|---|---|---|---|
| 国债转贷收入 | | 专项补助支出 | |
| 国债转贷资金上年结余 | | 增发国债补助支出 | |
| 国债转贷转补助 | | | |
| 上年结余 | | 拨付国债转贷资金数 | |
| 调入资金 | | 国债转贷资金结余 | |
| | | 调出资金 | |
| | | | |
| | | 年终结余 | |
| | | 其中：本级 | |
| | | 减：结转下年的支出 | |
| | | 其中：本级 | |
| | | 净结余 | |
| | | 其中：本级 | |
| | | | |
| 一般预算收入总计 | | 一般预算支出总计 | |

### （二）政府性基金预算

政府性基金预算是国家通过向社会征收以及出让土地、发行彩票等方式取得收入，并专项用于支持特定基础设施建设和社会事业发展的财政收支预算，是政府预算体系的重要组成部分。编制政府性基金预算，对于提高政府预算的统一性和完整性，增强预算的约束力和透明度，更好地接受人大和社会监督，具有十分重要的意义。自 2002 年 7 月起，所有政府性基金均纳入预算管理。政府性基金预算应当根据基金项目收入情况和实际支出需要，按基金项目编制，做到以收定支。

1. 政府性基金收入预算。包括铁路建设基金、民航基础设施建设基金、港口建设费、国家重大水利工程建设基金、国有土地使用权出让收入、彩票公益金、政府住房基金等收入。

2. 政府性基金支出预算。政府性基金支出用于公路、铁路、民航、港口、水利、城市维护等建设的基金支出；用于教育、文化、体育等事业发展的基金支出；用于移民和社会保障的基金支出；用于生态环境建设的基金支出等。

2020 年全国政府性基金预算收入 93 488. 74 亿元，增长 10. 6%；全国政府性基金预算支出 117 998. 94 亿元，增长 28. 8%。

### （三）国有资本经营预算

国有资本经营预算，是国家以所有者身份依法取得国有资本收益，并对所得收益进行分配而发生的各项收支预算，是政府预算的重要组成部分。建立国有资本经营预算制度，是党中央、国务院做出的一项重大决策，对于深化国有企业改革、规范国家与国有企业分配关系、增强政府宏观调控能力具有十分重要的意义。国有资本经营预算应当按照收支平衡的原则编制，不列赤字，并安排资金调入一般公共预算。

1. 收入预算。收入预算是指国家按年度和规定比例向企业收取国有资本收益的收缴计划。依法取得国有资本收益，是国家作为国有资本投资者应当享有的权利，也是建立国有资本经营预算的基础。国有资本收益是指国家以所有者身份依法取得的国有资本投资收益，具体包括：①上缴利润收入（即国有独资企业按规定应当上缴国家的利润）；②股息红利收入；③国有产权转让收入；④企业清算收入；⑤其他国有资本收益。

2. 支出预算。支出预算是指国家根据国有资本经营预算收入规模和国民经济发展需要制定的支出计划。国有资本经营预算支出按照资金使用性质划分为：

（1）资本性支出，主要是根据国家产业发展规划、国有经济布局和结构调整规划，用于支持国有企业改制、重组，自主创新，提高企业核心竞争力。

（2）费用性支出，主要用于弥补国有企业改革成本，解决历史遗留问题，当前，要重点解决困难企业职工养老保险，离退休职工医疗保险、特困企业职工生活补助，分离企业办社会职能、企业后勤服务社会化等涉及职工切身利益的问题，以及支持重点行业企业的节能减排。

（3）转移性支出，如向一般公共预算调出资金。

（4）其他支出，即用于社会保障等方面的支出。

2020 年全国国有资本经营收入 4 777. 82 亿元，比上年增长 9. 1%；全国国有资本经营支出 2 609. 43 亿元。

### （四）社会保险基金预算

社会保险基金预算是对社会保险缴款、一般公共预算安排和其他方式筹集的资金，专项用于社会保险的收支预算。

社会保险基金预算应当按照统筹层次和社会保险项目分别编制，做到收支平衡。社会保险基金预算按险种分别编制，包括：

1. 企业职工基本养老保险基金预算。

（1）企业职工基本养老保险基金收入预算。主要包括基本养老保险费收入、利息收入、财政补贴收入、转移收入、上级补助收入、下级上解收入、其他收入等。

（2）企业职工基本养老保险基金支出预算。主要包括基本养老金支出、医疗补助金支出、丧葬抚恤补助支出、转移支出、补助下级支出、上解上级支出、其他支出等。

2. 失业保险基金预算。

（1）失业保险基金收入预算。主要包括失业保险费收入、利息收入、财政补贴收入、转移收入、上级补助收入、下级上解收入、其他收入等。

（2）失业保险基金支出预算。主要包括失业保险金支出、医疗补助金支出、丧葬抚恤补助支出、职业培训和职业介绍补贴支出、转移支出、补助下级支出、上解上级支出、其他支出等。

3. 城镇职工基本医疗保险基金预算。

（1）城镇职工基本医疗保险基金收入预算。主要包括基本医疗保险费收入、利息收入、财政补贴收入、转移收入、上级补助收入、下级上解收入、其他收入等。

（2）城镇职工基本医疗保险基金支出预算。主要包括基本医疗保险待遇支出、转移支出、补助下级支出、上解上级支出、其他支出等。

4. 工伤保险基金预算。

（1）工伤保险基金收入预算。主要包括工伤保险费收入、利息收入、财政补贴收入、转移收入、上级补助收入、下级上解收入、其他收入等。

（2）工伤保险基金支出预算。主要包括工伤保险待遇支出、劳动能力鉴定费支出、转移支出、补助下级支出、上解上级支出、其他支出等。

5. 生育保险基金预算。

（1）生育保险基金收入预算。主要包括生育保险费收入、利息收入、财政补贴收入、转移收入、上级补助收入、下级上解收入、其他收入等。

（2）生育保险基金支出预算。主要包括生育保险待遇支出、医疗费支出、转移支出、补助下级支出、上解上级支出、其他支出等。

2020 年全国社保保险基金收入 72 115.65 亿元，下降 13.3%。全年社会保险基金预算支出 78 834.82 亿元，增长 5.5%，当年收支缺口 6 219.17 亿元，年末滚存结余 90 326.14 亿元。

## 四、政府预算的类型

### （一）按预算的编制形式政府预算分为单式预算和复式预算

1. 单式预算。是指政府财政收支计划通过一个统一的计划表格来反映的预算。单式预算是一种传统的预算制度，在预算产生之后的相当长时期，世界各国都采用单式预算。单式预算的主要优点是符合预算的完整性原则。由于把全部财政收入与支出分别列于预算收支表上统一汇集平衡，因此能清楚地反映一国政府预算收支的全貌。

2. 复式预算。复式预算是指在预算年度内将全部财政收支按照经济性质或其他标准分成两个或两个以上的计划表格来反映政府收支计划的预算。复式预算是相对于单式预算而言的。

复式预算的主要优点是对财政收支结构和经济建设状况反映明确，有利于政府职能规范化和实行宏观决策与管理。

我国从 1992 年起逐步推行复式预算改革，1995 年开始，全面实行复式预算。

### （二）按预算编制的方法政府预算分为增量预算、零基预算和绩效预算

1. 增量预算。增量预算也称基数预算，是指财政收支计划指标在以前财政年度的基础上，按新的财政年度的经济发展情况加以调整之后确定的。

2. 零基预算。是指财政收支计划指标的确定，只以社会经济的预算发展为依据，不考虑上一年度的财政收支指标，是以“零”为起点重新编制的预算，即对原有的和新年度增加的各项开支都要重新审核，而不仅仅是修改上年预算或审查新增部分。零基预算的最大特点是要求对全部预算项目进行重新评估，不受往年预算的约束，即从“零”开始。零基预算最大的优点是政府可以对一些非优等项目或低效益项目进行必要的删减，因而有利于控制支出、平衡收支和提高效益；也可以在机构内部进行资金调剂，进而提高财政配置效率。我国现已推行零基预算的编制方法。

3. 绩效预算。绩效预算是以项目的效益为目的，以成本为基础而编制和管理的预算。具体来说绩效预算是要阐述和明确请求拨款所要达到的目标，为实现这些目标而设定的计划需要花费多少钱，以及用哪些量化指标来衡量其在实施每项计划的过程中取得的成绩和完成工作情况。它是一种以追求效益为目的的公共支出预算模式。目前，绩效预算已成为西方发达国家主要的预算模式。

#### （三）按预算的管理范围政府预算分为总预算、部门预算和单位预算

1. 总预算。总预算是由各级政府汇总编制的预算，是政府计划年度内全部预算收支的预算。全国预算由中央预算和地方预算组成。地方预算由各省、自治区、直辖市总预算组成。地方各级总预算由本级预算和汇总的下一级总预算组成；下一级只有本级预算的，下一级总预算即指下一级的本级预算。没有下一级预算的，总预算即指本级预算。

2. 部门预算。部门预算是由政府各部门编制，经财政部门审核后报立法机关审议通过，反映部门所有收入和支出的预算，即一个部门一本预算。我国从 1999 年开始编制部门预算。

3. 单位预算。单位预算是各级政府机关及其所属行政、事业单位的年度财政收支预算，是部门预算的基本构成单位。

## 第二节　政府预算程序

政府预算的编制、审批、执行和政府决算是一个完整的政府预算程序，预算程序即指预算的周期过程。

### 一、政府预算的编制和审批

政府预算的编制工作主要由政府负责，财政部门具体实施。

各级预算应当根据年度经济社会发展目标、国家宏观调控总体要求和跨年度预算平衡的需要，参考上一年度预算执行情况、有关支出绩效评价结果和本年度收支预测，按照规定程序征求各方面意见后，进行编制。

#### （一）政府预算编制的原则

我国《预算法》规定，预算编制必须遵循以下原则：

1. 统筹兼顾原则。各级一般公共预算支出的编制，应当统筹兼顾，在保证基本公共服务合理需要前提下，优先安排国家确定的重点支出，做到集中财力办大事。

2. 勤俭节约原则。各级预算支出的编制，要严格控制各部门、各单位的机关运行经费和楼堂馆所等基本建设支出。

3. 讲求绩效原则。财政支出绩效，是指财政支出活动所取得的实际效果，它反映了政府为满足社会公共需要而进行的资源配置活动和所取得的社会实际效果之间的比较关系。讲

求绩效，就是要做到最小的投入取得最大的产出，做到少花钱、多办事、办好事。

4. 量力而行原则。各级预算收入的编制，应当与经济社会发展水平相适应，各级预算支出的编制，要根据收入和财力的可能安排，做到量力而行。

5. 收支平衡原则。地方各级预算按照量入为出、收支平衡的原则编制，除《预算法》另有规定外，不列赤字。

### （二）政府预算编制的内容

政府预算的编制包括三个方面的内容：单位预算编制、部门预算编制和总预算编制。

1. 单位预算编制。单位预算是政府预算的基本组成部分，它以资金的形式反映着国家机关、社会团体和其他单位的活动，是国家机关、社会团体和其他单位实现其职能或事业计划的财务保证，是各级总预算构成的基本单位。单位预算草案按要求编成以后，连同编制说明一起报送上级主管部门审核。

2. 部门预算编制。各主管部门在部门所属单位上报的预算基础上，汇编本部门预算。部门预算是由政府各部门编制，财政部门审核，经政府同意后报立法机构审议通过的，全面反映部门所有收入和支出的预算。

部门单位预算的编制程序——“两上两下”：

部门单位编报收支预算建议草案（一上），政府对预算建议数进行审核、汇总，并根据预算年度各项可用财力预测情况进行综合平衡后，向部门单位下达预算控制数（一下）。部门单位根据下达的预算控制数，编制预算草案，上报财政（二上）。财政部门通过审核预算草案后，将汇总的财政预算草案报市政府常务会、市委常委会研究通过后，由市政府提交人代会审议。在人代会批准预算草案一个月内，财政部门将向各部门批复预算（二下）。各预算部门在接到财政预算批复的 15 日内向所属单位批复预算。

3. 各级总预算编制。同级财政部门在各部门上报的部门预算的基础上汇总编成本级政府预算。地方各级总预算由同级财政部门将下一级政府汇总编制的下级政府总预算进行汇总，加上本级政府预算，编制本级总预算，并报上级政府和财政部门备案。

### （三）政府预算的审批

由政府财政部门编制的政府预算草案必须经各级人民代表大会审议批准方能成立。中央预算由全国人民代表大会审查和批准，地方各级政府预算由本级人民代表大会审查和批准。

## 二、政府预算的执行

所谓预算的执行是各级财政预算的具体组织实施，是政府预算组织、实现收入、支出、平衡和监督过程的总称。它具体可以分为政府预算收入的执行、政府预算支出的执行以及政府预算执行中的调整三个部分。

财政支付流程图

### （一）政府预算收入的执行

预算收入的执行是预算收入的实现过程，征收机关有税务机关、财政机关、海关等。

1. 预算收入的缴款依据。预算收入缴库依据有：税收执行计划、企业利润缴库计划、政府性收费和基金计划。

2. 预算收入缴款方式。

（1）直接缴库。缴款单位或个人按有关法律法规规定，直接将应缴收入缴入国库单一账户或预算外资金财政专户。直接缴库是财政收入征缴的主要方式。

（2）集中汇缴。小额零散税收和法律另有规定的应缴收入，由征收机关征收，并按有关法律法规规定，将所收的应缴收入缴入国库单一账户或预算外资金财政专户。

3. 预算收入的划分和报解。划分是指对于收纳入库的预算收入，按照预算管理体制规定的收入级次和分成比例，划分并计算中央和地方各级预算收入。

报解是在划分收入基础上，按规定程序将预算收入库款分别报解各级国库，相应增加各级国库的存款。

4. 预算收入退库。预算收入退库是指在政策允许的范围内，将已入库的预算收入退还给原缴款单位或缴款人。包括：①计划亏损补贴退库；②出口产品退库；③超缴、多缴退库；④先征后退、减免退库；⑤技术性差错类退库；⑥财政部批准的专项退库或其他退库。

**小知识：什么是国库？**

国家金库简称“国库”，是国家财政收支的保管出纳机构。国家既可以在财政机关内部设立独立国库，也可以委托国家银行代理。我国实行由中国人民银行经理国库制，分中央国库和地方国库。

### （二）政府预算支出的执行

1. 财政直接支付方式。财政直接支付是指以部门预算和批复的用款计划为依据，由财政国库支付执行机构根据财政管理机构签发的支付指令开具支付令，通过国库单一账户体系，直接将财政资金支付到收款人（即商品和劳务供应者）或用款单位账户。财政直接支付为转账支付，通过“财政零余额账户”办理资金支付。

财政直接支付的范围是：工资支出、工程采购支出、物品和服务采购支出和其他具有特定用途的支出项目。

2. 财政授权支付方式。财政授权支付是指预算单位按照财政部门的授权，在财政部门批复的用款额度内自行签发支付指令，通过国库单一账户体系将资金支付到收款人账户。财政授权支付包括转账支付和现金支付两种形式，由预算单位通过本单位的“单位零余额账户”办理转账或提现。

财政授权支付的范围是：包括未纳入财政直接支付管理的购买支出和零星支出。

**小问题**

财政直接支付和财政授权支付有何区别？

### （三）政府预算执行中的调整

政府预算执行中的调整是指预算在执行中因特殊情况需要增加支出或者减少收入，通过改变预算收入来源和支出用途，以及预算收支规模，组织新的预算平衡的方法。预算调整是预算执行过程中的一项重要工作，是针对预算执行过程中发生的影响预算平衡的各种因素而采取的措施，其主要目的是实现预算执行过程中的平衡。在执行中出现下列情况之一的，应当进行预算调整：①需要增加或者减少预算总支出的；②需要调入预算稳定调节基金的；③需要调减预算安排的重点支出数额的；④需要增加举借债务数额的。预算调整分为全面调整和局部调整两种类型。

1. 政府预算的全面调整。政府预算的全面调整并不是经常发生的，只是在某种特殊情况下，由于遇到国家重大方针政策的调整，或经济情况发生了较大变化，对预算执行产生较大影响时，才对预算实行全面调整。

2. 政府预算的局部调整。政府预算的局部调整是指政府预算执行中就预算的某些局部进行的调整。局部调整有以下几种主要措施：

（1）动用预算后备基金，包括预备费和预算周转金。各级预算的预备费，是为了解决在预算执行中某些临时性急需和事前难以预料的特殊开支而设置的备用资金。《预算法》规定：各级政府预算应当按照本级政府预算支出额的1%～3%设置预备费。在预算执行过程中，如果发生较大的自然灾害，实行重大经济改革，以及政府预算没有列入而当前又必须解决的临时性开支等情况，可以动用预备费，但应从严掌握。各级预算预备费的动用方案，由本级政府财政部门提出，报本级政府决定。各级预备费的动用，一般要控制在下半年，并要经过一定程序批准。各级一般公共预算可以设置预算周转金，额度不得超过本级一般公共预算支出的1%，用于本级政府调剂预算年度内季节性收支差额。

（2）预算的追加追减。追加预算是指在原核定的预算总额以外，增加预算收入或支出数额。追减预算是指在原核定的总额之内减少预算收入或支出数额。在执行预算中，由于国家政策、计划、制度发生重大变化以及事前难以预料的特殊原因，发生的确需要追加或追减预算的情况时，可以按照规定的程序办理预算的追加或追减。预算的追加或追减，都会改变收支规模和结构，并影响其平衡，因此，在正常情况下，追加支出必须有相应的收入来源；追减收入必须有相应的追减支出。

（3）经费流用，也称科目流用。指预算支出科目之间经费的相互调剂。这是在不改变预算支出总额的条件下，局部地改变资金的用途。

（4）预算划转。由于行政区域或企业、事业单位隶属关系的改变，使其预算的隶属关系发生变化，必须同时将全部预算划归新的上级部门或接管单位，这种预算关系的变更，称为预算划转。

### 三、政府决算

政府决算是指经法定程序批准的年度预算执行结果的会计报告，是政府预算执行情况的总结，是国家政治经济活动在财政上的集中反映，是政府预算管理过程中必不可少的、十分重要的最终环节。

政府决算由各级政府财政部门负责具体组织编制，并报本级政府审定后，由政府提请本级人民代表大会或其常务委员会审查批准。县及县以上的决算草案由本级人大常委会审查和批准，乡决算草案由乡人大审查批准。决算的审批和预算草案的审批程序相同。

# 第三节 政府预算管理体制

## 一、政府预算管理体制的含义

政府预算管理体制是在中央政府和地方政府之间，以及地方各级政府之间划分预算收支范围和管理权限的一项财政制度。

由于政府的职能是由各级政府共同完成的，各级政府分别承担着一定的政治经济任务，而要完成各项政治经济任务需要相应的财权财力，因此，在中央和地方政府之间，以及地方各级政府之间，需要明确划分各自的预算收入和支出的范围，并确定各自的财政资金支配权和管理权责，使各级政府在财政管理上有权有责，更好地完成政府预算收支任务，从财力上保证国家各项事业的发展。

## 二、政府预算管理体制的内容

### （一）政府预算管理权限的划分

预算管理权是指财政预算方针政策、预算管理法律法规的制定权、解释权、修订权；政府预算、决算的编制、审核批准权；预算的执行、调整、监督权等。根据我国《预算法》的规定，预算管理权限的具体划分如下：

1. 各级人民代表大会是审查、批准预算、决算的权力机关。

2. 各级人民政府是预算管理的国家行政机关。

3. 各级财政部门是预算管理的职能部门。

### （二）政府间职权的划分

政府间职权的划分是政府间收支划分的重要前提条件。中央政府与地方政府的职权或事权的划分，是由公共需要的层次性所引起的。

1. 中央政府的职权。中央政府作为全民整体利益和一国政府意志的代表，满足全国性公共需要，提供全国性公共服务就是中央政府的行为目标。中央政府的职权范围包括：

（1）制定全国性财政经济发展战略和有关方针、政策，对社会经济发展实施宏观调控。

（2）提供全国性公共服务，如国防、外交、国家级行政管理、涉及全国性的资源开发与保护等。

（3）提供受益范围，虽然不是全国的但与国家整体利益密切相关的公共事务，如教育、环境保护、科学研究、卫生保健、社会保障等。

（4）组织具有全国性的能源、交通、原材料等基础设施等方面的投资与建设。

2. 地方政府的职权。地方政府是整个国家机构体系中的重要组成部分。与中央政府相比较，地方政府是代表本地区居民利益的，其行为目标就是为本地区居民提供区域性公共服务。地方政府的职权包括：

（1）提供区域性公共服务，包括区域性行政管理、维护地方的社会治安和秩序，提供某些基本的、社会共同性的日常生活服务。

（2）管理和发展本地区的文化教育、卫生保健、社会保险等事业。

（3）管理地方财力，组织地方性城市交通、道路、桥梁等基础设施和公用设施建设等。

### （三）政府预算收支的划分

政府预算收支的划分是指按照政府职权的划分，将政府预算收入和支出在中央和地方，以及地方各级政府之间划定范围、方法及有效期限等。政府预算收支的划分是政府预算管理体制的核心内容。

预算收支主要依据各级政府承担的职能任务，即各级政府的事权来划分。一般说来，首先划分各级政府的支出范围。如前所述，关系到国家政治经济发展全局、地方无力承担或不适宜的支出划归中央支出；直接关系地方社会经济发展，且地方有能力承担的支出划归地方支出。支出确定之后，根据各级政府的支出范围，确定其各自的财力需要，再据此将各项收入在各级政府间划分，使各级政府有相应的财力来完成其承担的任务。

### （四）建立政府间转移支付制度

转移支付是指除政府购买之外的那些不以取得商品和劳务作为补偿的支出。它的范围很广，有政府对个人的转移支付制度，如各种社会救济支出、社保支出、价格补贴等；有各级政府间的转移支付，如上级财政对下级财政的各种专项拨款及各项补助，下级财政对上级财政的资金上缴，以及同级政府之间的财政资金转移等。它的特点表现为资金无偿的、单方面的转移。我们这里主要讲述政府间的转移支付制度。

政府间转移支付制度是中央政府为均衡各地方政府的财力状况，协调地区间的经济发展，对全国整体经济实施宏观调控，采取无偿补助的方式将中央掌握的一部分财力转移给地方政府的一种调节制度。一般而言，政府转移支付是指垂直财力流动形式，即财力从上一级财政流向下一级财政，实质上是上一级政府对下一级政府的财力补助，是以各级政府之间所存在的财政能力差异为基础，以实现各地公共服务水平均等化为主旨而实行的一种财政资金转移或财政平衡制度。在分级财政体制下，由于各地区经济和社会发展的客观条件不同，地方政府的财政能力也不同。有些地方政府的财政收入抵补支出后尚有结余，有些地方政府的财政收入却无法满足支出的需要，这就需要建立政府间的转移支付制度，中央政府通过转移支付制度，可以调节各地区之间收入能力的差距，使不同地区的社会成员都能享受到大体均等的社会公共福利水平。因此，建立科学合理的转移支付制度是现代政府预算管理体制的重要内容。

政府间转移支付形式一般分为两大类：

1. 专项转移支付，又称有条件转移支付，是指上级政府根据特定目的将其掌握一部分财政资金拨付给予下级政府的转移支付形式，具有政策性强、目标明确的特点，下级财政需按规定用途使用资金。专项转移支付重点用于教育、医疗卫生、社会保障、支农等公共服务领域。

2. 一般性转移支付，又称无条件转移支付，是指上级政府为弥补下级政府财力的不足，向其提供一定的资金，并且不规定具体用途，下级政府可以自行支配转移支付资金。

目前我国还存在税收返还、体制补助等转移支付形式。

阅读资料

**2021 年中央对地方转移支付预算**

2021 年中央对地方转移支付 83 370 亿元，比 2020 年略有增加，剔除特殊转移支付后实际增长 7.8%。一般性转移支付 75 018.34 亿元，增长 7.8%，其中，共同财政事权转移支付 34 159.04 亿元，增长 6.1%，主要是支持地方落实教育、养老、医保等领域共同财政事权有关政策，促进基本公共服务均等化；其他一般性转移支付 40 859.3 亿元，增长 9.2%，高于中央本级支出增幅 9.4 个百分点，体现了中央财政加大对地方财力支持力度、增强困难地区财政保障能力的政策导向。专项转移支付（包含中央预算内投资）8 351.66 亿元，增长 7.5%，集中资金引导地方落实党中央、国务院重大决策部署。

（资料来源：财政部网站，2021 年 3 月 10 日。）

## 三、我国现行政府预算管理体制

我国从 1994 年 1 月 1 日起在全国实行分税制预算管理体制。

### （一）分税制的含义

分税制是根据事权与财权相统一的原则，按照税种划分中央预算与地方预算的收入，合理确定中央与地方的财权财力，以确定中央政府和地方政府之间财政分配关系的一种预算管理体制。分税制是根据市场经济的原则和公共财政理论确定的一种分级预算管理制度，它是国际上市场经济国家中通行的一种预算管理体制。

知识链接

分税制包括以下方面的基本含义：

- 合理划分中央和地方的事权，按照划定的事权，合理确定各级政府的预算支出范围；
- 按照事权与财权相结合的原则，将税种在中央和地方政府之间进行归属划分；
- 分别建立中央和地方的税收体系，相应地设置中央与地方两套税务机构，各自负责其税收；
- 科学确定地方收支数额，逐步实行比较规范的中央对地方的转移支付制度。

### （二）现行分税制的主要内容

1. 中央与地方的事权和支出划分。

（1）中央政府的支出范围。中央政府主要承担国家安全、外交和中央政权机关运转所需经费，实施宏观调控、协调地区发展、调整产业结构所需支出，由中央直接管理的事业发展支出等。具体内容包括：国防费、武警经费、外交和援外支出，中央级行政管理费，中央统管的基本建设投资，中央直属企业的技术改造和新产品试制费，地质勘探费，由中央财政安排的支农支出，由中央负担的国内外债务的还本付息支出，以及中央本级负担的公检法支出和文教科卫等各项事业费支出等。

（2）地方政府的支出范围。地方主要承担本地区政权机关运转所需支出以及本地区经济、事业发展所需支出。具体包括：地方行政管理费，公检法支出，部分武警经费，民兵事业费，地方统筹的基本建设投资，地方企业的技术改造和新产品试制经费，支农支出，城市维护建设费，地方文化、教育、卫生等各项事业费，价格补贴支出等。

2. 中央与地方收入的划分。根据事权与财权相结合的原则，将维护国家权益、实现宏观调控所必需的税种划分为中央税；将与经济发展直接相关的主要税种划分为中央与地方共享税；将适合地方征管的税种划分为地方税，并充实地方税税种。具体划分如下：

（1）中央固定收入：关税，海关代征的消费税和增值税，消费税，车辆购置税，船舶吨税，中央企业上缴利润，证券交易印花税，海洋石油资源税等。

（2）地方固定收入：地方企业上缴利润，城镇土地使用税，城市维护建设税，环境保护税，房产税，车船税，印花税，耕地占用税，契税，烟叶税，土地增值税，国有土地有偿使用收入等。

（3）中央与地方共享收入：增值税（原分享比例为中央75%，地方25%，从2016年5月1日起，分享比例为中央50%，地方50%，暂定2～3年），资源税（海洋石油资源税归中央，其他资源税归地方），企业所得税和个人所得税（中央分享60%，地方分享40%）。

3. 中央财政对地方财政的税收返还。为了保持地方既得利益格局，逐步达到改革的目标，中央对地方的税收返还数额，以1993年为基期年，1993年中央净上划收入全额返还地方，保证现有地方既得财力，并以此作为以后中央对地方税收返还基数。1994年以后，税收返还额在1993年基数上逐年递增，递增率按全国增值税和消费税的平均增长率的1∶0.3系数确定，即上述两税全国平均每增长1%，中央财政对地方的税收返还增长0.3%。如若1994年以后中央净上划收入达不到1993年基数，则相应扣减税收返还数额。

4. 原体制中央补助、地方上解及有关事项的处理。为了顺利推行分税制改革，1994年实行分税制后，原体制的分配格局暂时不变，如原体制中央对地方的补助继续实行，地方上解仍按不同体制类型执行等，过渡一段时间再规范化。

阅读资料

**国税地税的分与合**

1983年以前，财政和税务是合在一起的，叫财税局。1983年以后，财税分家，变成财政局和税务局。1994年分税制改革，又把税务局分成国税和地税，即国家税务局和地方税务局，2018年6月15日，国地税征管体制改革，国地税合并正式启动，全国省级新税务机构统一挂牌。从这一天起，省一级税务机关不再分国税与地税，统一为国家税务总局各地税务局，至2018年7月20日，全国省市县乡四级新税务机构全部完成挂牌合并。自1994年实行分税制后，分家24年的税务机关重又合二为一。

国家税务总局局长王军在“部长通道”上认为，这是一项利民、利税、利企、利国的好方案。为什么这么说？因为对于普通老百姓而言，征税机构删繁就简、征税成本降低，可以减少纳税人负担，是为利民；对于企业而言，告别国税地税两头跑也是减负，是为有利企业；对于国家而言，统一税务执法标准、共享税务信息，则能有效提升税收征管能力，避免税收流失，是为利税利国。

（资料来源：国家税务总局，2018 年 7 月 21 日。）

## 第四节 政府预算管理模式

政府预算制度是公共财政赖以存在和运作的基本制度，公共财政体系基本框架的核心问题是政府预算模式，政府新预算模式的核心内容主要包括：部门预算制度、国库集中收付制度、政府采购制度、收支两条线制度、预算绩效管理制度等。

### 一、部门预算制度

#### （一）部门预算的概念

部门预算是由政府各部门编制、经财政部门审核后由立法机构审议通过的反映部门所有收入和支出的预算。通俗地讲，部门预算就是一个部门一本完整的预算，反映部门所有收入和支出。2000 年后，各部门开始编制独立完整的部门预算。

#### （二）部门预算的特点

1. 确立了各部门的预算编制主体地位，所有与政府财政直接发生经费领拨关系的部门及所属单位都要编制部门预算，做到一个部门一本预算。

2. 增强了部门预算的完整性，将部门及所属单位的所有收支编入部门预算，实行部门综合预算，将预算外资金纳入预算管理，实行“收支脱钩”，实现了预算内外资金的统筹安排、综合平衡。

3. 基本规范了部门预算的编制方法，将部门支出划分为基本支出和项目支出两部分。

4. 基本规范了预算编制规程。实行了“二上二下”的预算编制规程，延长了部门预算编制时间，加强了财政与部门之间的协调沟通，使预算编制更加合理、规范。

#### （三）部门预算的编制方法

收入预算编制采用收入预算法。通过对国民经济运行情况和重点税源调查，建立收入动态数据库和国民经济综合指标库，对经济、财源进行分析论证的基础上，编制标准收入预算。

支出预算编制采用零基预算法。支出预算包括基本支出预算和项目支出预算。其中，基本支出预算实行定员定额管理，人员支出预算按照工资福利标准和编制定员主任核定；日常公用支出预算按照部门性质、职责、工作量差别等划分若干档次，制定中长期项目安排计划，结合财力状况，在预算中优先安排急需可行的项目。在此基础上，编制具有综合财政预算特点的部门预算。

**相关知识**

部门预算改革中所指“部门”应包括三类：一是开支行政管理费的部门，包括人大、政协、政府机关、共产党机关、民主党派机关、社团机关；二是公检法司部门；三是依照公务员管理的事业单位，如气象局、地震局等。

**想一想：**

你所在的地方哪些部门要编制部门预算？你所就读的学校要编部门预算吗？

## 二、国库集中收付制度

我国从2001年开始改革，实行国库集中收付制度，这是以国库单一账户体系为基础，资金缴拨以国库集中收付为主要形式的财政国库管理制度，这种制度也称现代国库管理制度。

### （一）国库集中收付制度的概念

国库集中收付制度也称国库单一账户制度，是指财政在经办国库业务的银行开设国库单一账户，所有财政性收入直接缴入国库单一账户，所有财政性支出均由国库单一账户直接支付到商品和劳务提供者账户的财政性资金管理模式。

它的内涵就是财政收入直接缴入国库，对财政支出从预算分配、资金拨付、资金使用、银行清算，以及财政资金到达商品和劳务提供者的整个过程实施有效的监控。国库集中收付是公共财政预算执行的重要环节，包括三个方面的含义：

一是集中收入管理，一切财政性收入均纳入国库或财政指定的代理商业银行的单一账户。

二是集中支出管理，原则上一切财政性支出均应在实际支出行为发生时才能从单一账户支付出去，支付对象一般应是供应商或劳务提供者。

三是集中账户管理，设置与国库单一账户配套使用的国库分类账户，集中反映各预算单位的预算执行情况。

### （二）我国国库集中收付制度的主要内容

1. 国库单一账户体系。

（1）国库存款账户，用于记录、核算和反映财政预算资金和纳入预算管理的政府性基金的收支，以及上下级财政之间的收付活动。按收入和支出设置分类账。

（2）预算外资金财政专户，用于记录、核算和反映预算外资金收支活动。按收入和支出设置分类账。

（3）财政部门零余额账户，用于记录、核算和反映实行直接支付方式的财政性资金活动。该账户可以办理转账等支付结算业务，但不得提取现金。

（4）预算单位零余额账户，用于记录、核算和反映预算单位的上级补助收入和实行授权支付方式的财政性资金活动（其中，授权支付资金部分为零余额），以及预算单位的日常现金支付活动。预算单位零余额账户可以办理转账、汇兑、委托收款和提取现金等支付结算业务。

（5）财政汇缴零余额账户（即财政汇缴专户），是财政部门按规定在商业性银行为集中汇缴的征收机关开设的集中汇缴账户，用于记录、反映实行集中汇缴方式的财政非税收入活动。

（6）特设专户，用于记录、核算、反映经国务院、财政部和地方政府批准或授权财政部门批准的有特殊管理要求的专项收入和有特定用途的专项资金的收支活动（如粮食风险基金、社保基金等）。

2. 收入收缴程序。

（1）直接缴库。缴款单位或个人按有关法律法规规定，直接将应缴收入缴入国库单一账户或预算外资金财政专户。直接缴库是财政收入征缴的主要方式。

（2）集中汇缴。小额零散税收和法律另有规定的应缴收入，由征收机关征收，并按有关法律法规规定，将所收的应缴收入缴入国库单一账户或预算外资金财政专户。

3. 支出拨付方式。

（1）财政直接支付方式。财政直接支付是指以部门预算和批复的用款计划为依据，由财政国库支付执行机构根据财政管理机构签发的支付指令开具支付令，通过国库单一账户体系，直接将财政资金支付到收款人（即商品和劳务供应者）或用款单位账户。财政直接支付为转账支付，通过“财政零余额账户”办理资金支付。

（2）财政授权支付方式。财政授权支付是指预算单位按照财政部门的授权，在财政部门批复的用款额度内自行签发支付指令，通过国库单一账户体系将资金支付到收款人账户。财政授权支付包括转账支付和现金支付两种形式，由预算单位通过本单位的“单位零余额账户”办理转账或提现。

为深化国库集中收付制度改革，我国于 2007 年开始在全国范围内实施了公务卡制度改革，公务卡制度的直接作用是将传统现金支付结算改为用公务卡支付结算，减少现金流量，加强财政财务管理。

**阅读资料**

所谓公务卡，是指财政预算单位工作人员持有的、主要用于日常公务支出和财务报销业务的信用卡。公务卡消费的资金范围主要包括差旅费、会议费、招待费和零星购买支出等费用。公务卡具有一般银行卡所具有的授信消费等共同属性，同时又具有财政财务管理的独特属性，能够将财政财务管理的有关要求与银行卡的独特优势相结合，是一种新型的财政财务管理工具和手段。

### 三、政府采购制度

政府采购是市场经济条件下公共财政支出的一项管理制度。目前，国际上许多市场经济国家的政府采购制度已由单一的财政支出管理手段，演变成为兼有财政支出管理和国家宏观调控双重功能的重要工具。我国政府采购制度的主要内容包括：

### （一）政府采购的范围

目前，我国政府采购的范围已由单纯的货物类采购扩大到工程类和服务类采购，且工程采购的比重呈现上升趋势。一些公益性强、关系民生的采购项目，如中小学免费教材、财政补贴农民购置机具、良种和测土配方施肥等也纳入政府采购范围，使农民、群众得到了实惠。政府采购的规模保持了快速增长，年均增长达到40%以上。

### （二）政府采购制度建设

自2003年《政府采购法》正式实施以来，我国相继制定了《政府采购货物和服务招标投标管理办法》《政府采购信息公告管理办法》《政府采购供应商投诉处理办法》等配套规章和规范性制度三十多个，初步建立了以政府采购法为统领的政府采购法律制度体系，为政府采购工作提供了制度保障。

### （三）政府采购管理体制

按照政府采购法关于政府采购管理职能与操作职能相分离的要求，政府采购管理机构、采购单位和集中采购机构的工作职责分工日趋合理，“管采分离、机构分设、政事分开、相互制约”的工作机制基本形成，初步建立了采购管理机构统一监督管理下的集中采购机构和采购单位具体操作执行的采购管理体制。

### （四）政府采购实施形式

在采购形式上，目前我国已经形成以集中采购为主、部门集中采购和分散采购为辅，三种采购实施形式并行、相互补充的采购格局。

## 四、收支两条线制度

1. 1996年，我国就开始实行“收支两条线”制度管理改革。实行以预算外资金的财政专户管理为主要内容的收支两条线制度改革。

2. 2001年深化“收支两条线”制度改革，其核心内容就是“收支脱钩、收缴分离”，逐步将预算外资金全部纳入预算管理。

3. 2004年以政府非税收入的概念取代预算外资金的概念，规范政府财政收入的管理。规定各单位按照国家有关规定收取或取得的行政事业性收费、政府性基金、罚没收入、彩票公益金和发行费、国有资产经营收益、以政府名义接受的捐赠收入、主管部门集中收入等属于政府非税收入，必须严格按照规定全额上缴国库或财政专户。规范政府非税收缴和支出行为，形成银行代收、罚缴分离、票款分离的收缴制度，非税支出纳入预算管理。

4. 2011年1月1日起，将按预算外资金管理的收入（不含教育收费），全部纳入预算管理。原上缴财政专户的预算外收入上缴国库，实行“收支两条线”管理。至此，预算外资金的概念正式退出中国的历史舞台。

**想一想：**

交警对违法机动车辆可以收现金吗？

## 五、预算绩效管理制度

预算绩效管理是政府绩效管理的重要组成部分，它是以预算为对象开展的绩效管理，是将绩效管理理念和绩效管理方法贯穿于预算编制、执行、监督的全过程，并实现与预算管理有机融合的一种预算管理模式，已广泛运用于发达国家并逐渐为发展中国家所采用。加强预算绩效管理，进一步提高我国财政管理水平，是深入贯彻落实科学发展观的必然要求，是完善政府绩效管理制度、深化行政体制改革的重要举措，对于加快转变经济发展方式，促进建设高效、责任、透明政府具有重要意义。

### （一）我国预算绩效管理发展历程

1. 20 世纪 90 年代末至 2002 年，我国预算绩效管理萌芽以及探索阶段。自 20 世纪 90 年代以来，随着对“预算绩效”认识的逐步提升，西方各国纷纷开展政府预算绩效管理的改革。在此背景以及财政体制改革迫切需求下，我国也小范围进行了改革试点。

2. 2003 年至 2009 年，我国预算绩效评价试点阶段。经过国内部分地区的成功试点后，2003 年提出“建立预算绩效评价体系”，这标志着我国预算绩效管理改革正式启动。

3. 2010 年至 2016 年，我国探索全过程预算绩效管理阶段。2011 年要求建立全过程预算绩效管理机制，即预算编制、执行和监督整个过程都贯穿绩效管理，这标志着完整意义上的预算绩效管理理念得以正式确立。

4. 2017 年后，全面实施预算绩效管理推进阶段。党的十九大提出，全面实施预算绩效管理，要求用 3 ~5 年建成“全方位、全过程、全覆盖”的预算绩效管理体系，实现预算和绩效管理一体化。

### （二）我国预算绩效管理制度的主要内容

1. 全过程预算绩效管理链条。包括建立事前绩效评估机制、强化绩效目标管理、做好绩效运行监控、开展绩效评价管理、强化评价结果应用五个环节，做到预算编制有目标、预算执行有监控、预算完成有评价、评价结果有反馈、反馈结果有应用，它是预算绩效管理的基础与核心。

2. 全覆盖预算绩效管理体系。建立一般公共预算、政府性基金预算、国有资本经营预算、社会保险基金预算绩效管理体系，加强四本预算之间的衔接。

3. 全方位预算绩效管理格局。将各级政府收支预算全面纳入绩效管理，确保财政资源高效配置，增强财政可持续性；将部门和单位预算收支全面纳入绩效管理，提高部门和单位整体绩效水平；将政策和项目全面纳入绩效管理，综合衡量政策和项目预算资金使用效果，并对实施期超过一年的重大政策和项目实行全周期跟踪问效，建立动态评价调整机制。

阅读资料

**浙江率先实现预算与绩效管理一体化**

今年以来，浙江省财政部门对标对表习近平总书记提出的“努力成为新时代全面展示中国特色社会主义制度优越性的重要窗口”的新目标新定位，在巩固历年预算绩效管理改革成果的基础上，高质量、高标准推进“三全”预算绩效管理体系建设，在全国率先实现了预算与绩效管理一体化，有力推动了财政资金聚力增效。

一是依托工作规程，实现业务流程全面融合。在改革实践中，浙江财政部门深刻认识到，全面实施绩效管理的痛点和难点主要在于财政内部预算与绩效“两张皮”问题。为此，财政部门在全面实施预算绩效管理改革中，坚持推行绩效管理不另起炉灶，杜绝为了绩效而绩效，立足于服务、服从预算。省财政厅从预算管理本体出发，在充分沟通、达成共识的基础上，以印发财政内部绩效管理工作规程的方式，将绩效管理流程有机融入预算管理流程中，将绩效管理责任落实到具体预算管理处室。

二是抓住核心业务一体化契机，实现业务规范源头融合。省财政厅紧紧抓住财政部推行预算核心业务一体化的契机，以财政部发布的《预算管理一体化规范（试行）》为蓝本，按照预算与绩效管理一体化的原则，集中时间、组织力量对每一个章节细化设置绩效要求。

三是依托“预算云”，率先建成预算与绩效管理一体化信息系统。实现事前绩效评估、绩效目标管理、指标库管理、绩效运行监控、绩效评价、结果应用等各项模块嵌入预算管理模块中，率先建成预算与绩效管理完全融合的一体化信息系统。

浙江省财政厅有关负责人表示，浙江财政通过积极推动预算管理改革，实施预算与绩效管理一体化，取得了构建集中财力办大事政策体系、实施部门整体绩效管理等重大财政改革的突破。从长远看，一体化的预算与绩效管理模式，有利于充分归集预算与绩效相关信息，通过大数据手段，逐步实现绩效指标与标准体系的科学化，使预算导向更加明确、财政资源配置越发高效、资金使用效益不断提升。

（资料来源：绩效新时代，2020年8月31日。）

## 复习思考题

1. 政府预算有哪些特点？有哪几种类型？
2. 简述我国现行分税制管理体制的内容。
3. 简述转移支付制度的概念及我国转移支付的主要方式。
4. 谈谈你感受到的政府预算制度改革对日常生活的影响。

# 第五章
# 金融概述

【知识目标】 1. 了解金融的基本概念

2. 掌握货币形态、货币职能、货币制度及货币流通等基本货币知识

3. 理解信用的概念及形式

4. 掌握利息的分类方法、计算方法及利息对经济的影响

【思政目标】 1. 关注货币历史与未来，树立正确世界观

2. 培养诚实守信的职业精神

【情境引例】

1918 年，马寅初在一次演讲时，有一位老农问他：“马教授，请问什么是经济学?”马寅初笑着说：“我给这位朋友讲个故事吧：有个赶考的书生到旅店投宿，拿出十两银子，挑了该旅店标价十两银子的最好房间，店主立刻用它到隔壁的米店付了欠单，米店老板转身去屠夫处还了肉钱，屠夫马上去付清了赊欠的饲料款，饲料商赶紧到旅店还了房钱。就这样，十两银子又到了店主的手里。这时书生又说，房间不合适，要回银子就走了。你看，店主一文钱也没赚到，大家却把债务都还清了，所以，钱的流通越快越好，这就是经济学。”马教授用通俗易懂的案例解释了什么是经济学，那么，金融学和经济学是什么关系呢？金融学是经济学的一个分支领域，其中，货币、信用、银行是最基本的构成要素。

## 第一节 金融的概念

### 一、社会生活中的金融现象

金融是商品经济的产物，在市场经济中，金融活动广泛渗透到社会经济和人民生活的每

个领域，大到宏观调控，小到个人生活，可谓是无处不在。这是因为：企业需要存款、贷款、融资结算等业务；政府也需要在金融市场上通过发行政府债券来融通资金；不仅政府、企业离不开金融，我们每家每户的日常生活也离不开金融，家庭要储蓄、要投资、要消费等，储蓄离不开银行，投资离不开银行、保险、信托、证券等机构，大宗消费还要使用消费信贷等。

我们今天所认识的银行已不再是过去的仅作为存钱和取钱的地方，而是成为一种能够为消费者带来各种便利、效率和收益的服务业。如个人投资理财工具、银行卡、银行代收水电费、气费、电话费、银行代发工资、保险、证券等，老百姓的金融意识正日益提高；同时，人们开始感受到金融的益处：金融可以圆你的“住房梦”“汽车梦”“创业梦”，金融让老百姓的生活发生了质的飞跃。

## 二、金融的含义

金融是指货币资金的融通和货币流通，即与货币流通和银行、信用直接相关的经济活动。它包括货币的发行、流通和回笼；存款的吸收和提取；贷款的发放和回收；国际贸易结算、保险、信托、黄金外汇买卖以及证券市场的活动，等等。

金融是商品货币关系发展的必然产物，是伴随商品货币关系的发展而发展的。最古老的信用是高利贷信用，极高的利率是高利贷最明显的特征。高利贷最初是以实物形式借贷的，随着商品货币关系的发展，货币借贷逐渐成为主要形式。货币借贷是指以货币为标准进行的借贷活动。即贷者把一定数量的货币给借者，借者到期用货币归还本金，并用货币支付利息。由此，货币借贷扩展了信用的范围，扩大了信用的规模。信用的出现发展了货币支付手段职能，货币执行支付手段的职能日益普遍，不仅超出商品流通领域，而且进入了人们日常生活之中，如用于支付租金、工资、缴纳赋税等。这样，当货币的运动和信用的活动不可分割地联合在一起时，则产生了由货币和信用相互渗透而形成的新规范——金融。

## 三、直接融资与间接融资

金融最基本的功能是实现社会资金的融通。根据是否通过银行等中介机构来进行融资，资金的融通可分为直接融资和间接融资两种。

### （一）直接融资

直接融资是指政府、企业等直接从金融市场上向企事业单位、居民个人等的筹资活动，是在没有金融媒介体参加条件下的一种融通资金方式。一般来说，通过发行债券、股票以及商业信用（预付和赊销商品等）等形式融通所需资金。

### （二）间接融资

间接融资是以金融部门为中介，由金融部门（如商业银行、信用中介、储蓄机构）通过吸收存款、存单等形式积聚社会闲散资金，然后以贷款等形式向非金融部门（如企业、个人等）提供资金。

## 四、现代金融的特征

现代金融是适应在大工业和商品经济高度发展基础上，并为之服务的金融活动。金融是现代经济的核心。其特征表现在：

### （一）金融商品的多样化

传统的金融业务是存款、贷款、汇款，业务品种比较单一。近年来，金融商品新品种层出不穷。目前按照大类分就有存款、贷款、各种理财产品、信托、投资、保险、租赁、债券、股票、基金、国内及国际汇兑等，各大类下的具体品种更为丰富多彩。

### （二）金融服务扩大化

当前提供全面的金融服务，成为金融业发展的一种潮流，不仅提供传统的存、贷、汇服务，还有代交水电费、代发工资、代为理财、提供信息咨询、提供银行担保（如保函）、证券承销、代理承销债券和股票、金融租赁业务、代理收付款、代理清偿债权债务、代理资产保管、信息咨询、财产评估、保险代理、资金托管、基金代销等多种服务。

### （三）金融体系多元化

金融体系不仅有中央银行、商业银行、政策性银行等，而且还有众多的非银行金融机构，不仅有银行持股公司而且有跨国银行，不仅有大的集团银行而且有形形色色的中小型银行或其他信用机构，还有一些“金融超级市场”或“金融百货商店”，发展成为全面提供各种金融业务的企业，犹如超级市场一样，金融商品品种繁多，可以满足多种需求。

### （四）金融机构信息化

金融机构的信息化主要表现在三个方面：一是机构内部经营管理和业务处理信息化，表现为会计处理电脑化，经营管理信息系统化；二是机构之间的信息化，表现为同业之间的资金转账，信息传递电脑化、网络化；三是机构与客户之间的信息化，如银行和自动柜员机、零售店终端机、证券业务部的自助交易指令及查询机自动打印交割信息机等。近几年来，国际互联网和企业内部网络的发展，若干国际大银行推出的“网上银行”将金融信息化推进至更高的层次。

### （五）金融全球化

伴随着商品生产和交换的全球化，金融的全球化也日益突出。主要表现在：

第一，资本流动的全球化。在当今世界上，每天都有大量资本在跨国界流动，上千亿资金转瞬间就可转移到世界的任何一个地方。

第二，金融市场全球化。在业务上和地理上彼此分割的各国证券市场紧密地联系在一起，相互影响、相互促进，形成全球一体化的金融市场。

第三，金融机构全球化。随着全球竞争的加剧和金融风险的增加，国际上许多大银行都把扩大规模、提高效益和增加抗风险能力作为发展战略，出现了全球性银行业合并和兼并浪潮，使得跨国银行不断增加。

第四，金融协调和监管的国际化。资本流动、金融市场、金融机构等方面的国际化，必然要求相应的国际金融协调、监管机构和机制。国际货币基金组织就是典型的国际金融协调机构。

## 五、金融在现代社会经济中的地位

### （一）金融是资金运动的“信用中介”

信用中介是现代金融最主要的作用。一方面，集中一切闲置的货币资金，另一方面，把动员起来的资金投向国民经济中各个部门使用。金融机构通过吸收存款，代表贷出者的集中；通过发放贷款，代表借入者的集中。由此充当贷款者和借款者的信用中介，在资金的供给者和需求者之间进行资金融通。

### （二）金融是引导资金流向的指示器

国民经济的综合平衡，社会再生产的顺利实现，要求在资金配置、资金结构的合理化方面与客观要求相适应。金融系统通过信用方式以及金融工具作为调节杠杆来引导资金的合理流向，在资金紧张的情况下，更需要金融系统引导资金流到符合经济发展要求的方向去，引导到产品适销对路、质量好、规格全、经济效益好的方向去；金融系统还能吸引广大居民的闲置货币、手持现金，使之转化为生产基金。

### （三）金融是宏观调控的重要杠杆

市场经济体系的建立，迫切需要建立强有力的宏观调控体系，综合运用税收、利率、信贷等经济杠杆来调节社会总需求与总供给，调控产业结构和产品结构，调控市场需求。金融调控日益成为这一调控体系中极为重要的组成部分。金融调控的主要目标是保证社会总供给与总需求相适应，稳定货币，平衡国际收支、保持国民经济持续、稳定、协调地发展。

**阅读资料**

**《2020 年中国银行业服务报告》节选**

据中国银行业协会发布的《2020 年中国银行业服务报告》显示：2020 年，中国银行业积极落实国家乡村振兴战略，持续深化网点布局调整，加快向金融服务空白县域进驻步伐。截至 2020 年末，中国银行业金融机构网点总数达到 22.67 万个。据不完全统计，银行业金融机构年内改造营业网点 1.28 万个（含装修、迁址等）；设立社区网点 5 580 个，小微网点 2 206 个。银行业金融机构积极探索客户需求，进一步提升智能化设备服务能力及效率，实现复杂业务向自助机具的迁移。据不完全统计，截至 2020 年末，在全国布局建设自助银行 15.62 万家；布放自助设备 97.37 万台，其中当年投放创新自主设备 1.52 万台；自助设备交易笔数达 212.54 亿笔，交易总额 43.42 万亿元。银行业金融机构持续加大金融科技投入，以网上银行、手机银行为主阵地，进一步搭建功能齐全、场景完备、移动智能的线上渠道，不断提高业务办理效率，改善客户服务体验。据不完全统计，2020 年银行业金融机构离柜交易达 3 709.22 亿笔，同比增长 14.59%；离柜交易总额达2 308.36万亿元，同比增长12.18%；行业平均电子渠道分流率为90.88%。其中，手机银行交易达1 919.46亿笔，同比增长58.04%，交易总额达439.24万亿元，同比增长30.87%；网上银行交易达1 550.30亿笔，交易总额达1 818.19万亿元，同比增长9.68%；电话银行人工处理来电8.62亿人次；人工电话平均接通率达93.04%。

据不完全统计，2020年银行业金融机构优化主要业务流程2.51万个，同比增长59.87%。截至2020年末，银行业金融机构用于小微企业的贷款（包括小微型企业贷款、个体工商户贷款和小微企业主贷款）余额42.7万亿元，其中单户授信总额1 000万元及以下的普惠型小微企业贷款余额15.3万亿元，较年初增速30.9%。金融机构本外币涉农贷款余额38.95万亿元，同比增长10.7%；农户贷款余额11.81万亿元，同比增长14.2%；建档立卡贫困人口贷款余额1 427亿元。金融机构绿色贷款余额11.95万亿元，比年初增长20.3%。

据不完全统计，在中国银行业“普及金融知识万里行”活动中，银行业向消费者发送宣传短信4 856万条；微信公众号宣传发布数量3.9万条，阅读量达4 747万人次；官方微博宣传发布数量2 639条，阅读量达380万人次；通过电视、报刊、广播等媒体渠道共开展宣传266万次。

2020年，中国银行业沉着面对危机与挑战，不断开拓服务发展新路径，提升金融普惠力度，加快数字化转型步伐，践行社会责任与担当，在危机中育新机，为助力经济高质量发展交出了一张漂亮答卷。

（资料来源：中国银行业协会，2021年3月15日。）

# 第二节　货　　币

## 一、什么是货币

在日常生活中，我们几乎每天都要和钱打交道，钱是货币的俗称。货币是社会经济生活中接触最多的经济范畴。通常在大多数人看来，货币就是通货，即人们在日常购买或支付时所使用的钞票和硬币，有时货币还被用作财富的同义词。但对于经济学家来说，货币只具有一定特定的含义。马克思认为，货币是从商品世界中分离出来的，固定充当一般等价物的特殊商品，作为一般等价物，它是表现、衡量和实现商品价值的工具。而现代经济学家则认为货币是在商品或劳务的支付中或债务的偿还中被普遍接受的任何东西。在信用货币时代，不仅可以使用钞票和硬币，而且还可以使用支票、汇票、银行卡等作为货币。

## 二、货币形态

### （一）实物货币

实物货币是人类历史上最古老的货币，它是以自然界存在的某种物品或人们生产的某种物品来充当，如米粟、布帛、牲畜、贝壳等都在不同时期内扮演过货币的角色。古希腊曾以牛羊等为货币，非洲和印度等地以象牙为货币，在我国古代最早的货币是贝壳。然而，以实物形式存在的货币并不能很好地满足交换对货币的要求，因为实物货币具有体积太大、不便携带、分布不均匀、不易分割、质地不稳定、不易保管等缺点。所以，随着交换的发展实物货币必然逐渐被金属货币所代替。

### （二）金属货币

金属货币是指以铜、银、金等贵金属作为材料的货币。贵金属的出现反映了生产力的发展，人类对社会的进步。由于贵金属具有质地均匀、体积小、内涵价值量大、易分割、经久耐磨、价值成分稳定等特点，比较适应商品交换的需要。因此“货币天然是金银”，货币的形式固定在贵金属身上。金属充当货币材料的主要形式是铸币，即铸成一定的形状并有国家印记证明其重量和成色的金属铸币。金属铸币的出现便利了商品交换，但由于其形态在长期流通中不断磨损，携带不安全，金银币材不易开采等原因，所以随着经济的发展，就出现了代用货币。

### （三）代用货币

代用货币是指作为货币物品本身的价值低于其代表的货币价值。一般来说，代用货币主要是指政府或银行发行的纸币，代替金属货币流通使用，如银行券。代用货币是一种不足值的货币，之所以可在市场上流通并为人们所接受，是因为其背后有充足的金银货币作为发行保证，持币人可随时向政府或银行要求兑换成金银货币，发行人不得拒绝。

### （四）信用货币

信用货币是以信用为保证，通过信用程序发行和创造的货币。它是代用货币进一步发展的产物，其本身已脱离了金属货币，成为纯粹的货币价值符号，它不能与金属货币相兑换。信用货币的主要形式有：

（1）纸币，即钞票。它是金属货币的代表物，通常由国家发行并强制流通的货币符号。纸币不能兑换。其稳定的条件是中央银行必须根据经济发展的需要控制纸币的发行量。

（2）存款货币。银行存款形式有多种多样，能作为交易媒介与支付手段的主要是活期存款。因为活期存款可以签发支票，凭支票进行转账结算或提取现金，所以，也称支票存款，或存款货币。可用于转账结算的活期存款，与纸币一样发挥着货币的作用。与纸币相比较，支票转账结算具有快速、安全、方便的优点。因此，在市场经济国家中，存款货币往往是市场交易中最重要的支付工具。

### （五）电子货币

电子货币是以金融电子化网络为基础，以商用电子化机具和各类交易卡为媒介，以电子计算机技术和通信技术为手段，以电子数据形式存储在银行的计算机系统中，并通过计算机网络系统以电子信息传递形式实现流通和支付功能的货币。电子货币具有以下特点：

1. 以电子计算机技术为依托，进行储存，支付和流通。
2. 可广泛应用于生产、交换、分配和消费领域。
3. 融储蓄、信贷和非现金结算等多种功能为一体。
4. 电子货币具有使用简便、安全、迅速、可靠的特征。
5. 现阶段电子货币的使用通常以银行卡（磁卡、智能卡）为媒体。

数字货币

阅读资料

## 数字人民币推广全面提速

刚刚过去的“双 11”电商促销活动期间，建行联合京东为北京、上海、深圳、大连、西安、成都等 10 余个城市的消费者发放了一批数字人民币红包，支持数字人民币的新用户在“双 11”期间尝鲜数字人民币支付。现在，走进上海“网红”的镇宁菜市场，打开数字人民币 App“扫一扫”，就能使用数字人民币买菜。在苏州，年轻人爱去“打卡”的比斯特购物村也同样支持数字人民币支付。在北京，今年 6 月底起，消费者已经能使用数字人民币便捷乘坐地铁出行……数字人民币推广在今年全面提速，覆盖城市、应用场景、钱包开立数量全面开花，数字人民币离全面推广更近一步。

那什么是数字货币？有什么好处？如何获得？如何使用？和支付宝、微信一样吗？

1. 数字货币含义。

DCEP（Digital Currency Electronic Payment，DCEP）全称是“数字货币电子支付”，是由中国人民银行发行的具有价值特征及 $M_0$ 属性的数字支付工具，与纸币的属性功能完全一样，也就是数字版的纸钞，与纸钞和硬币等价，任何中国机构和个人均不能拒绝接受 DCEP。

2. DCEP 有什么好处？

传统纸币、硬币在发行、印制、回笼、贮藏各环节成本非常高，还要投入成本做防伪技术，并且流通层级较多，携带不方便，数字货币则反之。

3. 普通人如何获得 DCEP？

中国央行数字货币设计了双层运营投放体系，而不是由人民银行直接对公众发行数字货币的单层运营体系。

所谓的双层制度，是指中央人民银行和商业银行这两层的运行体系，上面一层是人民银行对商业银行，下面一层是商业银行或商业机构对老百姓。具体实施过程，即人民银行先把数字货币兑换给商业银行或商业机构，再由这些机构兑换给大众。

4. 普通人如何使用 DCEP？

DCEP 可以在无网的状态下完成交易。即使手机不能联网，两个手机碰一碰，就能实现转账，也就是支持离线支付。

5. DCEP 和支付宝、微信有何区别？

第一，DCEP 是 $M_1$ 的替代，支付宝和微信是 $M_1$ 和 $M_2$ 的替代。

$M_0$，就意味着像使用现金一样，不需要绑定银行卡，可以直接点对点的支付。

目前 $M_1$ 和 $M_2$ 在中国已经基本实现了电子化和数字化，支持 $M_1$ 和 $M_2$ 的各类网络支付手段基本能满足经济发展的需要。

第二，结算机构不同：支付宝和微信支付是用商业银行存款货币进行结算，DCEP 是用央行货币进行结算。

第三，支付宝和微信是互联网支付，而 DCEP 可以实现双离线支付。

第四，支付宝和微信的目的是移动支付，DCEP 的目的是控制法币地位，节约发行成本。

（资料来源：《经济日报》，2021 年 11 月 16 日。）

## 三、货币职能

货币职能是货币本质的具体表现。货币在交换发展过程中逐渐形成了价值尺度、流通手段、支付手段、贮藏手段和世界货币五种职能。

### （一）价值尺度

货币的价值尺度职能是指货币能够表现和测量商品价值的功能。这是货币最基本、最重要的职能。货币之所以能够充当价值尺度，是因为货币本身也是商品，也具有价值。就像衡量其他长度的尺子本身也具有长度一样，货币在执行价值尺度职能时，即商品生产者在给商品规定价格时，只是想象中的或者是观念上的货币就行了，并不需要现实的货币。

### （二）流通手段

货币的流通手段是指货币在商品交易中充当交换媒介的职能。作为流通手段的货币必须是现实的货币，商品的买卖是对等利益的交易，一方将商品所有权交付给另一方，同时要求另一方付出等值的现实货币。一个商品所有者的“买”就是一个商品所有者的“卖”，这样商品的交换过程就变成买卖两个过程的统一。买卖构成连绵不断的过程就是商品流通。

### （三）支付手段

货币的支付手段是指货币作为价值的独立形态进行单方面转移的职能。在清偿债务时，在以延期付款方式买卖商品、在支付租金和工资等情况下，就执行了支付手段的职能。货币的支付手段起源于赊买赊卖的商品交换。在商品以赊销方式买卖时，买卖行为完成后，经过若干时间，购买者才向销售者支付货币。在此以前，卖者变成了债权人，买者成了债务人。随着信用交易方式的出现，货币在偿还债务时或作其他支付时，执行支付手段职能。

### （四）贮藏手段

货币的贮藏手段是指货币暂时退出流通领域被人们当作独立的价值形式和社会财富的一

般代表而保存的职能。货币作为一般等价物，是社会财富的一般代表，因而，贮藏货币就意味着保存有一定的财富。一般来说，货币在发挥贮藏手段职能时必须是现实的货币、足值的货币。因此，一般要求贵金属来执行这一职能。贮藏手段职能具有自发调节货币流通量的特殊作用。当流通中所需要的货币量增加时，贮藏货币就会加入流通领域成为流通手段；而当流通中所需要的货币量减少时，有一部分货币就会自动地退出流通领域进入贮藏领域而成为贮藏货币。所以在金属货币流通的条件下，不会发生货币过多、通货膨胀的现象。而纸币只有在币值较为稳定的条件下，才可以发挥贮藏手段职能。

#### （五）世界货币

当货币在国际市场上发挥一般等价物的职能时，货币就执行着世界货币的职能。如今，执行世界货币职能的并不仅是黄金，在世界各国普遍实行纸币制度的情况下，一些国家的货币，如：美元、欧元、英镑、日元等也在一定范围内起着世界货币的作用。

**提示：**货币的五种职能是有机地联系在一起的，它们都体现着货币一般等价物的本质。其中价值尺度和流通手段是货币的基本职能；支付手段、贮藏手段和世界货币是由货币基本职能派生出来的职能。

### 四、货币制度

货币制度是国家以法律形式确定的货币流通的结构和组织形式，由国家有关货币方面的法令、条例等综合构成，简称“币制”。制定货币制度的目的是保证本国货币流通的稳定，使之能够正常地发挥各种职能。

#### （一）货币制度的构成要素

1. 规定货币材料。规定货币材料是指规定用何种金属作为充当本位币的货币材料。确定不同的货币材料就构成不同的货币本位，如把黄金规定为本位币材料，于是确定了金本位制度。把金银两种金属同时规定为本位币材料，于是确定了金银复本位制度。因此，规定货币材料，确定货币金属是金属货币流通条件下整个货币制度的基础。如今，世界各国普遍采用不兑现的纸币制度，法令中没有规定任何商品充当币材。所以，在过去货币制度中极为重要的构成要素——规定货币材料如今已不存在了。

2. 规定货币单位。货币单位是国家法定的货币计量单位。主要包括两方面的内容：一是货币单位的名称。法律对于货币单位名称的规定，通常都是以习惯形成的名称为基础。按照国际习惯，一国货币单位的名称往往就是该国货币的名称，例如，英镑、美元、日元、人民币等。二是货币单位的“值”。在金属货币流通条件下，规定货币单位的“值”就是规定货币单位所包含的货币金属的重量及成色。如英国的货币单位定名为“英镑”，1816 年 5 月英国的铸币法规定，一英镑含纯金 113. 0016 格令。我国历史上黄金和白银曾以“两”“钱”为单位。1973 年金本位制崩溃后，各国货币均不再规定含金量。因而，现在各国的货币单位实际上就是由各国法律规定单位货币的称谓而已。

3. 本位币和辅币的铸造、发行和流通程序。

（1）本位币又称“主币”，是一个国家流通中的基本通货和该国的法定价格标准。在金属货币制度下，本位币是按照国家规定的铸币材料、成色、重量等铸成的铸币。其特点：一是足值货币，即本位币的名义价值与实际价值一致；二是具有无限法偿的能力，即法律赋予它具有无限的支付能力，任何金额的交易都可以用本位币支付、结算，出售者和债权人都不得拒绝接受；三是可自由铸造，即公民有权把货币金属送到国家造币厂请求铸造成本位货币。

（2）辅币是本位货币单位以下的小面额货币。主要用于日常交易中的零星小额支付。辅币的主要特点：一是不能自由铸造，而只能由国家统一铸造；二是辅币是“有限法偿”货币，所谓有限法偿是指辅币的支付金额过大并超过一定限额时，收款人有权拒绝接受，但也有特例：当用辅币向国家交税时，不受数量的限制；当用辅币向政府交换主币时，也不受数量的限制；许多国家还规定向银行存款时不受数量的限制等；三是辅币的铸造一般采用贱金属，如铜和镍等。

4. 准备金制度。准备金制度是指国家货币当局规定必须保存一定比例的贵金属，作为准备金。准备金制度是一个国家货币稳定的基础。在金本位制下，准备金制度主要是建立国家的黄金储备，这种黄金储备保存在中央银行或财政部。在金属货币流通条件下，准备金制度的作用有三：一是作为国际支付的准备；二是作为扩大国内货币流通的储备金；三是作为支付存款和兑换银行券的准备金。而如今，在世界各国普遍实行不兑现的信用货币制度下，只有第一项作用存在，后两项作用已不复存在。

**提示：**从历史发展过程看，按照不同的货币材料，世界各国曾先后实行过银本位制、金银复本制、金本位制和不兑现的信用货币本位制四大类型。

### （二）我国的货币制度

我国人民币制度的主要内容包括：

1. 人民币是指中国人民银行依法发行的货币，包括纸币和硬币。人民币的发行权属于国家。国家授权中国人民银行集中统一发行，中国人民银行是全国唯一合法的货币发行机关，是国家管理人民币的主管机关。任何地区、任何部门都不得发行货币、变相货币或货币代用品。

2. 人民币是我国的法定货币。以人民币支付中华人民共和国境内的一切公共的和私人的债务，任何单位和个人不得拒收，人民币是我国的无限法偿货币。没有确定法定含金量。人民币的货币单位为“元”，即元为本位币符号。人民币的辅币为元以下的角、分。1 元等于 10 角，1 角等于 10 分。人民币依其面额支付。现行的主币票面有：1 元、5 元、10 元、20 元、50 元、100 元 6 种。

3. 人民币是国家授权使用的信用货币。人民币的发行是根据商品生产的发展和流通的扩大对货币的需求而发行的，这种发行是有商品物质做基础的，可以稳定币值，这是人民币发行的首要保证。

4. 中国人民银行可以根据需要发行纪念币。纪念币是具有特定主题的限量发行的人民币，包括普通纪念币和贵金属纪念币。

5. 人民币是我国唯一合法的货币。禁止金银和外汇在国内市场计价、流通、结算与私自买卖，禁止出售、购买伪造、变造的人民币，禁止故意毁损人民币，禁止在宣传品、出版物或其他商品上非法使用人民币图样，国家还规定了人民币限额出入国境制度。黄金、外汇由中国人民银行集中掌握，作为国际支付的准备金，集中调度。外汇汇率实行以市场供求为基础的、单一的、有管理的浮动利率，由国家外汇管理局每日公布。

1997 年 7 月 1 日与 1999 年 12 月 20 日，中国相继恢复对香港和澳门行使主权，但按照现行法规，在香港与澳门两个特别行政区内，港币与澳元仍然分别是区内唯一流通货币。这就意味着在包括香港、澳门在内的中国境内，存在着三种货币。同时按照我国现行的外汇管理规定，港币和澳元仍属于外币，在港澳之外的中国境内是不能直接流通的。人民币与港币、澳元之间按市场供求为基础决定的汇率进行兑换，澳元与港币直接挂钩。

## 五、货币流通

### （一）货币流通与商品流通的关系

货币流通是指由商品流通过程所产生的货币运动，也即货币作为流通手段和支付手段不断地离开出发点，从一个商品所有者手里转到另一个商品所有者手里的货币运动。货币流通是由商品流通引起的，并为商品流通服务的，因而，商品流通是货币流通的基础和前提。商品生产和流通的规模、速度都决定着货币流通的规模和速度。

### （二）货币流通形式

1. 现金流通。现金流通是指用国家规定的法定通货进行货币收付的行为。一般适用于小额零星的交易，特别是与居民个人有关的收付活动。因为这些收付活动涉及面广、次数频繁、金额小，用现金结算灵活方便，可减少收付双方和银行的负担。

2. 非现金流通。非现金流通也叫转账结算，是指通过银行账户划转款项而进行的货币收付过程。它一般适用于大额交易。使用转账结算，具有安全方便，节约社会流通费用及时间等优点。

### （三）货币流通渠道

货币流通渠道是指货币进入流通和退出流通的途径。由于货币流通分为现金流通和非现金流通两种形式，与此相对应，货币流通渠道也包括现金流通渠道和非现金流通渠道。

1. 现金流通渠道。银行是我国经济中的现金出纳中心，现金通过各种渠道从银行流出，进入流通领域；又通过各种渠道，从流通领域中不断流回银行。所以，现金流通渠道又分为现金投放渠道（见图 5－1）和现金回笼渠道（见图 5－2）。

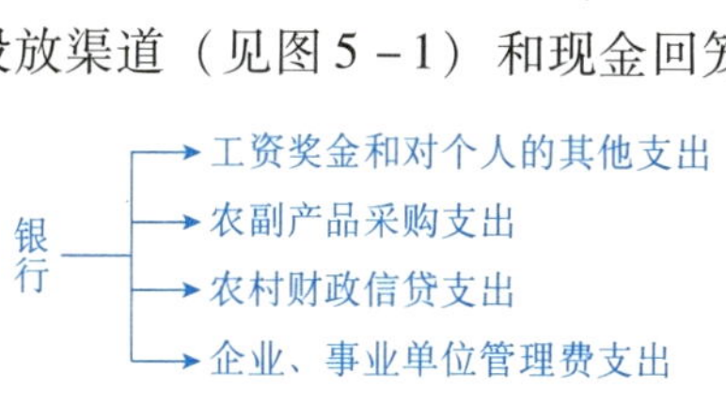

图 5－1　现金投放渠道

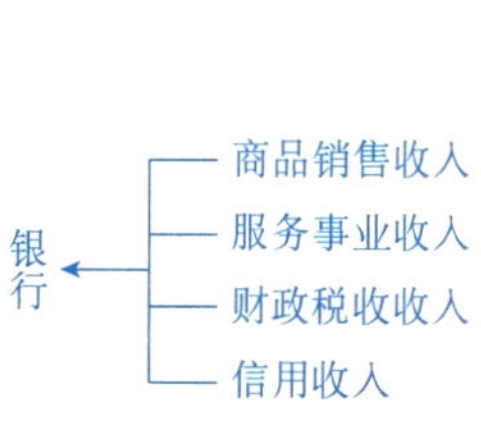

图 5－2　现金回笼渠道

2. 非现金流通渠道。非现金流通表现为存款货币在不同账户间的等额转移，并不存在进入和退出流通的问题，只是存在引起存款货币转移的原因和流向。非现金流通的渠道主要有：

（1）商品价款收付。这是各生产部门之间、生产部门和商业部门之间以及商业部门内部各环节之间，由于购买生产资料或消费资料而引起的货币结算。在企业再生产过程中，由于购买和销售的不断进行，同一企业交替成为付款者和收款者，国民经济各部门、各企业连续不断地进行的商品交易，形成了最主要的非现金流通渠道。

（2）劳务费用的收付。这是各种企业之间以及它们与社会服务事业单位之间，由于提供或获得劳务所引起的货币结算。各单位既可作为劳务提供者获得收入，又可作为劳务获得者支付货币。

（3）财政收支。各单位上缴财政的各种税款，财政部门以各种形式拨付给企业、行政事业单位的资金和经费都属于非现金流通渠道。

（4）信贷资金发放与收回。指银行向国民经济各部、各企业发放的各种贷款，以及到期贷款的收回所引起的货币结算。

### （四）通货膨胀与通货紧缩

通货膨胀与通货紧缩是货币流通失去平衡的两种非正常现象。

1. 通货膨胀。

（1）通货膨胀的含义。通货膨胀是指纸币发行量超过商品流通中实际需要的货币量而引起的纸币贬值和物价普遍持续上涨的经济现象。通货膨胀这一现象，我们可从三个方面理解：

①通货膨胀是纸币流通条件下特有的经济现象；

②通货膨胀是货币贬值引起的物价上涨；

③通货膨胀是物价总水平的普遍持续上涨。

（2）通货膨胀对社会经济的影响。

①通货膨胀对生产的影响：首先，持续的通货膨胀会导致生产过度扩张，投资产生紊乱；其次，还会导致生产结构的不合理等。

②通货膨胀对流通的影响：通货膨胀打乱了正常的商品流通渠道，加剧供给与需求之间的矛盾。市场供需的失衡，又会反过来推动物价水平的不断上涨。

③通货膨胀对分配的影响：通货膨胀使社会财富重新分配，对依靠固定收入（领取救济金、退休金和依靠转移支付生活的居民）维持生活的人不利，因其实际收入水平会下降。而对利润收入者，如生产厂家则大多会从中受益。收入再分配效应还会使债权方的利息受到损失，而对债务方则因少支付实际利息而获益。

④通货膨胀对消费的影响：通货膨胀会扩大贫富差距，加剧社会矛盾，同时还会改变人们的消费行为及消费结构。

2. 通货紧缩。

（1）通货紧缩的含义。通货紧缩通常是指在一较长时期内一般物价水平的持续下降，主要是流通中的货币供应量少于实际需求量，从而引起货币升值，商品价格持续下降，生产疲软，有效需求严重不足的一种经济现象。

通货紧缩的具体表现是：一是物价持续下降；二是商品有效需求不足；三是生产下降，经济衰退；四是失业增加。

（2）通货紧缩对经济的影响：

①通货紧缩对生产的影响。在通货紧缩的情况下，企业产品价格出现非预期下降，收益率也随之下降，企业进一步扩大生产的动机也随之下降，生产停滞，投资萎缩。

②通货紧缩对消费的影响。从表面看来，通货紧缩对消费者是一个好事，因为消费者只需要支付较低的价格便可以获得同样的商品，但是在通货紧缩的情况下，就业预期、价格和工资收入趋于下降，消费者会因此缩减支出，增加储蓄。因此通货紧缩使消费总量趋于下降。

③通货紧缩是经济衰退的加速器。由于通货紧缩增加了货币的购买力，使人们更多地储蓄更少地支出，使个人消费支出受到抑制，与此同时，物价的持续下跌会提高实际利率水平，即使名义利率下降，资金成本仍然比较高。致使资金成本昂贵。投资项目变得越来越没有吸引力。企业因而减少投资支出。此外，商业活动的萎缩会造成更低的就业增长，并形成工资下降的压力，最后造成经济衰退。

历史上的恶性通货膨胀

# 第三节 信　用

## 一、信用的概念

### （一）信用的含义

信用是商品和货币的所有者，把商品和货币让渡给需要者（即借者），并约定一定时间内由借者还本付息的行为。信用的实质是财产使用权的暂时让渡，这种让渡不是无偿的，而是以还本付息为条件的借贷活动。

信用的产生源于商品交换过程中的赊销和预付。当商品的卖方将商品出售给买方而没有得到相应的价值回报，或当商品的买方预先将货币交给卖方以求在一定时间内得到商品时，都产生了交易双方不能立即清偿债权债务而约定期限进行清偿的行为，这就是最初的信用关系。这种信用关系存在的客观基础就是交易双方有一方可以暂时放弃货币的使用权。

### （二）信用的基本特征

1. 信用是以偿还和付息为条件的借贷行为。信用作为一种借贷行为，贷者把一定数量的货币或商品贷放给借者，借者可以在一定时间内使用这些货币或商品，到期必须偿还，并按规定支付一定的利息。所以偿还和付息是信用最基本的特征。

2. 信用是价值运动的特殊形式。信用是以偿还为条件的价值单方面转移，在信用借贷活动中，贷者把一部分货币或商品转移给借者，借者并没有同时对贷者进行任何形式的价值补偿，只是商品或货币的使用权让渡，并没有改变所有权。

3. 信用是一种债权债务关系。借贷行为发生后，借方是债务人，有偿还的法定义务；贷方是债权人，有要求偿还的权利。

## 二、信用的主要形式

现代信用的形式很多，最主要的形式有商业信用、银行信用、国家信用、消费信用、国际信用等。

### （一）商业信用

商业信用是企业之间在买卖商品时，以延期付款或预付货款等形式提供的信用。如赊销商品、赊购商品、委托代销、分期付款、预付定金、预付货款等。

1. 商业信用的主要特点。

（1）商业信用是以商品形态所提供的信用，商业信用的债权人与债务人都是商品的经营者。

（2）借贷行为与商品买卖行为紧密结合在一起。一个企业把商品赊销给另一个企业时，商品的买卖就完成了，即商品的所有权发生了转移，但由于商品的货款并未立即支付，从而使卖者成了债权人，买者成了债务人，买卖双方形成了债权债务关系，买者到期必须以货币的形式偿还债务。因此，他们的买卖关系同时又形成了借贷关系。

（3）商业信用的规模与经济周期一致。在经济繁荣时期，由于生产扩大，商品增加，商品销售量也增加，商业信用的规模就会扩大，而在经济衰退时期，生产下降，商品滞销，商业信用的规模也会相应缩小。

2. 商业信用的局限性。

（1）商业信用规模的局限性。商业信用是企业间买卖商品时发生的信用，是以商品买卖为基础的，因此规模受商品买卖数量的限制。一般讲，产业规模越大，商业信用的规模也就越大，反之，就越小。生产企业不能超出自己所拥有的商品数量向对方提供商品，所以大额的信用需要不能通过商业信用来满足。

（2）信用方向的局限性。商业信用通常只能在买卖双方之间提供，比如，采用赊销方式时，只能由原材料生产企业向需要这批原材料的企业提供商业信用，而不能逆向提供。它受到商品流向的限制。

（3）商业信用期限的有限性。企业在向对方提供商业信用时，期限一般受企业生产周转时间的限制。商业信用期限一般较短，所以往往只能解决短期资金融通的需要。

### （二）银行信用

银行信用是指银行以及其他金融机构以货币形式向社会和个人接受或提供的信用。它是在商业信用的基础上发展起来的信用形式。它的出现冲破了商业信用对信用范围和信用总量的限制，从而扩大了信用的界限，成为信用的主要形式。其主要特点有：

1. 银行信用是以货币形式提供的信用。银行通过吸收存款的方式可以将社会各阶层的暂时闲置的货币资金集中起来，再通过贷款的方式将集中起来的资金运用到再生产过程的各个领域和各个方面。银行信用从规模上、数量上均大大超过了商业信用所能提供的范围。

2. 银行信用提供的对象具有广泛性。在银行信用中，银行既可以从上游企业吸收货币资金，贷款给下游企业；也可以从下游企业吸收资金，贷放给上游企业，还可以借贷给任何一方需要货币资本的企业，使得社会资金得到广泛使用。

3. 银行具有较强的调节经济功能。银行可以根据经济情况制订信贷政策和计划，有选择地进行资金投放，从而使银行信用成为国家调节经济的重要手段。

### （三）国家信用

国家信用是指以国家为主体发生的信用。国家信用的基本形式是国债。国家信用与商业信用、银行信用相比较，其特点主要表现为：

1. 国家信用是主要以政府为债务人的借贷关系。在一般的借贷关系中，债务人是金融机构或企业；在国家信用中，债务人则是国家。国家信用以政府信誉为担保，所以一般国家信用的信誉高于其他信用形式。

2. 国家信用发挥着特殊的调节作用。国家信用是平衡财政收支，弥补财政赤字的重要手段，同时也是调节经济的重要杠杆。

### （四）消费信用

消费信用是企业、银行或其他金融机构向消费者提供的用于生活消费需求的信用。它的主要形式包括：①赊销。即以商品赊销（延期付款）方式向消费者提供的信用。②分期付款。主要是消费者在购买耐用消费品时，按规定比例支付一部分货款，其余部分在一定时间内予以偿还的一种信用方式。这种方式多用于购买大宗生活消费品。③消费贷款。即银行或其他金融机构采用信用放款或抵押放款方式向消费者提供的贷款。④信用卡。是由发卡机构和零售商联合起来对消费者提供的一种延期付款信用。

### （五）国际信用

国际信用是指国际间发生的借贷关系、借贷活动。具体来讲，是指一国政府、企业、银行和其他金融机构及国际金融机构，向另外一国政府、企业、银行和其他金融机构融通资金。如今，国际信用已经成为加强各国之间联系、促进国际贸易发展、加快国际结算的主要手段之一。

**阅读资料**

**6.14 信用记录关爱日，招联金融伴您守护个人信用**

有信用走遍天下，无信用寸步难行。为提高社会公众信用意识，引导社会公众关心、关爱自身信用记录，从2008年开始，中国人民银行把每年的6月14日确定为“信用记录关爱日”。今年正是第12个全国信用记录关爱日，作为中国银保监会批准成立的持牌消费金融公司，招联金融积极响应央行精神，履行社会责任，通过开展线上、线下系列信用关爱与宣传活动，向社会大众普及个人信用的重要性，提高信用意识，推动社会信用体系建设。

信用是每个人的“经济身份证”，拥有良好的信用记录，能为生活带来许多便利：一是方便借款，如果信用记录良好，银行不但能提供贷款、信用卡等信贷服务，还可能在金额、利率上给予优惠；二是公平信贷，有助于获得更公平的信贷机会；三是节省时间，银行需要了解的很多信息都在征信报告里，放款的时间就会更快。

如何维护个人的良好信用？招联金融建议大众主要做到以下三个方面：

一是坚持按时足额还款。包括房贷、车贷、商业贷款以及信用卡还款等，按期做好资金落实。一般来说，征信机构对个人不良信息的保存期限自不良行为或者事件终止之日起为5年，信用卡还款信息会被央行征信系统滚动记录24个月。

二是及时更正错误、遗漏的信息。在定期查询自身征信记录时，一旦发现有不实的信用记录，一定要尽快向放贷机构或征信中心提出异议并要求更正。如果因个人信息被盗用导致产生的信用问题，可向公安机关报案，协助金融机构发起调查处理；如果因特殊原因产生了不良记录，个人可以向征信中心申请在信用报告中添加“本人声明”，对此条记录的客观理由进行注释性说明。

三是定期查询个人信用报告。除了可对还款记录做到心中有数之外，还可及时发现被他人冒名贷款或他人未经您本人授权查询您信用报告的情况。但需要注意查询频率不宜频繁，一般情况下一年1~2次即可。

招联金融还提醒用户，央行个人征信系统一直在优化升级中，未来的采集信息将更细化、更全面、更精准。大家不仅要维护自身的信用，还要保护好自己的信用记录安全，保管好个人身份证件，身份证件复印件应注明用途；保管好个人信用报告，不随意丢弃信用报告，不要轻易把信用报告提供给其他商业机构；在公共网络查询、保存信用报告后要及时删除。

自2015年3月成立以来，招联金融不断践行着普惠金融的发展使命，推动社会信用基础设施建设。在信用建设领域，招联金融推出的信用产品，能够为用户提供快速、安全、便捷的互联网信用支付方式；成功打造沃信用分，为消费人群提供了更便捷的金融服务；多次举办“金融知识进校园”系列活动，以实实在在的价值观碰撞，使年轻人深刻感受到“信用”给自身发展带来的实质影响，进而不断强化诚信意识和守信行为。未来，招联金融将继续贯彻普惠理念，帮助金融消费者培养守信意识，助力社会形成诚实守信的氛围。

（资料来源：中国日报网，2019年6月14日。）

# 第四节　利　　息

## 一、利息与利息率的概念

### （一）利息的概念

利息是在借贷活动中债务人为取得货币使用权而向债权人支付的超过本金的部分。即利息是使用借贷资金的代价，是借贷资金的增值额。因而，利息又被称为借贷资金的“价格”，是利润的一部分，是剩余价值的特殊转化形式。利息水平的高低用利息率来表示。

### （二）利息率的概念

利息率也叫“利率”，是一定时期内利息额同本金的比率。用公式表示即为：

利率＝利息额/本金

利率的表示方法有三种：年利率、月利率、日利率。

1. 年利率是按年计算利息的比率，一般用百分数（%）表示。如本金 100 元，年利率 9%，称年利 9 厘，每年可得利息 9 元（100 元×9%×1 年＝9 元）。

2. 月利率是按月计算的利率，通常用千分数（‰）表示。如本金 1 000 元，月利率 7.5‰，称月利 7.5 厘，每月可得利息 7.5 元（1 000 元×7.5‰×1 年＝7.5 元）。

3. 日利率是按天计算的利率，通常用万分数（‱）表示。如本金 10 000 元，日利率 1‱，称日利 1 厘，每日可得利息 1 元（10 000 元×1‱×1 年＝1 元）。

年利率、月利率、日利率之间的换算公式是：

月利率＝年利率÷12

日利率＝月利率÷30＝年利率÷360

## 二、利息的计算方法

### （一）单利法

单利法是指在计算利息额时，只按本金计算利息，而不将利息额加入本金进行重复计算的方法，用公式表示为：

利息＝本金×利率×存期

本利和＝本金＋利息

**【例 5－1】** 甲银行向乙企业贷放一笔为期 5 年、年利率为 10% 的 100 万元贷款。问到期日乙企业应付利息额与本利和分别是多少？

**解：** 利息＝100×10%×5＝50（万元）

本利和＝100＋50＝150（万元）

**提示：** 以单利计算，手续简单，计算方便，借入者的利息负担较轻。单利计算一般适用于短期贷款。

### （二）复利法

复利法是指按本金计算出的利息额计入本金，再计算利息，逐期滚算，俗称“利滚利”的方法。用公式表示即为：

利息＝本金［（1＋利率）$^{存期}$－1］

本利和＝本金＋利息

**【例 5－2】** 甲银行向乙企业贷放一笔为期 5 年，年利率为 10% 的 100 万元贷款，按复利计算乙企业到期应付利息额与本利和分别是多少？

**解：** 利息＝100×［（1＋10%）$^{5}$－1］＝61.05（万元）

本利和＝100＋61.05＝161.05（万元）

**提示：** 以复利计算，考虑了资金的时间价值因素，对贷出者的利益有保护，有利于提高资金的使用效率，长期贷款一般多采用复利计息。

### （三）利息的计算

1. 储蓄利息的计算。目前，中国人民银行规定，我国商业银行储蓄存款利息按单利计算。

**【例 5－3】** 某储户 2021 年 6 月 20 日将 20 000 元存入银行，存期 1 年，年利率为

2.75%，计算到期该储户应得到的利息额。

**解：** 到期利息 = 20 000 × 2.75% × 1 = 550（元）

**【例 5－4】** 某储户将 10 000 元于 2019 年 6 月 24 日存入银行，存期 2 年，年利率为 4.1%；①假如该储户于 2019 年 9 月 15 日提前支取，支取日挂牌公告的银行活期储蓄存款利息率为 0.4%，计算该储户实际得到的利息额。②假如该储户到期支取，实际得到的利息额是多少？③假如该储户于 2021 年 9 月 3 日支取，实际得到的利息额又是多少？

**解：**（1）按照规定，未到期的定期储蓄存款，全部提前支取的，按支取日挂牌公告的活期储蓄存款利率计付利息。因此，该储户提前支取实际得到的利息为：

利息 = 10 000 × 81 × 0.4% ÷ 360 = 9（元）

（2）该储户到期支取实际得到的利息为：

利息 = 10 000 × 4.1% × 2 = 820（元）

（3）按照规定，逾期支取的定期储蓄存款，其超过原定存期的部分，除约定自动转存外，按支取日挂牌公告的活期储蓄存款利率计付利息。因此，该储户实际得到的利息额为：

过期支取实际得到的利息 = 到期支取利息 + 过期支取利息

= (10 000 × 4.1% × 2) + (10 000 元 × 69 天 × 0.4% ÷ 360 天)

= 827.67（元）

2. 贷款利息的计算。

**【例 5－5】** 某企业因急需短期周转资金，于 2021 年 7 月 5 日向银行申请 6 个月短期贷款 20 万元，银行同期贷款利率为 5.85%。计算到期该企业应支付的贷款利息额。

**解：** 到期支付的贷款利息 = 200 000 × 5.85% ÷ 360 × 183 = 5 947.5（元）

## 三、利率的分类

### （一）名义利率与实际利率

**名义利率**是指没有剔除通货膨胀率因素的利率，通常表现为银行挂牌的利率。

**实际利率**是指名义利中扣除通货膨胀率后的真实利率。即：实际利率 = 名义利率 − 通货膨胀率。

### （二）固定利率与浮动利率

**固定利率**是指利息按借贷双方事先约定的利率计算，而不随市场上货币资金供求状况而变化，保持固定不变。实行固定利率，对于借贷双方正确计算成本与收益十分方便，但也存在一定的风险，适用于借贷期限较短或市场利率变化不大的情况。

**浮动利率**是指贷款期限内，随市场利率的变化情况而定期进行调整的利率，多用于较长期的借贷及国际金融市场。浮动利率能够灵活反映市场上资金供求的状况，更好地发挥利率的调节作用，同时浮动利率可以随时予以调整，有利于减少利率波动所造成的风险。但同时又不便于计算与预测收益和成本。

### （三）市场利率与官方利率

**市场利率**是按照市场规律随市场上资金供求关系变化而自发形成的利率。它是资金供求状况的标志，受资金供给和需求的各种因素的制约，当资金供大于求时，利率下降；反之上升，其变动频繁灵敏。

**官方利率**是指一国政府通过中央银行而确定的各种利率。官方利率在一定程度上反映了非市场的强制力量对利率形成的干预，代表政府的货币政策意图。通常，官方利率较稳定而市场利率则变动较大。

利率市场化

### （四）基准利率与差别利率

**基准利率**是指在多种利率并存的条件下起决定作用的利率，当它变动时，其他利率也相应发生变动。

**差别利率**是指银行等金融机构对不同部门、不同期限、不同种类、不同用途和不同借贷能力的客户的存、贷款制定不同的利率。

## 四、影响利率高低的因素

### （一）社会平均利润率

利息是利润的一部分，利润率是决定利率的首要因素。根据市场法则，竞争会使经济社会在一定时期内形成一个平均利润率。这一平均利润率是确定利率的主要依据，是利率的最高界限。同时，利率的最低界限也不会等于零，否则，无论是信用机构还是其他单位也不会借出资金。因此，利率只能在平均利润率和零之间取值。

### （二）社会资金供求状况

在市场经济条件下，作为金融市场上的商品“价格”——利率，与其他商品的价格一样受供求规律的制约。利率在平均利率和零之间变动，在此范围，利息率的高低由资金市场上资金供求状况来决定。当社会资金供大于求时，利息率就会下降，当社会资金供不应求时，利息率就会上升。

### （三）国家经济政策

利息政策是国家宏观经济政策的重要组成部分。因此，利率水平会由于国家直接或间接干预反映经济政策和货币政策要求。当国家期望刺激经济发展时，则倾向于较低的利率水平；当国家要抑制经济膨胀时，则倾向于提高利率水平。

### （四）物价水平

利率同物价水平的联系是直接的，较低的利率一般与较低的物价水平相一致、在通货膨胀率上升时期，利率水平一般会相应提高，在通货膨胀率下降时，利率水平也趋于下降。因为在通货膨胀条件下，如果名义利率不提高，实际利率必然下降，实际利率一旦降低到零，利率的经济杠杆作用就会失灵。因此在制定利率时，必须要考虑到通货膨胀的影响。

### （五）国际利率水平

在经济全球化的今天，一国的国内利率水平不可避免地受到国际利率水平的影响，这种影响机制主要是通过资本在国际间的自由流动来实现的。通常国际市场和国内市场的利率水平差别太大，就会引起国际间资本流动，以致影响一个国家的国际收支不平衡。为了防止国际收支失衡，当资金外流过多，可提高国内利率以鼓励资金流入；而要限制资金流入过多，可降低国内利率以促使资金外流。

## 五、利率对经济的影响作用

### （一）利率在宏观经济中的作用

1. 集聚社会闲置资金。利率作为一个经济杠杆，可以通过各种形式，如存款、发行股票、债券等把社会上暂时闲置的资金集中起来，再通过贷款、贴现、投资等形式用于生产和流通，从而把闲置资金变成可运用资金，提高资金的使用效率，满足生产发展的资金需要。

2. 优化产业结构。由于利率是资本的“价格”，它的变动影响资本的流向和数量并影响投资的结构。这样，国家就可利用利率引导资本流动的方向。通过实行差别利率政策，影响资本的流向。要支持有发展前景的新兴产业和重点部门，对它们实行较低的优惠利率政策；反之，对那些需要限制发展的部门实行较高的利率，则可以缩小其生产规模，限制其发展。总之，通过调整利率水平和利率结构，就可以在一定程度上调节投资总量和投资结构，协调各部门比例关系，合理调整产业结构，使社会经济结构更趋合理。

3. 调节货币流通。当流通中的货币量超过商品流通所决定的货币需要量时，就会引起通货膨胀。国家通过调整利率，扩大吸收存款，控制贷款总量和信贷规模，减少货币供应量，促进总量平衡，利率的高低对货币的供应有直接的影响。

4. 调节宏观经济。国家通过中央银行调整利率，用以刺激或紧缩投资以期达到宏观经济的稳定、协调、健康发展。国家在不同时期制定不同的利息政策，对不同地区、不同部门规定不同的利率标准，会对整个国民经济的发展产生影响。

### （二）利率在微观经济中的作用

1. 激励企业提高资金使用效率。在经济活动中，企业向银行借款，其利息支出始终是利润的递减因素。因此为了自身利益，企业必须加强经营管理，加速资金周转，减少借款金额，通过提高资金使用效率来减少利息的支付。

2. 引导人们选择金融资产。出于货币增值的要求，人们愿将货币收入转化为金融资产来保存。现阶段金融资产的主要形式有银行存款单、国库券、股票、债券等。选择什么样的资产投资，在安全性和流动性一定的情况下，各种资产的收益无不与利率有着密切的关系。存款收益直接取决于存款利率；股票与企业债券的价格取决于其预期收益与利率的对比关系。在预期收益既定的情况下，调整利率就直接影响到股票与债券价格的变化，进而影响到购买者的利益。因此，调整利率可引导人们选择不同的金融资产。

## 知识链接

### 城乡居民存款基准利率表

日期：2021－11－01

| 项　目 | 年利率（%） |
|---|---|
| 一、城乡居民存款 | |
| （一）活期 | 0.35 |
| （二）定期 | |
| 1. 整存整取 | |
| 三个月 | 1.1 |
| 半年 | 1.3 |
| 一年 | 1.5 |
| 二年 | 2.1 |
| 三年 | 2.75 |
| 五年 | 2.75 |
| 2. 零存整取、整存零取、存本取息 | |
| 一年 | 1.1 |
| 三年 | 1.3 |
| 五年 | 1.3 |
| 3. 定活两便 | 按一年以内定期整存整取同档次利率打六折执行 |
| 二、通知存款 | |
| 一天 | 0.8 |
| 七天 | 1.35 |

### 人民币贷款基准利率表

日期：2021－11－01

| 项　目 | 年利率（%） |
|---|---|
| 一、短期贷款 | |
| 一年以内（含一年） | 4.35 |
| 二、中长期贷款 | |
| 一年至五年（含五年） | 4.75 |
| 五年以上 | 4.90 |

### 个人住房公积金利率表

日期：2021－11－01

| 项　目 | 年利率（%） |
|---|---|
| 一、个人住房公积金存款 | |
| 当年缴存 | 1.50 |
| 上年结转 | 1.50 |
| 二、个人住房公积金贷款 | |
| 五年以下（含五年） | 2.75 |
| 五年以上 | 3.25 |

（资料来源：中国建设银行。）

## 复习思考题

1. 什么是直接金融和间接金融？试比较二者的区别。
2. 如何理解通货膨胀和通货紧缩？谈谈你对这两种经济现象的认识。
3. 阐述信用的几种主要形式。
4. 我国金融机构的组成部分有哪些？
5. 什么是数字货币？数字货币和支付宝是一回事吗？

# 第六章
# 金融机构

【知识目标】 1. 掌握我国的金融机构体系基本构成

2. 理解商业银行和中央银行的性质和职能

3. 掌握商业银行的主要业务

4. 明确商业银行的经营管理原则及各原则的关系

5. 掌握保险的职能、类型和保险合同的要素

6. 了解我国商业银行的组织结构

【思政目标】 引领学生树立干一行爱一行，行行出状元的择业观

【情境引例】

### 银行不再是“万能保险箱”？

一直以来，银行都留给我们一种“大而不倒”的刻板印象，以致很多投资者对银行盲目信任，认为“钱放银行最安全”“购买银行理财万无一失”等。而近年来多起银行风险事件，都在向外传递着银行并非是“万能保险箱”。

2020年11月23日下午，中国银保监会公布了一则消息：同意包商银行进入破产程序。

事实上，包商银行并不是国内第一家出现重大危机乃至面临破产的商业银行。1998年6月21日，中国人民银行公告称关闭海南发展银行，原因是“钱荒”。彼时，这家海南省唯一一家有独立法人地位的股份制商业银行成立不足三年。

而目前因为经营危机而重组的银行也有一些，总部位于山东烟台的恒丰银行经历了一轮重组。2017年前后，恒丰银行两任董事长——姜喜运、蔡国华先后因涉嫌严重违纪违法被调查。加之随后曝光的经营管理问题等诸多因素影响下，恒丰银行陷入经营危机，走上重组的道路。锦州银行此前一直算是城商行中的王者，直到2019年，锦州银行2018年报和2019半年报接连陷入“难产”。在最终披露的财报中，人们才惊觉这家银行的经营发展远不像前些年“蒸蒸日上”的财务数据那么乐观。

中国人民银行评级结果为8－10级和D级（已倒闭、被接管或撤销）的金融机构被列为高风险机构。中国人民银行发布的《中国金融稳定报告（2019）》显示，2019年，8－D级的高风险金融机构545家，其中，农合机构（农商行、农信社、农合行）风险最高。报

告还指出，部分中小银行对整体信贷资产质量恶化的抵御能力较弱。

此次包商银行被接管打破了银行同业刚兑预期，部分资质较差的中小银行受到影响。这样看来，包商银行破产不是国内首例，或许也不会是最后一例。

根据包商银行的案例，破产之后，个人储户、公司储户的存款将由新成立的蒙商银行，与徽商银行来承接，并予以兑付。同时，这些存款由存款保险基金依法保障，存款保险实行限额偿付，最高偿付限额为50万元，存款超出最高偿付限额的部分，依法从投保机构（银行）清算财产中受偿。

（资料来源：独角金融，2020年11月24日。）

# 第一节　金融机构体系

## 一、金融机构及金融机构体系

金融机构是指经营货币、信用业务，从事各种金融活动的组织机构。金融机构体系是指从事金融活动的金融组织按照一定结构形成的有机整体。金融机构种类很多，目前世界各国通常将其分为银行与非银行金融机构两大类，银行在整个金融机构体系中处于重要地位。在市场经济条件下，各国金融机构体系大多是以中央银行为核心来进行组织管理的，形成了中央银行、商业银行、开发性金融机构和政策性银行以及其他金融机构并存的金融机构体系。

## 二、我国的金融机构体系构成

我国目前金融机构是以中央银行为核心、商业银行为主体、开发性金融机构和政策性银行以及其他金融机构并存，分业经营、相互协作的格局。

### （一）银行金融机构

1. 中央银行。中央银行是指代表国家对金融活动进行监督管理，制定和执行货币政策，防范和化解金融风险，维护金融稳定的金融机构。中国人民银行是我国的中央银行，是国务院领导和管理全国金融事业的国家机关。作为中央银行，它具有货币发行、金融行政管理和政府的银行的一般职能。

2. 商业银行。最初使用“商业银行”这个概念，是因为这类银行在发展初期，只承做“商业”短期放贷业务。放款期限一般不超过一年，放款对象一般为商人和进出口贸易商。人们将这种主要吸收短期存款，发放短期商业贷款为基本业务的银行，称为商业银行。商业银行是以经营存款、贷款、办理转账结算为主要业务，以营利为主要经营目标的综合性多功能的金融机构。商业银行是金融体系的主体部分。商业银行以其机构数量多、业务渗透面广和资产总额比重大等优势，在整个银行体系中处于极其重要的地位。

3. 政策性银行和开发性金融机构。政策性银行是指由政府投资创办的，按照政府的意图和计划从事信贷活动的金融机构。政策性银行不以营利为目的，专门为贯彻、配合政府社会经济政策或意图，在特定的业务领域内，直接或间接地从事政策性融资活动，充当政府发展经济、促进社会进步、并作为宏观经济管理工具使用。开发性金融机构是政策性银行的深化和发展，以服务国家发展战略为宗旨，以国家信用为依托，以市场运作为基本模式，以保本微利为经营原则，以中长期投融资为载体，在实现政府发展目标、弥补市场失灵、提供公共产品、提高社会资源配置效率、熨平经济周期性波动等方面具有独特优势和作用，是经济金融体系中不可替代的重要组成部分。目前，我国政策性银行包括中国进出口银行和中国农业发展银行。开发性金融机构是国家开发银行。

### （二）非银行金融机构

非银行金融机构是指不通过吸收存款筹集资金，经办某种专门的金融业务的金融机构，主要包括保险机构、信托投资机构、证券机构、企业集团财务公司、金融租赁公司及其他非银行金融机构等。

1. 保险公司。保险是以集合社会多数单位和个人的风险为前提，以保险合同方式建立经济关系，以保险费的形式聚集并建立保险基金，对被保险人因自然灾害或意外事故所造成的经济损失或人身伤亡予以补偿的一种经济活动。在现代经济中，保险已渗透到各个领域，成为精巧的“社会稳定器”。保险公司是一种专门经营保险业务的非银行金融机构。目前，我国保险公司有中国人民保险（集团）公司、中国太平洋保险公司、中国平安保险公司、中国人寿保险股份有限公司、太平洋保险公司和太平人寿保险股份公司等。国外一些著名的保险公司如美国友邦保险公司等也在我国设有分支机构。

2. 信托投资公司。信托是指财产所有者为了某种目的，把财产转移给自己信任的人，由其去管理和处理的行为。信托投资公司是专门办理信托业务和信托投资业务的金融机构，具有财产管理、融通资金、提供信息及咨询、社会投资等多种功能。我国的信托投资公司有三种类型：银行附属的信托投资公司；全国性的信托投资公司，如中国国际信托投资公司和爱建金融信托公司等；地方性信托投资公司，是地方政府为促进本地区和国外的经济技术合作而在大中城市建立的信托投资公司。信托投资公司的业务范围包括：吸收信托存款；经营委托贷款与投资及信托贷款与投资；从事融资性租赁；办理担保与代理业务；经营有价证券的发行和买卖，以及在境外发行外币有价证券；筹措境外外币借款；经营外汇信托投资业务等。

3. 证券机构。证券机构是专门从事各种有价证券经营及相关业务的金融机构，包括证券公司、证券交易所、证券登记结算公司、基金管理公司、证券投资咨询公司等。证券机构的主要业务是有价证券的自营买卖，受客户委托代理证券买卖，销售有价证券等。为了方便投资者买卖股票和债券，证券公司和信托投资公司在全国大中城市设立了证券交易营业部。

4. 企业集团财务公司。企业集团财务公司是为本企业集团内部各企业筹资或融通资金，一般不得在企业集团外部吸收存款，在业务上受银保监会领导和管理，在行政上则隶属于各企业集团。其主要业务有：人民币存款、贷款、投资业务；信托和融资性租赁业务；发行和代理发行有价证券等。

5. 金融租赁公司。金融租赁公司是指以资金融通为目的，以租赁业务为载体的非银行金融机构。目前，金融租赁公司的主要业务有：用于生产、科研、办公、交通运输等动产、不动产的租赁、转租赁、回租租赁业务；前述租赁业务所涉及标的物的购买业务；出租物和抵偿租金产品的处理业务；向金融机构借款及其他融资业务；吸收特定项目下的信托存款；租赁项目下的流动资金贷款业务；外汇及其他业务。

银行和非银行金融机构的区别

### 三、我国的金融监管体系

金融监管是指一个国家的中央银行和其他金融管理机构依照法律和政策对金融业实施的监督、督促、控制和宏观管理。金融监管机构是指根据法律规定对一国的金融体系进行监督管理的机构。

目前我国的金融监管机构主要是中国银行保险监督管理委员会和中国证券监督管理委员会，它们形成了一个严密的监管体系，全方位覆盖银行、证券和保险三大市场。

#### （一）中国银行保险监督管理委员会

中国银行保险监督管理委员会成立于2018年，由之前的银监会和保监会合并而来。其主要职责是依照法律法规统一监督管理银行业和保险业，维护银行业和保险业合法、稳健运行，防范和化解金融风险，保护金融消费者合法权益，维护金融稳定。

#### （二）中国证券监督管理委员会

中国证券监督管理委员会（简称“证监会”）成立于1992年10月，依法对全国证券、期货市场实行集中统一监督管理，维护证券、期货市场的合法、稳健运行。

## 第二节 中央银行

中央银行既是政府干预经济的重要金融工具，又是国家机构的组成部分。中央银行在一国金融体系中居于核心地位。

### 一、中央银行的性质和特点

#### （一）中央银行的性质

1. 从其业务特点看，是为商业银行等普通金融机构和政府提供金融服务的特殊金融机构。

2. 从其发挥的作用看，是制定和实施货币政策，监督管理金融业和规范金融秩序、防范金融风险和维护金融稳定、调控金融和经济运行的宏观管理部门，是保障金融稳健运行、调控宏观经济的国家行政机关。

### （二）中央银行的特点

1. 不以营利为目的。中央银行向政府和银行提供资金融通和划拨清算等方面的业务时，也收取利息和费用，但中央银行收取利息不是为了营利，其确定利率水平高低的主要依据是国家宏观金融调控的需要。

2. 不经营普通商业银行的业务。中央银行不对工商企业和个人办理业务，其业务对象是政府和各类金融机构。

3. 在制定和执行国家货币政策时，有相对独立性。即国家赋予中央银行以法定职责，明确其在制定和执行货币政策上具有相对独立性，享有垄断货币发行、代理国家金库、掌握发行基金、集中保管商业银行的存款准备金、制定基准利率、管理金融市场等一般银行所没有的特权。

## 二、中央银行的职能

### （一）中央银行是发行的银行

中央银行垄断货币发行权，是国家唯一的货币发行机关，这是中央银行的一项最特殊的、最基本的职能。中央银行独占货币发行权，是中央银行发挥其职能作用的基础。首先，中央银行通过掌握货币发行权，可以影响整个社会的信贷规模和货币供给总量。其次，通过货币供给量的变动，实现中央银行对经济的控制。

### （二）中央银行是政府的银行

中央银行作为政府的银行，是指中央银行代表国家贯彻执行金融政策，代理国库收支以及为国家提供各种服务。政府通过中央银行的货币信用业务，运用利率、汇率和信贷手段将其经济政策贯彻到金融机构的业务和金融市场的活动中去，同时通过中央银行对它们进行管理和监督。作为政府的银行主要表现在：①代理国库收支；②代理政府发行债券；③向政府融资；④保管国家外汇和黄金储备；⑤制订并监督执行有关金融管理法规等。

### （三）中央银行是银行的银行

中央银行作为银行的银行，只与金融机构发生业务往来，一般不与工商企业和个人发生直接的信用关系。比如，集中存款准备金、为商业银行提供贷款及办理商业银行等金融机构间的清算业务等。银行的银行这一职能最能体现中央银行是特殊金融机构的性质，也是中央银行作为金融体系核心的基本条件。

## 三、我国的中央银行

中国人民银行是我国的中央银行，是在国务院领导下，制定和实施货币政策，防范和化解金融风险，维护金融稳定，并管理全国金融事业的国家机关。在我国金融机构体系中，中国人民银行是整个信用体系和一切信用活动的中心环节。1995 年 3 月 18 日通过的《中华人民共和国中国人民银行法》（以下简称《中国人民银行法》）确立了其作为中央银行的法律依据。中国人民银行实行行长负责制，在国务院领导下独立开展业务，总行设在北京，根据需要设立分支机构，对分支机构实行集中统一领导和管理。中国人民银行第二总部于2005年8月10日在上海成立，履行部分中央银行职责，如支付清算、全国征信体系等。

《中国人民银行法》明确规定，中国人民银行的主要职责是：①发布与履行其职责有关的命令和规章；②依法制订和执行货币政策；③发行人民币，管理人民币流通；④监督管理银行间同业拆借市场和银行间债券市场；⑤实施外汇管理，监督管理银行间外汇市场；⑥监督管理黄金市场；⑦持有、管理、经营国家外汇储备、黄金储备；⑧经理国库；⑨维护支付、清算系统的正常运行；⑩指导、部署金融业反洗钱工作，负责反洗钱的资金监测；⑪负责金融业的统计、调查、分析和预测；⑫作为国家的中央银行，从事有关的国际金融活动；⑬国务院规定的其他职责。

相关知识

**什么是洗钱?**

洗钱是指将毒品犯罪、黑社会性质的组织犯罪、恐怖活动犯罪、走私犯罪或者其他犯罪的违法所得及其产生的收益，通过各种手段掩饰、隐瞒其来源和性质，使其在形式上合法化的行为。

# 第三节　商业银行

## 一、商业银行的性质和特点

### （一）商业银行的性质

商业银行的基本性质就是其经营的商业性。可以从以下几个方面来理解：

1. 商业银行是企业。商业银行具有现代企业的基本特征，其经营目标和经营原则与一般企业相同。即以营利为目标，追求利润最大化；具有独立法人资格，能独立承担民事责任；独立核算、自主经营、自负盈亏、自担风险、自我发展；依法活动，照章纳税。

2. 商业银行是特殊的企业。商业银行与一般的企业相比较，一般企业的经营对象是普通商品，经营过程依据等价交换原则；而商业银行的经营对象是特殊商品——货币，经营过程并不要求现实的价值对等，借贷资本的转移仅仅是价值的单方面让渡。

3. 商业银行是特殊的金融企业。与其他金融机构相比，商业银行是唯一能吸收活期存款、创造信用货币的金融企业。另外，商业银行的业务更综合、功能更全面，特别是具有的信用创造功能是其他金融机构无法比拟的，因此，商业银行是金融体系的主体，在金融体系中发挥着重要作用。

相关知识

**“银行”一词的来历**

银行一词，源于意大利Banca，其原意是长凳、椅子，是最早的市场上货币兑换商的营业用具。英语转化为Bank，意为存钱的柜子。在我国，之所以有“银行”之称，则与我国经济发展的历史相关。在我国历史上，白银一直是主要的货币材料之一。“银”往往代表的就是货币，而“行”则是对大商业机构的称谓。把办理与银钱有关的大金融机构称为银行，最早见于太平天国洪仁玕所著的《资政新篇》。

#### （二）商业银行的特点

1. 业务范围广泛。商业银行在金融机构中经营范围最广、规模最大，地位也最重要。随着各种金融产品的推出，商业银行已成为琳琅满目的“金融百货公司”。

2. 创造存款货币。商业银行通过存款贷款业务的开展，能够创造存款货币。

### 二、商业银行的职能

在现代金融体系中，商业银行的资本雄厚，业务范围不断扩大，经营项目越来越多，并向着多元化、综合性方向发展，被称为“金融百货公司”，是各国金融机构体系的主体。其职能主要有：

#### （一）信用中介职能

商业银行作为信用受授的中介机构，信用中介职能是其最基本的职能。商业银行一方面动员并集中社会上的各种暂时闲置的资金，形成银行负债；另一方面再将它们贷放到需要资金的部门或企业，形成银行资产，因而商业银行既是借者，也是贷者。其利润主要来自借入和贷出之间的利息差。

#### （二）支付中介职能

支付中介职能是指商业银行受客户委托，代为保管、出纳和代理支付货币的功能。该职能的发挥是整个社会经济正常稳定运行的必要条件。银行为客户进行非现金结算，节约了现金的印制、保管、清点等流通费用，同时又加速了资金的周转，促进了社会再生产的扩大。尤其是随着网络时代的到来，商业银行还可以为客户提供形式多样的非现金结算。借助于支付中介职能，商业银行成为国民经济活动中的现金出纳中心和转账中心。

#### （三）信用创造职能

信用创造是商业银行通过其日常的业务活动，为社会提供更多的支付手段和交易媒介的一种功能，主要表现在商业银行以原始存款为基础，在银行体系中衍生数倍于原始存款的派生存款。在当代银行制度下，原始存款是以现金方式存入商业银行的存款，其中活期存款占了很大比重，它最终形成银行的准备金。派生存款是由银行放款、贴现和投资业务转化而来的存款。商业银行以此再发放新的贷款，进而又产生了新的派生存款。最终将在银行体系中形成数倍于原始存款的派生存款。

#### （四）金融服务职能

早期的商业银行是为了满足客户对货币的保管、汇兑、存款和放款等需要而产生的。随着商品货币经济的不断发展，商业银行的经营领域迅速扩大，支付中介职能的作用越来越显著。但从本质上说，商业银行的业务都是为满足全社会对货币的各种需要而提供的多样化的服务，即金融服务。尤其是在当今的信息时代，商业银行已成为全社会的信息中心、资金调节中心和资金分配中心。它不仅可以满足客户在货币方面的需要，还能向客户提供信息咨询、决策支持等服务项目。

### 三、商业银行的组织结构

商业银行的组织结构制度，主要有单一银行制、分支行制、控股公司制、连锁银行制和跨国银行制等。

#### （一）单一银行制

单一银行制也称独家银行制，是指其业务只有一个独立的银行机构经营，而不设分支机构的银行组织制度。这种制度在美国非常普遍。单一银行制具有较强的独立性、自主性和灵活性，便于贯彻中央银行的货币政策，有利于自由竞争，缺点在于发展规模受限、资金实力较弱、经营范围受限等。

#### （二）分支行制

分支行制是指国家法律允许银行在总行之下设立分支机构的银行制度。银行总行一般都设在大都市，所属分支行均受总行的统一领导。优点是分支行制由于分支机构多，分布广，有利于广泛吸收存款，扩大资本总额和经营规模，形成庞大的银行网络，分散风险。缺点是容易形成垄断，同时由于机构规模大，会造成自身管理上的困难。目前，世界上大多数国家都实行分支行制，我国的商业银行也大多实行分支行制。

#### （三）控股公司制

控股公司制是指成立一家股权公司，由该公司收购或控制两家以上银行的股份来控制和左右银行业务经营的银行组织制度，也叫集团银行。在法律上，被控股银行之间是相互独立的，但其业务与经营政策归同一家股权公司控制。控股公司制有利于银行从资本市场筹集资金，能够合理规避政府对跨地区经营银行业务的限制，缺点是容易形成银行业的集中和垄断，不利于银行之间开展竞争。

#### （四）连锁银行制

连锁银行制是指由某些人或某个集团通过掌握两家以上银行的多数股票而将银行业务统一起来经营的银行组织形式。连锁银行制往往以某一大银行为中心，由这一银行确立整个连锁集团的经营模式。

### （五）跨国银行制

跨国银行制又叫国际财团制，是指由不同国家的大型商业银行合资组建银行财团的一种商业银行组织形式。跨国银行制的商业银行经营国际资金存贷业务，开展大规模投资活动。

## 四、商业银行的主要业务

商业银行业务主要有负债业务、资产业务和中间业务三大类。

### （一）负债业务

商业银行负债业务是指商业银行筹集资金，形成资金来源的业务。它是商业银行最基本的业务，也是开办资产业务和中间业务的前提和基础。商业银行负债业务主要包括各项存款、各种借款和资本金三个方面。

1. 存款业务。存款是存款人基于对银行的信任而将资金存入银行，并可以随时或按约定时间支取款项的一种信用行为。存款是银行对存款人的负债，是银行最主要的资金来源。存款业务是银行的传统业务。

我国商业银行的存款业务包括人民币存款和外币存款两大类。人民币存款又分为个人存款、单位存款和同业存款。

（1）个人存款业务。个人存款又叫储蓄存款，是指居民个人将闲置不用的货币资金存入银行，并可以随时或按约定时间支取款项的一种信用行为。

《中华人民共和国商业银行法》规定，办理储蓄业务，应当遵循“存款自愿、取款自由、存款有息、为存款人保密”的原则。我国目前实行个人存款账户实名制，即个人在金融机构开立个人存款账户时，应当出示本人身份证件，使用实名。

个人存款业务按存款的支取方式不同，一般分为活期存款、定期存款、其他种类的储蓄存款等。

①活期储蓄存款。活期储蓄存款是指不规定存款期限，客户可以随时存取的存款。

客户凭存折或银行卡及预留密码可在银行营业时间内通过银行柜面或通过银行自助设备随时存取现金。

在现实中，活期存款通常1元起存，以存折或银行卡作为存取凭证，客户可凭存折或银行卡在全国各网点通存通兑。

由于活期存款账户结算频繁，业务量大，手续繁杂，银行提供服务要付出较高费用，因此，活期存款利率较低。

**阅读资料**

**小额账户管理费**

小额账户管理费是银行针对那些日均余额低于一定数额的账户每月收取一定数额费用的账户管理费。一般各家银行都有这个收费项目，具体的数额不同。中国大陆各个银行2010年初小额账户管理费数据（仅供参考，实际情况请致电当地银行咨询）：

中国工商银行：低于300元收小额账户管理费3元/季度。

中国农业银行：低于500元收小额账户管理费3元/季度。

中国建设银行：低于500元收小额账户管理费3元/季度，且此类账户以年利率0.01%计利息。

中国银行：日均余额低于300元收小额账户管理费3元/季度；如本日账户余额600元，则算做两日。（中国银行的借记卡不收小额账户管理费）

交通银行：低于500元收小额账户管理费3元/季度。（交通银行的借记卡不收小额账户管理费）

中国邮政储蓄银行：目前多数省市不收取年费和小额账户管理费；2010年10月起按低于300元收3元；部分城市低于100元每季度收取3元；

从2015年6月1日起，《商业银行服务价格管理办法》正式实施，除信用卡客户外，银行应当根据客户申请，为其提供一个免收账户管理费的账户，包括小额账户管理费和年费，但一定要亲自到柜台申请取消才可享受该项服务。

②定期储蓄存款。定期存款是银行与存款人双方在存款时事先约定期限、利率，到期后支取本息的存款。其利率视期限长短而定。根据不同的存取方式，定期存款分为整存整取、零存整取、整存零取和存本取息四种类型，其中，整存整取最为常见，是定期存款的典型代表。

整存整取是整笔存入，到期一次支取本息。50元起存，多存不限，一次存入，约定期限，存期有3个月、6个月、1年、2年、3年、5年六档，可提前支取，利息按支取日银行活期利率计息。整存整取适合于个人的长期闲置资金。

零存整取是每月存入固定金额，起存金额5元，到期一次支取本息，利率低于整存整取定期存款，高于活期存款，存期分1年、3年、5年三档。

整存零取是整笔存入，1 000元起存，固定期限，分期支取，存期分1年、3年、5年，支取期分一个月、三个月及半年一次。本金可全部提前支取，也可部分提前支取。利息于期满结清时支取，利率高于活期存款。

存本取息是整笔存入，5 000元起存，存期为1年、3年和5年，一次存入本金，定期支取利息，到期归还本金。在约定存期内如需提前支取，利息按取款日银行挂牌公告的活期存款利息计算，存期内已支取的利息要一次性从本金中扣回。本金可全部提前支取，也可部分提前支取。取息日未到不得提前支取利息，取息日未收息，以后可随时取息，但不计复利。

整存零取、零存整取、存本取息定期储蓄存款存期相同、利率相同。

**想一想：**

定期储蓄存款如果提前支取有什么规定？

③其他种类的储蓄存款。除常见的活期存款和定期存款外，还有以下几种存款类型：

定活两便储蓄存款，存期灵活，开户时不约定存期，一次存入本金，开户起存金额为50元，随时可以支取，银行根据客户存款的实际存期按规定计息。利率高于活期储蓄存款。存期不满3个月的，按支取日挂牌公告活期储蓄存款利率计付利息。存期满3个月而不满6

个月的，按支取日挂牌公告的 3 个月整存整取定期储蓄存款利率打 6 折计算。存期满 6 个月而不满 1 年的，按支取日挂牌公告的 6 个月整存整取定期储蓄存款利率打 6 折计算利息。存期在 1 年以上（含 1 年）的，无论存期有多长，一律按支取日挂牌公告的 1 年期整存整取定期储蓄存款利率打 6 折计算利息。

**算一算：**

小王于 2021 年 4 月 9 日存入 1 000 元定活两便储蓄存款，于 2021 年 10 月 18 日支取，活期储蓄存款利率为 0.35%，半年期的整存整取定期储蓄利率 1.55%，则小王可获得多少利息？

个人通知存款，开户时不约定存期，预先确定品种，支取时只要提前一定时间通知银行，约定支取日期及金额。目前银行提供 1 天、7 天通知储蓄存款两个品种。一般 5 万元起存。利率高于活期储蓄存款利率。

教育储蓄存款，父母为了子女接受非义务教育而存钱，分次存入，到期一次支取本金和利息。属于零存整取定期储蓄存款，教育储蓄 50 元起存，每户本金最高限额为 2 万元，存期分为 1 年、3 年和 6 年。享受整存整取的利率待遇。

**想一想：**

各商业银行的存款利率水平一样吗？

（2）单位存款业务。单位存款又叫对公存款，是机关、团体、部队、企业、事业单位和其他组织以及个体工商户将货币资金存入银行，并可以随时或按约定时间支取款项的一种信用行为。

按存款的支取方式不同，单位存款一般分为单位活期存款、单位定期存款、单位通知存款、单位协定存款等。

①单位活期存款，是指单位类客户在商业银行开立结算账户，办理不规定存期、可随时转账、存取的存款类型。

单位活期存款账户又称为单位结算账户，包括基本存款账户、一般存款账户、临时存款账户和专用存款账户。

②单位定期存款，是指单位类客户在商业银行办理的约定期限，整笔存入，到期一次性支取本息的存款类型。

③单位通知存款，是指单位类客户在存入款项时不约定存期，支取时需提前通知商业银行，并约定支取存款日期和金额方能支取的存款类型。不论实际存期多长，按存款人提前通知的期限长短，可分为一天通知存款和七天通知存款两个品种。

④单位协定存款，是一种单位类客户通过与商业银行签订合同的形式约定合同期限，确定结算账户需要保留的基本存款额度，对超过基本存款额度的存款按中国人民银行规定的上浮利率计付利息、对基本存款额度按活期存款利率付息的存款类型。

⑤保证金存款，是商业银行为保证客户在银行为客户对外出具具有结算功能的信用工具，或提供资金融通后按约履行相关义务，而与其约定将一定数量的资金存入特定账户所形成的存款类别。在客户违约后，商业银行有权直接扣划该账户的存款，以最大限度地减少银行损失。单位保证金存款按照保证金担保的对象不同，可分为银行承兑汇票保证金、信用证

保证金、黄金交易保证金、远期结售汇保证金四类。

（3）人民币同业存款。同业存款也称同业存放，全称是同业及其他金融机构存入款项，是指因支付结算和业务合作等的需要，由其他金融机构存放于商业银行的款项。同业存放属于商业银行的负债业务，与此相对应的概念是存放同业，即存放在其他商业银行的款项，属于商业银行的资产业务。

（4）外币存款业务。外币存款业务与人民币存款业务除了存款币种和具体管理方式不同之外，有许多共同点：两种存款业务都是存款人将资金存入银行的信用行为，都可按存期分为活期存款和定期存款，按客户类型分为个人存款和单位存款等。许多银行提供“本外币一本通”之类的存款产品，实际上已将人民币账户与外币账户的界限淡化。

目前，我国银行开办的外币存款业务币种主要有九种：美元、欧元、日元、港元、英镑、澳大利亚元、加拿大元、瑞士法郎、新加坡元。其他可自由兑换的外币，不能直接存入账户，需由存款人自由选择上述货币中的一种，按存入日的外汇牌价折算存入。

2. 借款业务。借款业务是指商业银行向中央银行借款或通过金融市场筹资形成的负债业务，主要有同业拆借、债券回购、向中央银行借款、从国际金融市场借款和发行金融债券等。商业银行的借款业务包括短期借款和长期借款两种。短期借款是指期限在一年或一年以下的借款，主要包括同业拆借、债券回购协议和向中央银行借款等形式。长期借款是指期限在一年以上的借款，一般采用发行金融债券的形式。

（1）同业拆借。同业拆借是指金融机构（主要是商业银行）之间为了调剂资金余缺，利用资金融通过程的时间差、空间差、行际差来调剂资金而进行的短期借贷。我国的同业拆借是指经中国人民银行批准进入全国银行间同业拆借市场的金融机构之间，通过全国统一的同业拆借网络进行的无担保资金融通行为。

（2）债券回购。债券回购是指债券持有者在卖出一笔债券的同时，与买方约定在某一日期再以事先约定的价格将该笔债券购回，并支付一定利息的交易行为。债券回购是商业银行短期借款的重要方式，包括质押式回购与买断式回购两种。与纯粹以信用为基础、没有任何担保的同业拆借相比，债券回购的风险更低，因此对信用等级相同的金融机构来说，债券回购利率一般低于拆借利率。所以，债券回购的交易量要远大于同业拆借。

（3）向中央银行借款。商业银行在需要时还可以向中央银行申请借款。但是，商业银行一般只是把向中央银行借款作为融资的最后选择，只有在通过其他方式难以借到足够的资金时，才会求助于中央银行，这也是中央银行为什么被称为“最后贷款人”的原因。商业银行向中央银行借款有再贴现和再贷款两种途径。

（4）发行金融债券。金融债券是商业银行在金融市场上发行的、按约定还本付息的有价证券。我国商业银行所发行的金融债券，均是在全国银行间债券市场上发行和交易的。

3. 资本金。商业银行作为经营货币信用业务的企业，必须拥有一定数量的自有资本。它是商业银行开展正常经营活动的基础和衡量其实力的重要标准，同时也是设立商业银行的必要条件。根据我国《公司法》与《商业银行法》规定，设立全国性商业银行的注册资本最低限额为 10 亿元人民币，设立城市商业银行的注册资本最低限额为 1 亿元人民币，设立农村商业银行的注册资本最低限额为 5 000 万元人民币，资本充足率不得低于 8%。按照《巴塞尔协议（第三版）》的规定，资本充足率即商业银行资本总额与加权风险资产总额的比例不得低于 8%。

由于各国商业银行的组成方式不同，其自有资本金的来源也不尽相同。我国四大国有商业银行的自有资本金（又称国有资本金）的主要来源有：一是财政拨给的信贷资金；二是银行留存的净收益。而股份制商业银行的资本金主要是发行股票和盈余等。

### （二）资产业务

商业银行的资产业务是商业银行运用其资金从事各种信用活动以获取盈利的业务。它是商业银行获取收益的主要途径，包括现金资产、贷款业务、债券投资业务等。

1. 现金资产。现金资产是商业银行持有的库存现金以及与现金等同的可随时用于支付的银行资产。我国商业银行的现金资产主要包括：

（1）库存现金。库存现金是指商业银行保存在金库中的现钞和硬币。库存现金主要用以应付客户提现及商业银行日常营业零星开支的需要。因此，任何一家营业性的银行机构，为保证对客户的支付，都必须保存一定数量的现金。

（2）存放中央银行款项。存放中央银行款项是指商业银行存放在中央银行的资金，即存款准备金。商业银行的存款准备金包括：一是法定存款准备金，二是超额准备金。

**提示：**法定存款准备金是商业银行依据法律规定，按其存款的一定比例交存在中央银行的准备金。它是中央银行为保护存户存款的安全，防止银行出现支付危机而设立的；现在又已成为中央银行用来调节信用规模的一项重要政策工具。

（3）存放同业及其他金融机构款项。存放同业及其他金融机构款项是指商业银行存放在其他银行和非银行金融机构的存款。在其他银行保有存款的目的是在同业之间开展代理业务和结算收付。由于存放同业的存款属于活期存款性质，可以随时支用，因此属于银行现金资产的一部分。

2. 贷款业务。

（1）贷款的概念。贷款是指经批准可以经营贷款业务的金融机构对借款人提供的并按约定的利率和期限还本付息的货币资金。贷款是银行最主要的资产，是银行最主要的资金运用。贷款业务是指商业银行发放贷款相关的各项业务。

（2）贷款的分类。

①按照贷款的期限，可分为短期贷款，指贷款期限在一年以内（含一年）的贷款；中期贷款，指贷款期限在一年以上（不含一年）五年以下（含五年）的贷款；长期贷款，指贷款期限在五年以上（不含五年）的贷款。

②按照贷款的保障条件分类，可分为信用贷款、担保贷款和票据贴现。

信用贷款，是以借款人的信誉发放的贷款。

担保贷款是以一定的财产作为还款保证的贷款，可分为抵押贷款、质押贷款和保证贷款。A. 抵押贷款是指以不转移债务人或第三人提供的财产的占有现状，仅以此作为担保物的贷款形式，一般抵押物为不动产，如房屋、土地、机构设备等，也有大型动产，如交通运输工具等。B. 质押贷款是指债务人或第三人将其动产或权利凭证移交借款银行占有，并以此作为贷款担保的贷款形式。一般质押物为动产，权利（知识产权及票据债权）。C. 保证贷款指贷款人按《担保法》规定的保证方式以第三人承诺在借款人不能偿还贷款本息时，按约定承担一般保证责任或者连带保证责任而发放的贷款。

**想一想：**

抵押贷款和质押贷款有何不同？

票据贴现是指一种票据转让方式，是指持票人在需要资金时，将其持有的商业汇票，经过背书转让给银行，银行从票面金额中扣除贴现利息后，将余款支付给申请贴现人的票据行为。

计算公式：贴现利息 = 汇票金额 × 贴现天数 ×（年贴现率 ÷ 360 天）

实付贴现金额 = 汇票金额 − 贴现利息

【例 6－1】 某公司持有一张票面额为 20 万元的不带息商业汇票，出票日 3 月 10 日，半年后到期。企业于 7 月 10 日向银行贴现，年贴现率为 5%，则公司可获得多少贴现金额？

解：7 月 21 天、8 月 31 天、9 月 10 天，则：

贴现期限 = 21 + 31 + 10 = 62（天）

贴现利息 = 200 000 ×（5%/360）× 62 = 1 722.22（元）

贴现金额 = 200 000 − 1 722.22 = 198 277.78（元）

**相关知识**

**票据贴现和一般贷款有何不同？**

第一，期限不同。一般的贷款有短期、中长期，而票据贴现期一般在六个月以内。第二，收取利息的方式不同。一般贷款利息都是到期收取，贴现的利息则是预扣。第三，当事人不同。一般贷款的当事人是银行、借款人和担保人，票据贴现的当事人为银行、贴现申请人、付款人和背书人等。

③按照贷款的客户类型，可分为公司贷款和个人贷款。

公司贷款又称企业贷款或对公贷款，是以企事业单位为对象发放的贷款，主要包括流动资金贷款、固定资产贷款、房地产贷款、银团贷款、国际贸易融资、国内贸易融资、票据贴现等。

个人贷款主要分为四大类，即个人住房贷款、个人消费贷款、个人经营贷款和个人信用卡透支。

④按照贷款的质量，贷款可分为正常贷款、关注贷款、次级贷款、可疑贷款、损失贷款五类。其中后三类称为“不良贷款”，不良贷款率是衡量银行资产质量的最重要指标。

个人住房贷款

**贷款五级分类**

| 类 别 | 内 容 |
|---|---|
| 正常类贷款 | 借款人能履行合同，没有足够理由怀疑贷款本息不能按时足额偿还的贷款 |
| 关注类贷款 | 尽管借款人目前有能力偿还贷款本息，但存在一些可能对偿还产生不利影响因素的贷款 |
| 次级类贷款 | 借款人的还款能力出现明显问题，完全依靠其正常经营收入无法足额偿还贷款本息，即使执行担保，也可能会造成一定损失的贷款 |

续表

| 类别 | 内容 |
| --- | --- |
| 可疑类贷款 | 借款人无法足额偿还贷款本息，即使执行担保，也肯定要造成较大损失的贷款 |
| 损失类贷款 | 在采取所有可能的措施或一切必要的法律程序之后，本息仍然无法收回，或只能收回极少部分的贷款 |

（3）贷款的程序。贷款的发放需经过以下八个步骤：贷款申请、贷款调查、对借款人的信用评估、贷款审批、借款合同的签订和担保、贷款发放、贷款检查、贷款的收回。

3. 债券投资业务。随着金融市场的发展，债券投资成为商业银行的一种重要资产形式。在我国有些商业银行债券投资在总资产中所占比例已接近贷款所占比例。

（1）商业银行债券投资的目标，主要是平衡流动性和营利性，并降低资产组合的风险、提高资本充足率。

（2）商业银行债券投资的对象主要包括国债、金融债券、中央银行票据、资产支持证券、企业债券和公司债券等，我国商业银行以政府债券作为投资的重点。

（3）债券投资的收益一般通过债券收益率进行衡量和比较。债券收益率是指在一定时期内，一定数量的债券投资收益与投资额的比率，通常用年率来表示。

（4）商业银行债券投资的风险，主要包括信用风险、价格风险、利率风险、购买力风险、流动性风险、政治风险、操作风险等。

### （三）中间业务

商业银行的中间业务，是指不构成银行表内资产、表内负债的非利息收入的业务，即指商业银行为客户办理收付及其他委托代理事项、提供各种金融服务的业务。包括收取服务费或代客买卖差价的理财业务、咨询顾问、基金和债券的代理买卖、代客买卖资金产品、代理收费、托管、支付结算等业务。

在资产业务和负债业务两项传统业务中，银行是作为参与信用活动的一方参与其中；而中间业务则不同，银行不再直接作为参与信用活动的一方，扮演的只是中介或代理的角色，通常提供有偿服务。

我国商业银行开展的中间业务主要包括交易业务、清算业务、支付结算业务、银行卡业务、代理业务、托管业务、担保业务、承诺业务、理财业务、电子银行业务。

1. 交易业务。交易业务是指银行为满足客户保值或自身风险管理等方面的需要，利用各种金融工具进行的资金交易活动，主要包括外汇交易业务和金融衍生品交易业务。

（1）外汇交易业务。外汇交易既包括各种外国货币之间的交易，也包括本国货币与外国货币的兑换买卖。外汇交易既可满足企业贸易往来的结汇、售汇需求，也可供市场参与者进行投资或投机的交易活动。根据外汇交易方式的不同，外汇交易可以分为即期外汇交易和远期外汇交易。

即期外汇交易又称现汇交易或外汇现货交易，是指在第二个营业日或成交当日办理实际货币交割的外汇交易。

远期外汇交易又称期汇交易，是指交易双方在成交后并不立即办理交割，而是事先约定币种、金额、汇率、交割时间等交易条件，到期才进行实际交割的外汇交易。

（2）金融衍生品交易业务。金融衍生品是一种金融合约，其价值取决于一种或多种基础资产或指数，合约的基本种类包括远期、期货、掉期（互换）和期权。

2. 清算业务。银行清算业务是指商业银行系统内部的结算业务，即银行间通过账户或资金清算系统，在办理结算和支付中用以清讫双边或多边债权债务的过程和方法。其主要特点是货币资金的划转要通过中央银行或头寸清偿来进行，与一般客户没有直接往来关系，是属于银行之间的货币资金划转行为。包括人民币清算业务、外汇清算业务、跨境跨系统清算业务等。按地域划分，清算业务可分为国内联行清算和国际清算。

3. 支付结算业务。支付结算业务是指银行为单位客户和个人客户采用票据、汇款、托收、信用证、信用卡等结算方式进行货币支付及资金清算提供的服务。支付结算业务是银行的中间业务，主要收入来源是手续费收入。

传统的结算方式是指“三票一汇”，即汇票、本票、支票和汇款。在银行为国际贸易提供的支付结算及带有贸易融资功能的支付结算方式中，通常是采用汇款、信用证及托收。从信用证和托收又派生出许多带有融资功能的服务，如打包贷款、出口押汇、出口托收融资、出口票据贴现、进口押汇、提货担保等。近年来，又出现了电子汇兑、网上支付等结算方式。

4. 银行卡业务。银行卡是由商业银行（或发卡机构）发行的具有支付结算、汇兑转账、存取储蓄、循环信贷等全部或部分功能的支付工具或信用凭证。

银行卡按清偿方式分类，一般分为信用卡、借记卡。按结算币种分类，可分为人民币卡、外币卡、双（多）币卡。按资信等级分类，可分为白金卡、金卡、普通卡等。

（1）银行信用卡，包括贷记卡和准贷记卡。

贷记卡：发卡银行给予持卡人一定的信用额度，持卡人可在信用额度内先使用、后还款的信用卡，贷记卡是最符合信用卡本源意义的卡种。

准贷记卡：持卡人须先按发卡银行要求交存一定金额的备用金，当备用金账户余额不足支付时，可在发卡银行规定的信用额度内透支的信用卡。

银行信用卡除具有信用借款外，还有存取现金、转账、支付结算、代收代付、通存通兑、额度提现、网上购物等功能。

信用卡新规

（2）银行借记卡，是银行发行的一种要求先存款后使用的银行卡。借记卡与储户的活期储蓄存款账户相联结，卡内消费、转账、ATM 取款等都直接从存款账户扣划，不具备透支功能。借记卡也称储蓄卡，是电子卡片化的储蓄存折和存单。

**知识链接**

### 信用卡恶意透支还清欠款也会判刑

信用卡透支分为善意透支与恶意透支，平常我们虽然透支了信用卡，但只要不是恶意透支的，就不属于犯法，可是怎么鉴定善意还是恶意透支呢？《中华人民共和国刑法》第一百九十六条的规定，“恶意透支”属于信用卡诈骗的犯罪行为。“两高”对恶意透支司法解释是：

第一，对“恶意透支”增加了两个限制条件：一是发卡银行的两次催收；二是超过三个月没有归还。

第二，因为“恶意透支”这种信用卡诈骗犯罪是故意犯罪，因此在主观上具有非法占有的目的，这是该行为非常重要的构成要件。

司法解释中对“以非法占有为目的”，结合近年来的司法实践列举了六种情形，比如明知无法偿还而大量透支的不归还；肆意挥霍透支款不归还；透支以后隐匿、改变通讯方式，逃避金融机构的追款等。这些情形都是“以非法占有为目的”的表现。

第三，“恶意透支”的数额是指拒不归还和尚未归还的款项，不包括滞纳金、复利等发卡银行收取的费用。数额在 1 万元以上不满 10 万元的，应当认定为《刑法》第一百九十六条规定的“数额较大”；数额在 10 万元以上不满 100 万元的，应当认定为《刑法》第一百九十六条规定的“数额巨大”；数额在 100 万元以上的，应当认定为《刑法》第一百九十六条规定的“数额特别巨大”。

第四，根据宽严相济的刑事政策，在法院未判决或者公安机关未立案之前，偿还了这些透支款息的，从轻处理或者不追究刑事责任。

（资料来源：法邦网。）

5. 代理业务。代理业务是商业银行接受他人的委托，以代理人的身份代为办理委托者指定的经济事务的业务。商业银行的代理业务主要有以下几类：

（1）代收代付业务，是商业银行利用自身的结算便利，接受客户委托为其办理指定款项收付事宜的业务。代收代付业务主要包括代理各项公用事业收费、代理行政事业性收费和财政性收费、代发工资、代扣住房按揭消费贷款等。目前主要是委托收款和托收承付两类。

（2）代理银行业务，是商业银行接受政策性银行、中央银行和其他商业银行的委托，代理结算或进行资金监督的中间业务。

（3）代理证券业务，是指商业银行利用其电子汇兑系统、营业机构以及人力资源为证券公司总部及其下属营业部代理证券资金的清算、汇划等结算业务。代理证券资金清算业务主要包括一级清算业务，即各证券公司总部以法人为单位与证券登记结算公司之间发生的资金往来业务；二级清算业务，即法人证券公司与下属证券营业部之间的证券资金汇划业务。

（4）代理保险业务，是指代理机构接受保险公司的委托，代其办理保险业务的经营活动。商业银行代理保险业务，可以受托于个人或法人投保各险种的保险事宜，也可以作为保险公司的代表，与保险公司签订代理协议，是保险人委托代理银行办理保险业务的代理行为。代理银行依托自身的结算、网络优势，结合所拥有的客户群体资源，为保险公司提供代理保险业务的服务。

代理保险业务的种类主要包括：代理人寿保险业务、代理财产保险业务、代理收取保费及支付保险金业务、代理保险公司资金结算业务。

（5）代理其他业务，主要包括委托贷款业务、代销开放式基金、代理国债买卖业务。

6. 托管业务。

（1）资产托管业务，是指具备一定资格的商业银行作为托管人，依据有关法律法规，与委托人签订委托资产托管合同，安全保管委托投资的资产，履行托管人相关职责的业务。银行托管业务的种类很多，包括证券投资基金托管、委托资产托管、社保基金托管、企业年金基金托管、信托资产托管、QFII（合格境外机构投资者）投资托管。

（2）代保管业务，是银行利用自身安全设施齐全等有利条件设置保险箱库，为客户代理保管各种贵重物品和单证并收取手续费的业务。主要包括出租保管箱业务、露封保管业务和密封保管业务。

7. 担保业务。我国银行的担保业务分为银行保函业务和备用信用证业务。

（1）银行保函业务，是指银行应申请人的要求，向受益人做出的书面付款保证承诺，银行将凭受益人提交的与保函条款相符的书面索赔履行担保支付或赔偿责任。

（2）备用信用证业务，是指开证行应借款人的要求，以放款人作为信用证的受益人而开具的一种特殊信用证，以保证在借款人不能及时履行义务或破产的情况下，由开证行向受益人及时支付本利。

8. 承诺业务。承诺业务是指商业银行承诺在未来某一日期按照事先约定的条件向客户提供约定的信用业务，包括贷款承诺等。

9. 理财业务。理财业务是指商业银行向公司、个人客户提供综合性的定制化金融产品和服务。

理财业务涉及信托、基金、证券、保险等领域，需要综合运用境内外货币市场及资本市场金融工具，是一项技术含量高的综合性金融服务，近年来，理财产品不断创新，业务规模不断扩大，成为商业银行吸引高端客户和增加非利息收入的利润增长点。

（1）对公理财业务，是指商业银行在传统的资产业务和负债业务的基础上，利用技术、信息、服务网络、资金、信用等方面的优势，为机构客户提供财务分析、财务规划、投资顾问、资产管理等专业化服务。对公理财业务主要包括金融资信服务、企业咨询服务、财务顾问服务、现金管理服务和投资理财服务等。

（2）个人理财业务，是指商业银行为个人客户提供的财务分析、财务规划、投资顾问、资产管理等专业化服务。按照管理运作方式不同，个人理财业务可分为理财顾问服务和综合理财服务。

10. 电子银行业务。电子银行业务是指商业银行等银行业金融机构利用面向社会公众开放的通讯通道或开放型公众网络，以及银行为特定自助服务设施或客户建立的专用网络，向客户提供的银行服务。电子银行渠道主要包括：

（1）网上银行，是指银行通过互联网及其相关技术向客户提供的金融服务。

①企业网上银行，是银行利用互联网技术，为企业客户提供的账户管理、网上付款、集团理财、信用证业务、代发工资、代理报销、网上支付海关税费等银行服务。

②个人网上银行，是指银行利用互联网技术，为个人客户提供账户余额查询、账户明细、历史交易查询、转账汇款、投资理财、在线支付等银行服务。

（2）电话银行，是指使用计算机电话集成技术，利用电话自助语音和人工服务方式为客户提供账户信息查询、转账汇款、缴费支付、投资理财、业务咨询等金融服务的电子银行业务。

（3）手机银行，是指银行依托移动通信网络，为个人客户提供的通过手机办理账户管理、转账汇款、缴费、消费支付、理财投资等自助金融服务的电子银行业务。

（4）自助终端，是指利用银行提供的自助服务机具设备（如多媒体自助终端、ATM等），由客户自助操作，获取银行提供的存款、取款、转账、余额账户查询、修改密码、缴费等金融服务。供客户使用的自动柜员机（ATM）可为客户提供24小时自助式服务，主要分为自动取款机、自动存款机、存取款一体机。

知识链接

## 互联网金融产品和互联网金融犯罪

随着互联网的发展，与金融相关的互联网金融产品也不断涌现，那么有哪些互联网金融产品呢？互联网金融犯罪有哪些种类？

一、互联网金融产品

1. 第三方支付中的理财产品

根据央行2010年在《非金融机构支付服务管理办法》中给出的非金融机构支付服务的定义，从广义上讲第三方支付是指非金融机构作为收、付款人的支付中介所提供的网络支付、预付卡、银行卡收单以及中国人民银行确定的其他支付服务。第三方支付已不仅仅局限于最初的互联网支付，而是成为线上线下全面覆盖，应用场景更为丰富的综合支付工具。其产品如支付宝里的余额宝、百度钱包、财付通等。

2. 大数据金融相关产品

大数据金融是指集合海量非结构化数据，通过对其进行实时分析，可以为互联网金融机构提供客户全方位信息，通过分析和挖掘客户的交易和消费信息掌握客户的消费习惯，并准确预测客户行为，使金融机构和金融服务平台在营销和风控方面有的放矢。典型的是阿里金融和京东金融。

3. 众筹产品

众筹大意为大众筹资或群众筹资，是指用团购+预购的形式，向网友募集项目资金的模式。众筹是利用互联网和SNS传播的特性，让创业企业、艺术家或个人对公众展示他们的创意及项目，争取大家的关注和支持，进而获得所需要的资金援助。例如，京东众筹、百度众筹等。

4. 互联网金融门户产品

互联网金融门户是指利用互联网进行金融产品的销售以及为金融产品销售提供第三方服务的平台。它的核心就是“搜索+比价”的模式，采用金融产品垂直比价的方式，将各家金融机构的产品放在平台上，用户通过对比挑选合适的金融产品。

5. P2P网络产品

P2P（Peer－to－Peer Lending），即点对点信贷。P2P网络贷款是指通过第三方互联网平台进行资金借、贷双方的匹配，需要借贷的人群可以通过网站平台寻找到有出借能力并且愿意基于一定条件出借的人群，帮助贷款人通过和其他贷款人一起分担一笔借款额度来分散风险，也帮助借款人在充分比较的信息中选择有吸引力的利率条件。

6. 信息化金融机构

信息化金融机构，是指通过采用信息技术，对传统运营流程进行改造或重构，实现经营、管理全面电子化的银行、证券和保险等金融机构。金融信息化是金融业发展趋势之一，而信息化金融机构则是金融创新的产物。从金融整个行业来看，银行的信息化建设一直处于业内领先水平，建成了由自助银行、电话银行、手机银行和网上银行构成的电子银行立体服务体系，形成了“门户”“网银、金融产品超市、电商”的一拖三的金融电商创新服务模式。

二、互联网金融犯罪种类

1. 洗钱犯罪

一是利用第三方支付平台。不法分子注册成立公司，通过第三方支付平台进行洗钱和转移赃款，或是采取虚构交易或转移定价等方式，利用网络交易方便快捷的特点，实施一系列复杂的往来交易与资金转移，以混淆资金来源，规避反洗钱监管。

二是利用互联网货币。不法分子将需要转移的赃款兑换成虚拟货币，并通过专门网站兑换成实际货币，以达到洗钱的目的；或是以投资的形式同网游公司相勾结，将大额犯罪所得收益通过分散购买或后台操作的形式转化为游戏的虚拟币，演变为合法收益，堂而皇之地将“黑钱”洗白。

三是利用网络借贷平台。由于该平台对出借人的资金来源无法核查，且无须将借款数据报送金融机构，容易脱离监管视线，极易成为不法分子又一隐秘、安全、快捷的洗钱通道。

2. 银行卡犯罪

随着支付手段的创新，第三方支付已成为银行卡犯罪的最新作案工具。不法分子通过钓鱼网站或植入木马，盗取网友的个人信息，再从卡中划转资金。此外，一些不法分子还通过违规使用第三方支付平台，将信用卡金额充入支付账户后提现，或是通过制造虚假交易来实现资金非法转移套现。

3. 非法集资犯罪

目前网络借贷平台经营已从通过互联网开展业务、收取贷款中介费用的“线上”模式，不断将重心转向发展营销队伍，向出资人提供理财产品的“线下”服务，其中介业务已由原本的资金供需撮合，逐渐演变为吸收公众存款、发放贷款，同时兼有发行单用途预付卡用于企业集资的行为。为了吸引更多的资本，一些网络借贷平台对投资人的资金承诺保障本金，部分网络借贷平台甚至承诺保障收益。这种“变形”模式与非法集资十分相似，存在一定的金融风险隐患。

4. 非法证券犯罪

证监会明确将利用淘宝网、微博等互联网平台向公众转让股权、成立私募股权投资基金等行为定性为一种新型的非法证券活动。尽管美微众筹模式被叫停，但随着互联网金融产品不断衍生发展，打“擦边球”的情况还会发生。

（资料来源：华律网，2022 年 1 月 4 日。）

## 五、我国的商业银行

### （一）我国商业银行的经营原则

《中华人民共和国商业银行法》规定：“我国商业银行以安全性、流动性、效益性为经营原则，实行自主经营，自担风险，自负盈亏，自我约束。”

1. 商业银行的经营原则。

（1）安全性原则。安全性原则是指商业银行在业务经营中使其资产尽可能地免遭或降低风险，使其经营保持长期稳定，保证各方利益不受损失。商业银行经营的安全性，既是商业银行生存的基础，是获得利润、求得发展的前提条件，又是维持公众信心，稳定社会金融乃至稳定国民经济的保证。

（2）流动性原则。流动性原则是指商业银行资金的流动和融通，能够随时应付客户的提存、借贷的需求。商业银行的流动性包括两个方面内容：一是资产的流动性，是指银行资产不发生损失的情况下迅速变现的能力；二是负债的流动性，是指银行能以较低的成本随时获得所需要的资金。

商业银行经营的流动性原则，是由商业银行资金来源的性质和业务经营特点决定的。商业银行的资金来源，大部分是客户的存款和借入款项。存款的存取取决于存款人的意愿，随时都可能发生。银行作为债务人必须随时满足客户提存的需要；借入款项也须按期归还或随时兑付。银行资金来源的这种流动性要求资金运用也必须与之保持相应的流动性。否则银行将会失去存款人的信任，可能出现挤兑风潮，造成银行支付的困难。

（3）效益性原则。效益包括经济效益和社会效益，这里主要是强调经济效益即商业银行在经营业务过程中获得利润的能力。商业银行作为独立的企业法人，追求经济效益是其经营的核心目标，是银行经营的内在动力。首先，盈利水平的提高有利于银行充实资本，使银行扩大经营规模，从而赚取更多的利润。其次，较高的盈利水平，增加了银行的实力，提高了银行对客户的吸引力，增强了银行的信誉，有利于提高银行的竞争能力，更好地服务于社会。商业银行的效益性原则不仅对其自身管理意义重大，而且影响宏观经济活动。在市场经济环境下，商业银行提高效益的各项措施最终反映到经济规模、经济速度、经济结构、市场利率水平等宏观经济的诸多方面。

商业银行经营的三大原则是相互矛盾、相互统一的。从总体上看，安全性与流动性是成正比的，但安全性、流动性与效益性存在着矛盾，单纯追求效益性而忽略安全性与流动性则可能导致破产的危险，单纯追求安全性与流动性而不追求效益性则可能在竞争中无法生存，也不安全。因此，应当三者统筹兼顾，也就是说在保证安全性和流动性的前提下，追求最大限度的效益。

2. 自主经营、自担风险、自负盈亏、自我约束。

（1）自主经营，是指商业银行为了避免风险实现自己的经营目标，拥有自己的、全部的、独立的业务经营自主权，不受其他单位和个人的干预，不奉行行政命令贷款，可以根据国家产业政策和发展政策，自主选择投资项目，决定贷款。自主经营主要权利包括：财产权、经营决策权、用人自主权、内部管理权。

（2）自担风险，是指商业银行独自承担经营风险。商业银行面临的主要风险包括贷款信用风险、利率风险、汇率风险、流动性风险等。自担风险是商业银行以其全部法人资产对外承担责任，股东按其所出股份对银行承担责任，所以商业银行承担经营风险的大小和规模是由其所拥有的资本数额所决定的。

（3）自负盈亏，是指商业银行作为自主经营者既要享有通过自主经营所取得的利润，也要承担由此而造成的损失，以自己的全部资产承担民事责任。经营盈利了，商业银行可以为股东分红或用于增加资本额；经营亏损了，商业银行无法为股东分红并且要以减少资本额来弥补亏损。

（4）自我约束，是指商业银行建立自我约束的机制，建立健全本行的业务管理和内部稽核、检查制度。

### （二）我国商业银行体系

**阅读资料**

**我国银行金融机构知多少**

截至2021年6月30日，全国共有4 608家银行业金融机构，其中国有大型商业银行6家、股份制商业银行12家、城市商业银行130家、农村商业银行1 569家、村镇银行1 642家、农村信用社609家、企业集团财务公司257家、金融租赁公司71家、信托公司68家、农村资金互助社41家、外资法人银行41家、农村合作银行26家、汽车金融公司25家、消费金融公司29家。较之2017年末的4 549家仅增加59家。

（资料来源：中国银保监会网站。）

中国商业银行体系主要由大型商业银行、股份制商业银行、城市商业银行、农村中小金融机构和外资商业银行组成。其中，大型商业银行是中国商业银行体系的主体。

1. 大型商业银行。大型商业银行是指由国家（财政部、中央汇金公司）直接管控的商业银行。虽然数量不多，但人员、机构网点数量多，资产规模、市场占有份额大，占到中国银行业总盘子的40%左右，可谓银行业的“定海神针”。大型商业银行包括中国工商银行、中国建设银行、中国银行、中国农业银行、交通银行和中国邮政储蓄银行，它们是我国金融体系的主体。2020年末，银行业金融机构总资产312.67万亿元，同比增长10.5%。总负债286.25万亿元，同比增长10.7%。其中，大型商业银行总资产合计122.6万亿元、股份制商业银行总资产合计56.87万亿元、城市商业银行总资产41.07万亿元、农村金融机构总资产41.5万亿元、其他类金融机构总资产50.6万亿元。

（1）中国工商银行。1983年9月，国务院决定中国人民银行专门行使中央银行职能，同时建立中国工商银行，承办原来由中国人民银行办理的工商信贷和储蓄业务。1984年1月1日中国工商银行正式成立。2005年10月28日，中国工商银行整体改制为股份有限公司，并于2006年10月27日在上海证券交易所和香港联合交易所同步上市。

（2）中国建设银行。中国建设银行原名为中国人民建设银行，于1954年10月1日处理，曾隶属于财政部。1979年成为独立的经营长期信用业务的专业银行，1996年3月26日更名为中国建设银行。2004年9月17日，中国建设银行整体改制为股份有限公司，于2005年10月27日在香港联合交易所上市，2007年9月25日在上海证券交易所上市。

（3）中国银行。中国银行于1912年成立，至1949年中华人民共和国成立的37年间，曾先后是当时的国家中央银行、国际汇兑银行和外贸专业银行，并将分支机构拓展到海外。1979年，中国银行成为国家指定的外汇外贸专业银行，1994年中国银行成为国有独资商业银行。2004年8月26日，中国银行改制为股份有限公司，并于2006年6月1日在香港联合交易所上市，2006年7月5日在上海证券交易所上市。

（4）中国农业银行。中国农业银行成立于1951年，1957年4月，国务院决定将中国农业银行与中国人民银行合并。1979年2月再次恢复成立后，成为在农村经济领域占主导地位的国有专业银行。1994年中国农业发展银行分设，1996年农村信用社与农行脱离行政隶属关系，中国农业银行开始向国有独资商业银行转变。2009年1月15日，中国农业银行完成工商变更登记手续，由国有独资商业银行整体改制为股份有限公司，并更名为“中国农业银行股份有限公司”。中国农业银行于2010年7月15日和16日正式在上海和香港两地上市。

（5）交通银行。交通银行1987年4月1日重新组建，是新中国第一家全国性的股份制商业银行，于2005年6月23日在香港联合交易所上市，2007年5月15日在上海证券交易所上市。

（6）中国邮政储蓄银行。2006年12月31日，经国务院同意，中国银监会正式批准中国邮政储蓄银行开业成立。2007年3月20日中国邮政储蓄银行挂牌。中国邮政储蓄银行是在邮政储蓄的基础上组建的。邮政金融业务，是综合利用邮政网点的基础设施、人员等资源的基础上，面向城乡居民提供的零售金融业务。中国邮政储蓄银行于2016年9月28日在香港联合交易所上市，2019年12月10日在上海证券交易所上市。

2. 股份制商业银行。随着金融体制改革的不断深化，我国陆续组建了一批股份制商业银行。

（1）中信银行。中信银行成立于1987年4月，原名中信实业银行，是中国国际信托投资公司全资附属的一家全国性、外向型、综合性商业银行，是中国改革开放中最早成立的新兴商业银行之一，是中国最早参与国内外金融市场融资的商业银行。2005年8月，正式更名为“中信银行”。2006年12月，以中国中信集团和中信国际金融控股有限公司为股东，正式成立中信银行股份有限公司。2007年4月27日，中信银行在上海交易所和香港联合交易所成功同步上市。

（2）招商银行。1987年，招商银行作为中国第一家由企业创办的商业银行，以及中国政府推动金融改革的试点银行，在深圳经济特区成立。2002年，招商银行在上海证券交易所上市；2006年，在香港联合交易所上市。目前的招商银行已经成为中国第六大商业银行，跻身全球前100家大银行之列，并逐渐形成了自己的经营特色和优势。

（3）平安银行，全称平安银行股份有限公司，是中国平安保险（集团）股份有限公司控股的一家跨区域经营的股份制商业银行，注册资本为人民币51.2335亿元，总资产近1.37万亿元，总部位于广东省深圳市。2012年1月，现平安银行的前身深圳发展银行收购平安保险集团旗下的深圳平安银行，收购完成后，深圳发展银行更名为新的平安银行，组建新的平安银行正式对外营业。

（4）中国光大银行。中国光大银行成立于1992年8月，总部位于北京，隶属于光大集团。1997年1月完成股份制改造，成为中国第一家国有控股并有国际金融组织参股的全国性股份制商业银行。光大银行于2010年8月18日在上证所挂牌上市，2013年12月20日，在香港联交所主板成功上市。

（5）华夏银行。华夏银行成立于1992年，是我国第一家由工业企业（首钢总公司）全资创办的、具有独立法人资格的全国性商业银行，是我国产业资本与金融资本相结合的首次尝试。1995年3月，华夏银行率先实行了股份制改造，成为一家全国性股份制商业银行；

2003 年 9 月，华夏银行公开发行股票，并在上海证券交易所挂牌上市交易。

（6）上海浦东发展银行。上海浦东发展银行是 1992 年 8 月 28 日经中国人民银行批准设立、于 1993 年 1 月 9 日正式开业的股份制商业银行，总行设在上海。上海浦东发展银行于 1999 年获准公开发行 A 股股票，并在上海证券交易所正式挂牌上市。

（7）中国民生银行。中国民生银行于 1996 年 1 月 12 日在北京正式成立，是我国第一家主要由非公有制企业入股的全国性股份制商业银行，同时又是严格按照《公司法》和《商业银行法》建立的规范的股份制金融企业。2000 年 12 月 19 日，中国民生银行 A 股股票在上海证券交易所挂牌上市。

（8）兴业银行。兴业银行股份有限公司成立于 1988 年 8 月，是经中华人民共和国国务院、中国人民银行批准成立的大陆首批股份制商业银行之一，总行设在福建省福州市，2007 年 2 月 5 日在上海证券交易所挂牌上市，注册资本 190. 52 亿元。

（9）广发银行。广发银行 1988 年 9 月成立，注册资本 114. 08 亿元人民币，总部在中国广东省广州市。经国务院和中国人民银行批准，广东发展银行作为中国金融体制改革的试点银行，是国内最早组建的股份制商业银行之一。2011 年 4 月 8 日，经监管机构和相关政府部门批复同意，原注册名称“广东发展银行股份有限公司”更改为“广发银行股份有限公司”，简称“广发银行”。

（10）恒丰银行。恒丰银行股份有限公司，总部位于山东省烟台市，其前身为 1987 年经国务院同意、中国人民银行批准成立的烟台住房储蓄银行。2003 年经中国人民银行批准，正式改制为恒丰银行股份有限公司，成为全国性股份制商业银行。

（11）浙商银行。全称为“浙商银行股份有限公司”，注册资本 115. 07 亿元人民币，总行设在杭州。2004 年 8 月 18 日，浙商银行正式开业。浙商银行前身为“浙江商业银行”，是一家于 1993 年在宁波成立的中外合资银行。2004 年 6 月 30 日，经中国银监会批准，重组、更名、迁址，改制为现在的浙商银行。2016 年 3 月 30 日，浙商银行在港挂牌上市。

（12）渤海银行。全称为“渤海银行股份有限公司”，2005 年 12 月 31 日成立，2006 年 2 月对外营业。总行地址在天津市，渤海银行采取发起设立，注册资本 85 亿元人民币，发起人以货币认购全部股份。渤海银行是中华人民共和国建立以来首个总部设立于天津的商业银行，也是第一家在发起设立阶段就引入境外战略投资者的中资商业银行。

3. 城市商业银行。城市商业银行的前身是城市合作银行。1995 年国务院决定，在城市信用社清产核资的基础上，通过吸收地方财政、企业入股组建城市合作银行。其服务领域是，依照商业银行经营原则为地方经济发展服务，为中小企业发展金融服务。1998 年，城市合作银行全部改名为城市商业银行。截至 2021 年 6 月 30 日，我国共有 134 家城市商业银行，包括北京银行、宁波银行、南京银行、江苏银行等。

4. 民营银行。民营银行就是由民间资本控制与经营的，权、责、利统一的现代金融企业，或者说民营银行是由民有、民治、民责、民益四有构成的统一体。截至 2021 年 6 月 30 日，我国共有民营银行 17 家。

5. 农村中小金融机构。农村中小金融机构包括：农村商业银行、农村信用社、农村合作银行、村镇银行。农村商业银行和农村合作银行是在合并农村信用社的基础上组建的，村镇银行和农村资金互助社是 2007 年批准设立的新机构。

阅读资料

**村镇银行**

所谓村镇银行就是指为当地农户或企业提供服务的银行机构。区别于银行的分支机构，村镇银行属一级法人机构。在县（市）设立的村镇银行，其注册资本不得低于人民币300万元；在乡（镇）设立的村镇银行，其注册资本不得低于人民币100万元。四川仪陇惠民村镇银行于2007年3月1日开业，标志着中国第一家村镇银行诞生。

6. 外资、合资银行。外资银行是在一国境内由外国银行设立的银行或银行的分支机构。合资银行指外国资本与本国资本联合投资开设的银行。各国一般都将这类银行列入本国银行体系内，并受本国金融当局管理和监督。

### （三）我国商业银行的组织机构

我国商业银行实行的是总分行制的组织结构模式，即法律允许商业银行在全国范围内或一定区域内设立分支行，实行一级法人、集中管理、分级经营、行长负责的总、分支行制度。在总行统一领导下，下级行对上级行负责，部门对行长负责，逐级实行行长负责制和建立在一系列考核指标体系上的经营目标管理。商业银行对其分支机构实行全行统一核算，统一调度资金，分级管理的财务制度。采用分支行制的商业银行对外是一个独立的法人，其分支机构不具有法人资格，在总行授权范围内依法开展业务，其民事责任由总行承担。分支机构的经营业绩直接关系到商业银行整体的经营管理状况。我国国有商业银行的纵向组织结构一般分为以下几个层次：

1. 总行。各商业银行总行一般以管理为主，同时办理一些重点业务及新兴业务，如金额较大的信贷业务、外汇自营交易业务等，同时，大多数商业银行的总行都下设直属营业部或直属分行，对内为其分支机构办理内部往来业务，对外则为特定客户如中央国家机关或大中型企业服务。

2. 分行。四大国有商业银行的分行一般是按省、自治区、直辖市设置。股份制商业银行则一般根据批准在中心城市设置分行。分行兼具管理和经营双重职能，其业务经营权限须经总行授权。一般而言，分行及其直属营业部的业务范围比较全面。

3. 支行。支行是分行的派出机构，一般设在县、区一级。四大银行的支行一般都具有管理和经营双重职能。而股份制银行和城市商业银行的支行因无下属机构一般只开展经营活动。通常情况下，支行及其直属营业部的业务范围是最全面的。

4. 分理处。分理处设在支行之下，办理对公存、贷、汇业务以及个人汇兑、个人消费信贷等个人零售业务。分理处对储蓄所有业务管理权。

5. 储蓄所。储蓄所是最基层的银行机构，办理对个人的各种本外币储蓄业务，以及银行卡、各种代理业务、咨询业务等。储蓄所之间及其与分理处、分支行之间一般都实现了电子联网，ATM、自助银行也由储蓄所管理。

知识链接

## 我国商业银行的岗位设置

我国商业银行一般设置了柜员岗位、客户经理岗位、会计岗位、信贷管理岗位、部门经理岗位等。

（一）柜员岗位

柜员岗位的主要业务包括现金业务、私人银行业务、公司银行业务等。

1. 现金业务。现金业务包括现金收付业务、自助设备的现金管理（ATM、CDM机的加钞、取钞、清钞等）、现金错款处理、现金整点及兑换、假币的收缴及鉴定、反洗钱业务等。

2. 私人银行业务。私人银行业务是商业银行在经营中按照客户对象划分出的专门以个人或家庭为服务对象的业务范围和市场，是对居民或家庭提供的银行及其他金融产品和金融服务的总称。私人银行业务包括储蓄业务，银行卡业务，个人外汇业务，个人融资业务，个人中间业务，个人电子银行业务（包括客户服务中心，如工商银行的95588、建设银行的95533、中国银行的95566、招商银行的95555、交通银行的95559、网上银行、自助银行、手机银行、网上商城等业务），个人理财业务等。

3. 公司银行业务。公司银行业务是商业银行作为自然人以外的符合银行开户规定的单位所提供的金融服务，包括人民币结算业务、外汇结算业务、银行融资业务、公司中间业务、企业电子银行业务等。

（二）客户经理岗位

客户经理制是商业银行为适应激烈竞争的市场和不断变化的客户需求所做的营销制度安排和组织架构设计。客户经理是商业银行内部集中各种不同资源，对外代表该银行向目标客户推广适用金融产品和提供优质金融服务的市场营销及经销创新的专业人员。作为营销商业银行金融产品和服务的客户经理，其主要职责是负责开发、建立和维系银行与客户的关系，专门负责与客户进行联络和沟通，及时了解客户需求的变化，为客户提供个性化的金融服务方案，营销商业银行的金融产品和服务。

（三）信贷管理岗位

信贷管理岗位参与全行信贷管理政策细则的制定、传达；信贷业务的审查、审批；负责组织信贷业务管理，加强信贷内控制度建设，完善规范贷款审批程序和发放手续。在贷款种类、质量及管理责任等方面制定工作规则。负责法人客户的信用等级评定。组织协调授信工作，监控分析授信业务运作及管理状况；对于各项合规问题、信贷违规行为提出处理意见；研究和制定全行信贷合规监管相关管理制度和操作规程；维护信贷管理系统。包括：专职审批人员岗位、信贷管理人员岗位、授权管理岗位、信贷合规监管岗位等。

阅读资料

**理财小常识**

理财是关于赚钱、花钱和省钱的学问。有句话说“你不理财，财不理你”，每月的工资，零存整取与活期储蓄，一年下来利息相差2.375倍。

聪明理财五大定律：

4321定律：家庭资产合理配置比例是家庭收入的40%用于供房及其他方面投资，30%用于家庭生活开支，20%用于银行存款以备应急之需，10%用于保险。

72定律：不拿回利息利滚利存款，本金增值一倍所需要的时间等于72除以年收益率。比如，如果在银行存10万元，年利率是2%，每年利滚利，36年能变为20万元。

80定律：股票占总资产的合理比重等于80减去年龄的得数添上一个百分号（%）。比如，30岁时股票可占总资产50%，50岁时则占30%为宜。

家庭保险双十定律：家庭保险设定的恰当额度应为家庭年收入的10倍，保费支出的恰当比重应为家庭年收入的10%。

房贷三一定律：每月房贷金额以不超过家庭当月总收入1/3为宜。

（资料来源：东方财富网。）

# 第四节 政策性银行

政策性银行是指由政府设立，以贯彻国家产业政策、区域发展政策为目的，不以营利为目标的金融机构。

## 一、政策性银行的职能

1. 信用中介职能。这是政策性银行的一般职能，是它所具有的与普通银行相同的职能。信用中介是金融机构最基本的职能。政策性银行通过其负债业务吸收资金，再通过资金运用，把资金投放到所需部门。由于政策性银行不接受活期存款，不办理汇兑、结算和现金收支等商业银行业务，因此，政策性银行与商业银行在中介职能上的最大区别就是不参与信用创造，不派生存款。

2. 社会性和引导性职能。所谓社会性，是指政策性银行作为政府的金融机构，决定了它不可能过多地考虑市场经济原则和自身经济利益，必须从政府的角度和社会公共利益出发。所谓引导性，是指政策性银行可以发放优惠贷款，支持投资者向这些产业或企业投资，表明政府对这些产业或企业的引导意向。

3. 选择性职能。政策性银行也是金融企业，因此必须选择一些具有贷款回收能力、有一定经济效益的项目予以支持，对于不具备贷款回收能力、没有经济效益，但从宏观来说又急于发展的项目应由财政直接投资。

### 二、我国的政策性银行

1994 年，我国组建了国家开发银行、中国进出口银行和中国农业发展银行三家政策性银行。三家政策性银行按照法人框架组建和运作，在政府支持的产业方向和范围内，在保证财务稳健的前提下实行自主决策、自主经营和自担风险的经营模式。

1. 国家开发银行。国家开发银行于 1994 年 3 月成立，是我国规模最大的政策性银行。2008 年 12 月 16 日国家开发银行股份有限公司正式挂牌，国家开发银行转型为商业银行，2015 年，国家开发银行定位为开发性金融机构，从政策性银行序列中剥离。

（1）主要任务。建立长期稳定的资金来源，确保重点建设资金需要，办理政策性重点建设贷款和贴息贷款业务；对固定资产投资总量和结构进行调节；逐步建立投资约束和风险责任机制，按照市场经济的运行原则，提高投资效益。

（2）机构设置。总行设在北京。经批准可在国内外设置必要的办事机构，目前在中国内地设有 37 家一级分行和 4 家二级分行，境外设有 10 家代表处。

（3）资金来源。财政拨款形成的资本金、中国人民银行的短期贷款、发放金融债券、向国外借款等。

（4）资金投向。制约经济发展的“瓶颈”项目；直接增强综合国力的支柱产业的重大项目；高新技术在经济领域应用的重大项目；跨地区的重大政策性项目等。

（5）贷款类型。一是软贷款，即国家开发银行将属于资本金性质的资金以长期优惠贷款的方式，按投资项目配股需要，贷给国家控股公司和中央企业集团，由它们对项目进行参股、控股。二是硬贷款，即国家开发银行将发行政策性金融债券筹集的资金直接贷给投资项目，到期向项目单位收回资金。

2. 中国进出口银行。中国进出口银行成立于 1994 年 6 月 16 日。主要资金来源是发行政策性金融债券，也从国际金融市场筹措资金。中国进出口银行是中国外经贸支持体系的重要力量，是中国机电产品、成套设备和高新技术产品出口及对外承包工程及各类境外投资的政策性融资主渠道、外国政府贷款的主要转贷行和中国政府援外优惠贷款的承贷行。

3. 中国农业发展银行。中国农业发展银行成立于 1994 年 11 月，主要资金来源是中国人民银行的再贷款，同时也发行少量的政策性金融债券。中国农业发展银行主要职责是按照国家的法律法规和方针政策，以国家信用为基础筹集资金，承担农业政策性金融业务，代理财政支农资金的拨付，为农业和农村经济发展服务。

## 第五节　非银行金融机构

非银行金融机构主要有保险公司、信托投资公司、证券公司、财务公司和租赁公司等。本教材主要介绍我国保险公司的相关业务。

保险公司是一种专门经营保险业务的非银行金融机构。保险公司是依照我国保险法和公司法设立的经营商业保险业务的金融机构，是专门从事经营商业保险业务的企业。保险公司通过合同形式，从参加保险的客户那里取得保险费，建立保险基金，当投保人发生意外损失时，保险公司应根据契约给予经济补偿。我国保险公司的组织形式为股份有限公司和国有独资公司两种。保险公司按业务分为两大类型——人寿保险公司、财产保险公司。截至2020年年底，我国有保险控股公司10家、财产保险公司60家、人寿保险公司71家、再保险公司8家、资产管理公司11家。

**阅读资料**

申请设立保险公司应具备以下条件：

1. 在全国范围内经营保险业务的保险公司，实收货币资本金不低于人民币五亿元；在特定区域内经营业务的保险公司，实收货币资本金不低于人民币二亿元。

2. 保险公司的高级管理人员必须符合中国保监会规定的任职资格。

3. 经营寿险业务的全国性保险公司，至少要有三名经中国保监会认可的精算人员；经营寿险业务的区域性保险公司，至少要有一名经中国保监会认可的精算人员。

4. 具有与其业务规模和人员数量相适应的营业场所、办公设备。

5. 保险股份有限公司的股东应为企业法人或国家允许投资的其他组织；股东资格应符合中国保监会的有关规定。

6. 中国银保监会要求具备的其他条件。

## 一、保险的概念

### （一）保险的含义

“天有不测风云，人有旦夕祸福”。自然灾害和意外事故是客观存在的，它的发生不以人的意志为转移。保险就是转移风险、补偿损失的最佳手段。《中华人民共和国保险法》（以下简称《保险法》）第二条明确了保险的定义：保险是指投保人根据合同约定，向保险人支付保险费，保险人对于合同约定的可能发生的事故因其发生所造成的财产损失承担赔偿保险金责任，或者当被保险人死亡、伤残、疾病或者达到合同约定的期限、年龄时承担给付保险金责任的商业保险行为。保险业已成为当今各国十分重要的金融产业。

从经济角度上说，保险是分摊意外事故损失的一种财务安排。投保人参加保险，实质上是将他的不确定的大额损失变成确定的小额支出，即保险费。而保险人通过向所有被保险人收取保险费建立保险基金，用于补偿少数被保险人遭受的意外事故损失。因此，保险是一种有效的财务安排，并体现了一定的经济关系。

从法律角度来看，保险是一种合同行为，体现的是一种民事法律关系。根据合同约定，一方承担支付保险费义务，换取另一方为其提供的经济补偿或给付的权利，这正是体现了民事法律关系的内容——主体之间的权利和义务关系。

### （二）保险的分类

1．按保险的性质分类。按保险的性质不同，保险可分为互助保险、合作保险、社会保险和商业保险等。

（1）互助保险，是由一些具有共同要求和面临同样风险的人自愿组织起来，预交风险损失补偿分摊金的一种保险形式。

（2）合作保险，是指参加保险的人，以资金入股的方式积聚基金，为入股成员提供经济保障的制度。

（3）社会保险，是指国家通过立法，为社会成员提供经济保障的一种制度。主要包括养老保险，医疗保险，失业保险、工伤保险和生育保险。

（4）商业保险，是指商业保险组织依据保险合同的规定，向投保人收取保险费，建立保险基金，并对投保人负有合同规定范围的赔偿和给付责任的一种合同行为。商业保险是保险的一般形式，本节主要讲述商业保险的有关理论知识。

2. 按保险标的分类。按保险标的不同，保险可分为财产保险和人身保险。

（1）财产保险，是以财产及其相关利益为保险标的的保险。在我国财产保险又分为财产损失保险、责任保险、信用保险等险种。

（2）人身保险，是以人的生命和身体（身体和健康）为保险标的的保险。人身保险的险种包括人寿保险、意外伤害保险和健康保险三大类。

## 二、保险的特征

### （一）经济性

保险是一种经济保障活动。这种经济保障活动是整个国民经济活动的一个有机组成部分。此外，保险体现了一种经济关系，即商品等价交换关系。保险经营是一种商业行为。

### （二）互助性

保险业务通过投保人缴纳保险费的形式建立保险基金，在投保人发生特定经济损失或人身伤害时给予经济补偿，少数人的损失和伤害由所有投保人共同分担，从而形成了一种经济互助关系，体现“一人为众，众为一人”的互助特征。互助性是保险的基本特征。

### （三）法律性

保险的经济保障活动是根据合同来进行的。保险人与投保人的权利和义务必须通过签订保险合同加以规定，双方存在契约化的权利对等关系，保险当事人都要履行合同规定的权利与义务。所以，从法律角度看，保险又是一种合同法律行为。

### （四）科学性

保险是以数理计算为依据而收取保险费的。保险经营的科学性是现代保险存在和发展的基础。

**阅读资料**

某兵营流行这样一种游戏：上级军官每年一次召集部下 1 000 人，发给每人一把手枪，并告诉他们：这 1 000 把手枪中只有 3 把枪有真的子弹，要求他们每人朝自己的脑袋上开一枪，剩下的人可以在余下的一年里无忧无虑地生活。游戏进行着，每年一次。如果你是其中的一员，你敢吗？

其实在生活中，我们所有人都在无意识地每年重复着这样的游戏：根据中国人生命表统计显示，中国人的年平均死亡率是千分之三！

有人说千分之三的概率很小，因为1 000人之中才只有3人。有人说这个概率很大，因为对每个人来说，只有两种可能：生或死。因此，每个人的概率是50%。

朋友，你认为呢？既然这是一个逃不了的游戏，我们为什么不及早做准备呢？

（资料来源：向日葵保险网。）

### 三、保险的职能

保险的职能是指保险内在的固有的功能，它是由保险的本质和内容决定的。保险的职能包括经济补偿、分散风险、融通资金、防灾防损职能。

#### （一）经济补偿职能

经济补偿是指保险人在特定风险损害发生时，在保险的有效期和保险合同约定的责任范围以及保险金额内，按其实际损失数额向被保险人提供补偿与给付保险金的职能。保险的经济补偿职能，只是把社会已有的财富进行再分配。而不能增加社会财富。因此从社会角度而言，个别遭受风险损失的投保人的所得，正是没有遭受损失的多数投保人的所失，它是由全体投保人给予的补偿。这种补偿既包括财产损失的补偿，又包括了责任损失的赔偿。经济补偿职能是保险的最基本职能。

#### （二）分散风险职能

分散风险就是通过保险活动将遭受风险事故的被保险人所需要的补偿金由众多的投保人分摊的职能，即转移风险、分摊损失的职能。从这个意义上说，保险是一种互助行为。分散风险包括从时间上分散和从空间上分散。时间上分散包括在先投保者与后投保者之间分散以及在分期交付保险费的情况下将风险分散在各期。空间上分散包括将甲投保人所投保的风险在乙、丙、丁等广大投保人之间分散，在不同险种但属同类风险中分散，在不同地域但属同一保险总公司的投保人之间分散，通过再保险业务将风险在保险公司之间分散。

#### （三）融通资金职能

保险人收取的保险费一般不会马上用于赔付或给付，因为这两者之间存在时间差。对人身保险中的长期业务而言，其间相差几年甚至数十年。这就使得保险人能够把暂时闲置的保险基金以直接或间接的方式投入社会再生产过程，从而扩大社会再生产的规模，这就是保险的融通资金职能。

#### （四）防灾防损职能

由于保险经营的是一种风险，保险本身就是风险管理的一项重要内容，而保险进行风险管理，是体现在防灾防损工作上，保险防灾防损工作的最大特点就在于积极主动地参与、配合其他防灾防损主管部门和单位开展防灾防损工作。

**阅读资料**

一、真正的财富

小镇上有两个人，一个非常富有，经营着一家大工厂。另一个却过着平凡的生活。一场意外夺去了两人的生命。富人的工厂立即陷入混乱，很快破产了，他的家人不得不从原来的大房子里搬了出来，生活日渐困苦。另一个，他的家人虽然悲痛，但因为他生前投了保，他的家人获得了保险公司的理赔，他们仍然过着衣食无忧的生活。

[启示]：能在最关键时候为你和你家人提供帮助的，才是真正的财富。

二、小鱼与湖水

在洞庭湖旁边的一个小水池里，住着一条小鱼，它总是担心遇上大旱，自己的小水池会很快干涸。

天上的大雁对它说："小鱼，你搬到洞庭湖里去吧，这样，你就不用担心了。"小鱼问："洞庭湖就一定不会干吗?"大雁回答："洞庭湖连着长江，长江连着大海，大海的水干不了，湖里的水怎么会干呢?"

[启示]：保险就是聚众人之力的大海，有了它，你就不用担心自己的小水池会干涸了。

## 四、保险合同

保险合同是投保人与保险人约定相互之间保险权利义务关系的一种具有法律约束力的书面协议。即根据约定，一方支付保险费给另一方，另一方在保险标的遭受约定的事故时，承担经济赔偿责任，或者在约定事件出现时，履行给付保险金的义务。保险合同是一种经济法律关系的体现。

### （一）保险合同的分类

从保险人承担保险责任的角度来分析，保险合同分为补偿性合同和给付性合同。

1. 补偿性合同。补偿性合同是指当约定保险事故发生时，保险人按照合同约定对被保险人的损失给予补偿。财产保险合同属于补偿性合同，如火灾保险、汽车保险等。

2. 给付性合同。给付性合同是指当约定事件发生时，保险人按照合同约定向被保险人或受益人支付保险金。给付性合同仅包含在人身保险合同范围中，如人寿保险等。需要指出的是，有的人身保险合同属于补偿性合同，如人身意外伤害保险。

### （二）保险合同的要素

保险合同的要素包括保险合同的主体、保险合同的客体和保险合同的内容三个方面。

1. 保险合同的主体。保险合同的主体是保险关系确立的参与者，包括保险合同的当事人和关系人。保险合同的当事人为投保人和保险人，保险合同的关系人为被保险人、保单所有人和受益人。

（1）保险合同的当事人。

①保险人，是向投保人收取保险费，在保险事故发生时，对被保险人承担赔偿损失或给

付责任的人。各国法律都要求保险人具有法人资格，在依法经过审批、取得营业许可证后，在规定的经营范围内从事保险活动。投保人是与保险人订立保险合同，并按照保险合同负有支付保险费义务的人。我国《保险法》第十条第三款规定，保险人是指与投保人订立保险合同，并承担赔偿或者给付保险金责任的保险公司。

②投保人，是指向保险人申请订立保险合同，并负有交付保险费义务的人。投保人可以是法人，也可以是自然人，投保人通常必须具备权利能力和行为能力，必须对保险标的具有可保利益。

（2）保险合同的关系人。

①被保险人，是指当保险事故发生后有权按照保险合同的规定，向保险人请求赔偿或领取保险金的人，即是其财产、利益或生命、身体和健康受保险合同保障的人。

被保险人可以是法人，也可以是自然人。被保险人必须在保险合同中列明。

②保单所有人，是拥有保单各种权利的人。该称谓主要用于人寿保险合同。在人寿保险中，保单所有人、被保险人和受益人可以为同一人，也可以不为同一人。保单所有人的权利通常包括变更受益人、领取退保金、领取保单红利、申请保单贷款。

③受益人，是在保险合同中由被保险人或投保人指定，在被保险人死亡后有权领取保险金的人，如人身保险合同中由保单所有人指定的享有保险金请求权的人。投保人既可以为自己，也可以为与自己有关的他人利益与保险人订立合同，确立保险关系。由此便产生出两种情况：投保人与被保险人同为一人或投保人与被保险人相分离。当投保人与被保险人不为同一人时，往往还有受益人的存在。

受益人不同于继承人，因为受益人不负有用其所领取的保险金偿还被保险人生前债务的义务。

2. 保险合同的客体。保险合同的客体是可保利益（又称保险利益）。保险利益是投保人对保险标的具有的法律上承认的利益。在保险法律关系中，保险合同保障的是投保人对保险标的具有的利益，而非保险标的本身。保险人仅当被保险人遭受合同约定的利益损失时才承担赔偿或给付保险金责任。保险标的是保险利益存在的物质基础，保险利益是保险标的需求并获得保险保障的经济内涵。

3. 保险合同的内容。保险合同的内容是双方当事人的权利、义务的具体化，通常由双方当事人依法约定，并以条文形式表达。保险合同的内容就是保险合同的条款和形式。

（1）保险合同的条款。保险合同的条款主要包括：①当事人的姓名和住址，②保险标的，③保险责任，④保险金额，⑤保险期限，⑥保险费，⑦被保险人的义务，⑧争议的处理方式。

（2）保险合同的形式。保险合同的形式主要包括：

①投保单，即投保人向保险人申请订立保险合同的书面要约。投保单通常有统一的格式。投保人必须在投保单中如实告知投保风险的重要事项，这些重要事项对于保险人决定是否承担保险非常关键。

②保险单，即投保人与保险人之间保险合同行为的一种正式书面形式。保险单必须明确、完整地记录保险合同双方的权利和义务，其内容是双方履约的依据。

③暂保单，又称临时保单，是正式保险单签发之前的临时合同。暂保单不是订立保险合同的必要程序。暂保单的法律效力与正式保单完全相同，但有效期短，当正式保单交付后，

暂保单即自动失效。

④保险凭证，也称小保单，是保险人向投保人签发的证明保险合同已经成立的书面凭证，是简化了的保险单。保险凭证的法律效力与保险单相同，只是内容比较简单。

#### （三）保险合同的特征

1. 保险合同是双务合同。所谓双务合同，就是合同的双方当事人均承担义务的合同。投保人的主要义务是缴纳保险费，保险人的主要义务是承担赔偿或给付保险金。在保险合同中，投保人一方缴纳保费的义务是确定的，但保险人一方履行赔偿或给付保险金义务却是不确定的，它取决于保险事故是否发生，这是保险合同双务性的特殊之处。

2. 保险合同是特殊的有偿合同。所谓有偿合同是指合同当事人要为其享有的权利付出相应代价的合同。保险合同的有偿是对价有偿，在保险合同中，投保人以缴纳保费而换取保险公司承担某种约定的风险为对价，保险公司以履行赔偿或给付保险金义务而换取投保人缴纳保费为对价。所以说，保险合同是特殊的有偿合同。

3. 保险合同是附和合同。所谓附和合同，就是指合同内容不是由当事人双方共同拟定的，而是由一方当事人事先拟定，另一方当事人只是做出是否同意的意思表示。保险合同的基本条款是由国家保险监管部门制定或由保险公司事先拟定，投保人只是表示同意与否；投保人不能设计自己所需要的保险单，或修改其中的内容，即使投保人提出特殊要求，也只能采用保险公司事先拟好的附加条款作为对原有条款的补充，或者另附批单，这与一般的协商性合同显然有区别。

4. 保险合同是最大诚信合同。所谓最大诚信合同，就是指订立合同的双方当事人都必须有诚意，必须遵循诚实信用的原则。诚实是对保险合同双方当事人的要求，信用是指保险合同当事人必须严格履行合同义务。投保人在投保时要将所保标的的风险情况如实告知保险人，对风险程度增加的情况及时通知保险人，并对保险标的的相关事项履行保证义务；保险人也应如实向投保人解释合同条款内容，在合同约定的风险事故发生后及时向被保险人履行赔偿或给付保险金义务。

### 五、我国现行的主要险种

#### （一）人身保险

人身保险是以人的寿命和身体为保险标的的一种保险。按保险范围分类，可分为人寿保险、意外伤害保险和健康保险。

1. 人寿保险。

（1）人寿保险的特征。人寿保险是以被保险人的寿命为保险标的，以生存和死亡为给付保险金条件的人身保险。人寿保险的必要性在于家庭中受赡养的成员要依靠有收入的被保险人生活，一旦被保险人因意外过早死亡或退休，保险公司就会给付家属或受益人一笔保险金，从而使被保险人的家庭获得一定的经济保障。由于人寿保险的保险标的的特殊性，使其具有其他保险种类不具备的特点：

①人寿保险合同为给付性合同。人寿保险标的是人的寿命，而生命无法以货币衡量其价值高低。正因为如此，人寿保险金额的确定不能以生命价值作为客观依据。在实务当中，人寿保险的保险金必须通过投保人和保险人双方约定来确定。

人寿保险属于给付性合同，决定了它不适用补偿原则以及派生出的代位追偿原则。

②保险期限具有长期性。与财产保险不同，人寿保险具有长期性。人寿保险之所以适于长期签约，一方面由于人类对自身保障的需求具有长期性；另一方面由于死亡风险相对稳定，人类的死亡率尽管受到年龄、性别、职业、个人嗜好等诸多因素的影响，但根据许多专业机构对死亡率的研究结果，死亡风险不会像财产风险那样易于波动，稳定性好，巨灾可能性较小。

③保单具有储蓄性：根据人类生命的特点，死亡率随着年龄的增加而增加。而人寿保险通常采用分期缴费的方式，这样，在缴费期内，投保人早期缴纳的保费会高于当年死亡成本（即当年实际需要支付的并取决于当年死亡率大小的保费），多余的保费就会在保险公司预定利率的作用下累积起来。这样，寿险保单在提供保险保障的同时，又提供储蓄性收益。

（2）人寿保险的种类。

①定期寿险，是按照保险合同约定，以死亡为给付保险金条件，且保险期间为固定年限的人寿保险。定期寿险提供一个固定期间的保障，如 10 年、20 年或到被保险人达到某个年龄为止。在保险期间内，如果被保险人不幸身故，保险公司给付保险金；保险期间结束时，如果被保险人仍然生存，保险公司不给付保险金，也不退还保险费，保险合同终止。

②终身寿险，是按照保险合同约定，以死亡为给付保险金条件，且保险期间为终身的人寿保险。终身寿险能够为被保险人提供终身的保险保障。投保后，不论被保险人在什么时间身故，保险公司都要按合同约定给付保险金。

③两全保险，是按照保险合同约定，在保险期间内以死亡或生存为给付保险金条件的人寿保险。两全保险同时具有保障和储蓄功能。

④年金保险，是按照保险合同约定，以生存为给付保险金条件，按约定分期给付生存保险金，且分期给付生存保险金的间隔不超过一年（含一年）的人寿保险。常见的年金保险有养老年金保险和教育年金保险等。

2. 意外伤害保险。

（1）意外伤害保险的含义与特点。意外伤害保险是指被保险人在保险期内，因遭受外来的、突然的意外事故，导致其身体蒙受伤害而造成伤残、死亡、支出医疗费、暂时丧失劳动能力时，保险人按照合同规定给付保险金的保险。意外伤害保险的特点是：

①被保险人遭受意外伤害的概率取决于其职业、工种或所从事的活动。

②意外伤害保险的承保条件一般较宽，高龄可以投保，对被保险人也不进行体格检查。

③意外伤害保险的保险期限一般较短，通常为一年，三到五年的情形极少。

（2）意外伤害保险的保险责任的三个要件。意外伤害保险的保险责任有三个要件：①被保险人在保险期间内遭受意外伤害；②被保险人在责任期限内死亡和残疾；③被保险人所受意外伤害事件是其死亡和残疾的近因。

意外伤害保险的给付方式为定额给付方式，保险人在保险事故发生后按保险合同约定的保险金额给付死亡保险金或残疾保险金。

意外伤害保险一般包括普通意外伤害保险和特种伤害保险（如旅游伤害保险、交通事故伤害保险等）。

相关知识

**意外伤害保险与定期寿险有什么主要区别?**

第一，意外伤害保险承担因意外伤害而导致的身故，不承保因疾病而导致的身故。这两种原因导致的身故都属于定期寿险的保险责任范围。

第二，意外伤害保险承保因意外伤害导致的残疾，并依照不同的残疾程度给付保险金。定期寿险有的不包含残疾给付责任，有的虽然包含残疾责任，但仅包括保险合同约定的全残责任。

第三，意外伤害保险保险期间一般较短，多为一年及一年期以下。定期寿险保险期间一般较长。

（资料来源：中国人寿保险股份有限公司网站。）

3. 健康保险。健康保险是以人的身体为保险对象，以被保险人在保险期限内因患病、生育所导致医疗费用支出和工作能力丧失、收入减少，及因疾病、生育致残和死亡为保险事故的保险。健康保险的种类主要是：

（1）医疗保险。医疗保险是指提供医疗费用的保险。常见的医疗保险有：

①普通医疗保险，补偿被保险人治疗疾病的一般性医疗费用。

②住院保险，补偿被保险人的病床费、诊断费、手术费、药费和医院设施使用费。

③手术保险，补偿因被保险人手术而发生的费用。

④综合医疗保险，为被保险人提供一种全面的医疗费用保险，包括医疗和住院手术等一切费用。

⑤特种疾病保险，是专门用于保障少数重大疾病（如癌症等）带来的高额医疗费用支出的保险。

（2）残疾收入补偿保险。残疾收入补偿保险是补偿被保险人因病致残后不能继续正常工作时所致收入损失的保险。该险种可分为两种：对因疾病所致残疾而导致收入减少的保险，属于健康保险；因意外伤害所致残疾导致收入减少的保险，属于意外伤害保险。

保险的选择

### （二）财产保险

1. 财产保险的特征。财产保险是保险人对被保险人的财产及其相关利益，因在发生保险责任范围内的灾害事故而遭受损失时给予补偿的保险。财产保险包括企业财产保险、家庭财产保险、运输工具保险、工程保险、货物运输保险等。财产保险有如下特征：

①财产保险以财产及相关利益作为保险标的。

②财产保险的保险标的必须是可以货币衡量价值的财产和相关利益。

③财产保险对于保险标的的保障功能表现为经济补偿。

2. 财产保险的种类。

（1）企业财产保险。企业财产保险是我国财产保险的主要险种。目前在我国，企业财产保险的主要险种是财产保险基本险和财产保险综合险，适用于工商企业、建筑企业、交通运输企业、饮食服务行业、国家机关、社会团体等。

（2）家庭财产保险。家庭财产保险是以我国城乡居民家庭和个人的财产为保险对象的险种。其特点在于投保人是以家庭和个人为单位，业务分散，额小量大，风险结构主要以火灾、盗窃等风险为主。家庭财产保险分为普通家庭财产保险、家庭财产两全保险和附加盗窃险。

①普通家庭财产保险。普通家庭财产保险的适用范围是城乡居民、单位职工、家庭手工业者等个人及家庭成员的自有财产，以及代他人保管或与他人共有的财产。城乡个体工商业户和合作经营组织的财产及私人企业的财产不适用普通家庭财产保险。

②家庭财产两全保险。家庭财产两全保险兼有经济补偿和到期还本双重性质。保险公司用被保险人所交保险储金的利息收入作为保险费，在保险期满时将原交保险储金全部如数退还被保险人。

③附加盗窃险。盗窃险的保险责任范围是保险房屋及其附属设备、室内装修材料以及存放于保险地址室内的保险财产。

（3）机动车辆保险。机动车辆保险属于运输工具保险的一种。该险种承保机动车辆因遭受自然灾害和意外事故造成的损失及第三者损害赔偿责任。机动车辆保险的承保车辆包括汽车、电车、电瓶车、摩托车、拖拉机、各种专用机械车和特种车等。

①车辆损失险，是以机动车辆本身作为保险标的的险种。承保上述机动车辆因自然灾害、意外事故所遭受的损失，及发生保险事故时，被保险人对保险车辆采取施救、保护措施所支出的合理费用。

②第三者责任险，是以被保险人对第三者依法应承担的民事法律责任为保险标的的险种。承保被保险人及其允许的合格驾驶人员在使用机动车辆过程中发生意外事故，致使第三者遭受人身伤亡或财产的直接毁损，依法应当由被保险人支付的赔偿金额，由保险人依照保险合同规定予以赔偿。

③机动车交通事故责任强制保险，是由保险公司对被保险机动车发生道路交通事故造成受害人（不包括本车人员和被保险人）的人身伤亡、财产损失，在责任限额内予以赔偿的强制性责任保险。

**案例**

申海公司向天安保险公司投保财产保险综合险。投保单载明保险财产地址位于海门市海门港、青龙港；固定资产、流动资产、代保管财产、在建工程等的保险价值确定方式及保险金额等。后天安保险公司向申海公司签发保险单，载明保险财产坐落地址为海门市青龙港等内容。其中，投保单和保险单对保险标的、保险价值和保险金额的确定方式约定不一致。

争议焦点：

1. 投保单和保险单对保险标的等内容约定不一致时，应如何处理？

2. 保险合同签订后新增的资产是否属于保险标的？

最高院裁判要旨：

1. 因保险单签发时间在投保单之后，在二者内容冲突的情况下，应以保险单所载内容为准。

2. 在财产保险中，保险标的在投保时是确定的，系指投保人与保险人就保险标的达成一致意思表示，而非保险标的实物形态在投保时确定并在保险合同生效后一成不变。就本案而言，作为案涉保险标的申海公司流动资产即可能处于不断变化之中，如果在投保之后取得的流动资产不能作为保险标的，则该保险对投保人毫无价值。故一审法院以保险标的在投保时必须确定为由认定之后进场的财产不属于保险标的不妥。

（资料来源：平安保险网站。）

（4）工程保险。工程保险是以在建工程作为承保对象，以在建工程相关的经济利益作为保险标的的一种综合性保险业务。

①建筑工程保险。该险种承保各类民用、工业用和公用事业用的建筑工程项目，包括道路、水坝、桥梁、港口等，在建造过程中因自然灾害和意外事故而引起的一切损失，是财产保险和责任保险的综合保险。

②安装工程保险。承保新建、扩建的企业的机器设备或钢结构建筑物在安装期间造成的物质损失、费用和对第三者损害的赔偿责任。

（5）货物运输保险。该险种承保各种货物在运输过程中由于自然灾害和意外事故的发生而遭受的损失。

### （三）责任保险

责任保险是一种以被保险人对第三者依法应负的赔偿责任为保险标的的保险。责任保险包括产品责任保险、雇主责任保险、职业责任保险和公众责任保险等。

1. 产品责任保险。产品责任保险是指以产品生产者和销售者的产品责任为承保风险的责任保险。产品责任保险承保两项责任：

（1）在保险有效期内，被保险人生产、销售的产品和商品在承保区域内发生事故，造成用户、消费者和其他任何人的人身伤害和财产损失，依法应当由被保险人负责时，保险人在保单规定的赔偿限额内予以赔偿。

（2）被保险人为产品责任所支付的诉讼、抗辩费用及其他经保险人事先同意支付的费用，保险人予以赔偿。

2. 雇主责任保险。雇主责任保险是指雇主对其雇员在受雇期间内因发生意外事故和职业病而造成人身伤残和死亡时依法应承担的经济赔偿责任。雇主责任保险的保险责任包括：

（1）被保险人雇佣的人员在保单有效期内，在受雇过程中，在保单列明的地点，从事保单列明的被保险人的业务活动时，遭受意外而受伤、致残、伤亡和患有与业务有关的职业疾病所致伤残和伤亡的赔偿责任。

（2）被保险人的有关诉讼费用。

3. 职业责任保险。职业责任保险是以各种专业技术人员的职业责任为承保风险的责任保险，它承保各种技术人员因工作疏忽和过失造成他们的当事人和其他人的人身伤害和财产损失，依法应由提供服务的专业技术人员承担的赔偿责任。职业责任保险主要以内外科医生及牙科医生、药剂师、会计师、律师、保险代理人及经纪人为被保险人。职业责任保险的保险责任包括专业技术人员由于职业上的疏忽行为、错误和失误造成的损失。

4. 公众责任保险。公众责任保险又称“普通责任保险”或“综合责任保险”，是指以损害公众利益的民事赔偿责任为保险标的的责任保险。它承保被保险人或其雇员在保单有效期间从事所保业务活动，因意外事故对第三者造成的人身伤害（疾病、残疾、死亡）和财产的损害或灭失，依法应由生产、经营管理者承担民事赔偿责任。这种民事赔偿责任可以是侵权责任造成的，也可以是合同（契约）责任造成的。此外，公众责任保险还可以承保因妨碍通行、阻塞道路、失去舒适环境和非法侵入等原因造成的第三者责任。公众责任保险所承保的公众责任有两个特征，一是致害人所损害的对象不是事先特定的某个人；二是损害行为是对社会大众利益的损害。

**阅读资料**

**案例：**客户资料：王小姐，28 岁，上海某小区业主。

**【案例回顾】：**陆家嘴物业公司在管理中，采用投保公共责任险办法，为一些住宅区投保，一般按 7 000 元/年缴纳保费，最高可赔偿金额为 200 万元/年。2001 年 7 月浦东某小区的业主王小姐于夜间进入小区时因天黑而被铁链绊倒，造成左手腕骨折。后来经过物业公司购买的公共责任险，王小姐获得由保险公司承担赔偿金额为 900 元。

分析：根据公共责任保险的相关规定，被保险人或其雇员在从事所保业务活动中，因意外事故对第三者造成的人身伤害（疾病、残疾、死亡）和财产损害或灭失所引起法律赔偿责任的保险。这种法律赔偿责任可以是侵权责任造成的，也可以是合同（契约）责任造成的。王小姐因夜间进入小区被铁链绊倒，属于上述情况，所以保险公司按照保险责任做出了相应的赔偿。

## 六、保险理赔和保险索赔

### （一）保险理赔

1. 保险理赔的含义。保险理赔是指在保险合同所规定的事故发生并造成损失后，当保险人接到被保险人或受益人在规定的时间内提交的索赔要求文件时，按约履行经济补偿或给付义务的行为。保险理赔是直接体现保险职能和履行保险义务的工作，而履行保险义务又是保险信用的具体体现，所以做好理赔工作，对于提高保险企业的信誉和经营效益，具有重要意义。

2. 保险理赔的程序。保险理赔要按一定的程序进行，一般包括以下几个环节：

（1）受理案件。受理案件是保险理赔工作的第一步，具体工作包括：

①出险登记。保险人接到出险通知后，应及时填写“出险登记簿”，对通知事项予以记载。记载的内容一般包括报案时间、被保险人姓名、保单号码、事故发生日期、事故发生原因、事故发生地点等。

②立案。保险人及时查阅与核对有关保险单副本，看保险事故是否发生在保险有效期内，若是的话，立案编号。

（2）审核各项单证。保险关系人索赔时，有义务向保险人提供保险单、保险费收据、保险事故证明以及损害结果证明等资料。除此之外，对所有权证明、账册、商业票据、运输单证、身份证、户口簿等，也必须予以审核。

（3）调查取证。保险人确定有理赔责任后，即需根据投保人或被保险人的通知或其所提供的单证文件等，进行调查取证，了解事实真相，以确定赔偿给付金额。

（4）责任审核。理赔人员通过对各项单证审查和必要的调查核实，确定保险人应负的责任。责任审核的内容包括：审核保险事故发生的原因是否符合近因原则，以明确立案赔付；审核事故的发生，是否在保险契约有效期内；审核事故发生的地点是否在承保的范围以内；审核所有证明材料的真实性、合法性和有效性；审核保险合同的有效性；要求索赔的是否有权利提出此项要求等。

（5）计算给付金额。人身保险是定额保险，保险金额事先确定，在一般情况下，给付数额就是按保险条款规定给付的保险金。但有时还会涉及以下这些问题：被保险人有借款尚未还清；被保险人投保时误投了年龄；意外伤害险已多次发生了保险事故。对此，计算时应进行相应增减调整。财产保险则应在保险金额限度内，依损失合同有关规定计算补偿金额。

（6）审批。计算出补偿给付数额之后，应按规定权限报批，各保险金公司都建立了理赔权限及赔案审批制度。数额较小的市地一级分公司有权审批，数额较大的则需报总公司批准。

（7）给付。按《保险法》规定，对属于保险责任的，在与被保险人达成有关赔偿或给付保险金额协议后，10 日内履行赔偿或者给付保险金义务。给付方法以一次给付为原则，以分期给付为例外；给付种类以现金给付为原则，实务或劳务给付为例外。

（8）注销保险单。保险事故发生后，保险人已履行完全赔偿给付责任时，应将保险单收回注销。

### （二）保险索赔

1. 保险索赔的含义。保险索赔是指在保险合同所规定的事故发生后，被保险人或受益人根据保险合同有关条款的规定，向保险人要求履行保险赔款或给付保险金的行为。这是被保险人或受益人的权利。

2. 保险索赔的程序。

（1）提出索赔申请。在发生保险事故后，被保险人或受益人应立即将事故发生的时间、地点、原因及其他相关情况告知保险人并提出索赔申请。

（2）提交索赔文件及证物。投保方在提出索赔申请的同时，应向保险公司提供必要的索赔文件及证物，如有效的保险合同、保费收据、相关人员身份证件、标的损失证明、保险合同约定的其他证明文件等。

（3）保险人审核、调查。保险人对保险关系人提交的索赔文件及证物等予以审核，并根据投保人或被保险人提供的单证文件等，进行调查取证，了解事实真相，以确定赔偿给付金额。

（4）给付赔偿金或保险金。按《保险法》规定，对属于保险责任的，在与被保险人达成有关赔偿或给付保险金额协议后，10 日内履行赔偿或者给付保险金义务。保险公司未及时履行上述规定义务的，除支付保险金外，应当赔偿被保险人因此受到的损失。

知识链接

## 车险迎来综合改革

中国银保监会发布公告，自2020年9月19日起正式实施《关于实施车险综合改革的指导意见》（以下简称《指导意见》）。改革实施后，短期内对于消费者可以做到“三个基本”，即“价格基本上只降不升，保障基本上只增不减，服务基本上只优不差”。

中国银保监会相关负责人表示，届时，消费者将真真切切感受到以下改革红利：

一是交强险责任限额大幅提升。有责总责任限额从12.2万元提高到20万元，其中死亡伤残赔偿限额从11万元提高到18万元，医疗费用赔偿限额从1万元提高到1.8万元，财产损失赔偿限额维持0.2万元不变；无责任赔偿限额按照相同比例进行调整，其中死亡伤残赔偿限额从1.1万元提高到1.8万元，医疗费用赔偿限额从1 000元提高到1 800元，财产损失赔偿限额维持100元不变。

二是商车险保险责任更加全面。新的机动车示范产品的车损险主险保险责任增加了机动车全车盗抢、地震及其次生灾害、玻璃单独破碎、自燃、发动机涉水等保险责任，删除了事故责任免赔率、无法找到第三方免赔率等免赔约定，删除了实践中容易引发理赔争议的免责条款，为消费者提供更加全面完善的车险保障服务。

三是商车险产品更为丰富。增加了驾乘人员意外险产品，包括代送检、道路救援、代驾服务、安全检测等内容的车险增值服务特约条款，为消费者提供更加规范和丰富的车险产品及服务。

四是商车险价格更加科学合理。保险业根据市场实际风险情况，重新测算了商车险行业纯风险保费，同时，商车险产品设定附加费用率的上限由35%下调为25%，预期赔付率由65%提高到75%，车险产品费率与风险水平更加匹配。

五是车险产品市场化水平更高。逐步放开自主定价系数浮动范围，第一步将自主定价系数范围确定为0.65～1.35，第二步适时完全放开自主定价系数的范围。

六是无赔款优待系数进一步优化。改革实施后，商车险无赔款优待系数将考虑赔付记录的范围由前1年扩大到前3年，对于偶然赔付消费者的费率上调幅度将降低。

（资料来源：央视新闻网站，2020年9月18日。）

## 复习思考题

1. 我国的金融体系由哪些金融机构组成？
2. 中央银行和商业银行的职能分别是什么？
3. 中央银行和商业银行有何区别？
4. 商业银行的基本业务有哪些？
5. 什么是银行中间业务？主要的银行中间业务有哪些？
6. 结合实际，谈谈个人贷款是怎样改变了我们的生活？
7. 保险合同和一般合同有何不同？

# 第七章
# 金融市场

【知识目标】 1. 了解金融市场的特点、分类、构成要素

2. 了解金融工具的概念和分类、黄金外汇市场的主要内容

3. 理解和掌握金融市场的功能、主要金融工具、货币市场和资本市场的主要内容

4. 能运用所学知识分析和思考我国金融市场的现状和问题

【思政目标】 增强学生风险防御意识，拒绝不合法不合规的金融产品

【情境引例】

**央行发布2020年金融市场运行情况：货币市场利率呈下行趋势**

2021年1月26日，中国人民银行官网发布《2020年金融市场运行情况》显示，2020年，债券收益率整体上移。2020年12月末，1年、3年、5年、7年、10年期国债收益率分别为2.47%、2.82%、2.95%、3.17%、3.14%，分别较上年同期上行11bp、9bp、6bp、13bp、1bp。货币市场利率则呈下行趋势，2020年12月，银行间货币市场同业拆借月加权平均利率为1.3%，较上年同期下行79个基点，质押式回购月加权平均利率为1.36%，较上年同期下行74个基点。

（资料来源：新浪财经网站，2021年1月26日。）

## 第一节 金融市场概述

### 一、金融市场的概念

#### （一）金融市场的含义

金融市场是指融通资金和金融工具交易的场所，包括银行的存贷款、票据贴现、同业拆

借、保险、信托、债券与股票的发行和交易、外汇和黄金的买卖等。

金融市场的融资活动有直接融资和间接融资两种方式。直接融资是资金的供求双方直接见面，进行票据或证券的买卖、货币的借贷等。间接融资是资金的供求双方不直接接触，而是由资金的供给者将其资金先提供给金融机构，再由金融机构将资金提供给资金的需求者。

### （二）金融市场的特点

金融市场是现代社会统一市场体系中的重要组成部分，与商品市场一样，具有竞争、供求、价格等市场机制，但又有自己的特殊性。

1. 交易对象的特殊性。商品市场交易的对象是千差万别的商品；而金融市场交易的对象则是同质的金融工具或货币资金。

2. 交易方式的特殊性。商品市场以直接买卖为主，交易行为结束，买卖关系即告终止（即现货交易为主）；而金融市场则有现货市场、期货市场和期权市场之分。

3. 交易价格的特殊性。商品交易市场上，商品的价格是商品价值的货币表现，其价格基础是商品的内在价值，同时受供求关系的影响；而金融市场上的金融工具的价格表现为利率、汇率和各种证券的价格，其价格直接由供求关系所决定。

4. 交易目的的特殊性。商品交易的一般动机是出售者要实现自己商品的价值，购买者要获得商品的使用价值。在金融市场上金融工具的交易是使用权的交易，金融工具（资金）的出卖者是为了获得在一定时间内让渡资金使用权的报酬，即利息。而购买者的目的也是要购买一定时间内的资金使用权。

5. 交易场所的特殊性。商品市场一般都有固定的交易场所，即有形市场；而金融市场既可以是有固定交易场所的有形市场，也可以是没有固定场所的无形市场。

## 二、金融市场的构成要素

金融市场的主体、客体和交易的组织形式是构成现代金融市场的三大要素。

### （一）金融市场的主体

金融市场的主体是指金融市场交易活动的参与者，包括政府、金融机构、中央银行、企业、居民、个人等，在开放的金融市场上，还应包括外国投资者。

1. 政府。包括中央政府和各级地方政府，它们在金融市场上是主要的资金需求者。中央政府主要是通过发行各种期限的国债筹集资金，以弥补财政赤字或用于公用事业及经济建设。政府也会以资金供给者身份出现，把资金贷给企业以支持该行业发展。需要强调的是，政府在金融市场上最主要的任务是金融监管和宏观调控。

2. 金融机构。金融机构是金融市场运行的主导力量。它们既是金融市场上的资金供应者，又是资金的需求者。它们以吸收存款或出售证券方式从市场上筹集资金，再以贷款或投资的方式向市场提供资金。金融机构还在金融市场上创造和提供金融工具，并充当金融市场的交易媒介。

3. 中央银行。中央银行参与金融市场不是单纯的资金供求者，以营利为目的的，而主要是以管理者的身份出现在金融市场上。因为中央银行作为政府的银行，银行的银行，有贯彻执行国家货币政策和负责管理金融市场的义务，如代理发行国债，实施公开市场业务，对商业银行办理再贴现业务，管理外汇和汇率等。

4. 企业。企业是金融市场运行的基础。企业生产经营所需短期资金需要通过短期借款和票据贴现等形式筹集，长期资金则主要通过发行债券和股票的办法来解决，而企业在生产经营过程中暂时闲置的货币资金，则要到资金市场寻求投资机会和对象，所以金融市场是满足企业需求及投资的场所。

5. 居民个人。居民个人是金融市场上重要的资金供给者，或者说是金融工具的主要认购或投资者。居民个人的储蓄存款是银行的主要资金来源；居民个人对有价证券的投资，也在很大程度上影响证券市场的直接融资规模。居民个人也是资金的需求者，如购房贷款，私营企业主贷款，或为短期的资金需要而出售证券等。

### （二）金融市场的客体

金融市场的客体是指金融市场上可供交易的对象，即金融市场工具。金融市场工具主要包括两大类：一类是金融市场参加者为筹资、投资而创造的工具；另一类是金融市场参加者为保值、投机等目的创造的工具。主要包括股票、债券、存折、可转让大额存单、保险单、票据等。

### （三）金融市场交易的组织形式

金融市场交易的组织形式是指把参与代表货币资金的金融工具联系起来组成买方和卖方进行交易的方式。主要有交易所交易方式和场外交易方式两种。

1. 交易所方式。交易所交易是最典型、最规范、最重要的金融市场的组织形式。证券交易所就是证券买卖双方通过公开竞价的方式确定交易价格而成交的证券交易的场所，是一个有组织、有固定场所的集中进行交易的市场。如上海证券交易所、深圳证券交易所和北京证券交易所等。

2. 场外交易方式。场外交易方式是指在证券交易所之外进行的证券交易活动。它是通过作为交易中介的证券交易公司来买卖金融工具，买卖的价格由证券交易公司根据市场行情和供求关系自行确定。场外市场具有以下特点：①无集中交易场所，交易通过通信网络进行；②以买卖未在交易所登记上市的证券为主；③证券交易可以通过交易商或经纪人，也可以由客户直接进行；④证券交易由双方协商议定价格。

由于场外交易方式没有一个集中交易的场所，是在证券交易公司柜台上通过电传、电话、电脑等通信手段来进行分散的交易，其交易方法和程序较交易所方式简单。因此，在许多国家的证券市场上，有相当数量的证券交易不是在交易所完成的，而是在场外市场上进行。如美国的 NASDAQ（纳斯达克），即全美证券商协会自动报价系统。

## 三、金融市场的功能

### （一）融通资金

融通资金是金融市场最基本的功能。金融市场可以为资金供求者创造直接见面的机会，可以创造出众多可供人们选择的金融工具，从而实现资金余缺的调剂。各种金融工具的自由买卖和灵活多样的金融交易活动，增强了金融工具的流动性和安全性，使资金供给者能够适时地调整资金的保存方式，达到营利的目的。同时也可以使资金需求者能从众多的筹资方式中选择出适当的方式，及时有效地筹集到所需要的资金。

### （二）分散风险

金融市场具有较大的风险，同时又具备分散风险的功能。如果投资者把资金直接投入某一个企业，可能会因企业的亏损或破产而使资金丧失殆尽。相比之下，如果投资者用资金购买证券进行间接投资，即使出现风险情况，也可以适时地将证券转让出去，减少或避免风险损失。同时，投资者根据分散投资原理，可以分别对不同地区、不同行业、不同种类的证券进行间接投资，以起到分散投资风险的目的。

### （三）传递信息

金融市场历来被人们称为国民经济的“晴雨表”，是公认的国民经济信号系统。在金融市场上，资金和供求规律决定其利率水平，而短期利率的升降是反映资金供求变化状况最灵敏的标志，它有助于金融市场的参与者及时了解金融状况，及时调整自己的资产负债结构，也给金融当局适时采取措施提供参考。上市公司的经营状况及社会公众对某产业的前景判断，可以很快从证券价格的涨跌中反映出来。因此，金融市场上利率和证券价格的变动就成为经济发展的重要信息。

### （四）宏观调控

金融市场的宏观调控是通过证券的价格机制、资金供求机制及政策法规，引导资金的流向、流量结构，调整产业结构和经济结构；通过发展外汇市场、资本市场引导国际资本流动，平衡国际收支；还可以通过中央银行的存款准备金、公开市场业务、再贴现等货币政策工具，利用金融市场来调节货币流通，保障国民经济快速、稳定、健康的发展。

## 四、金融市场的分类

### （一）按金融交易期限分类

金融市场分为短期金融市场和长期金融市场。短期金融市场又称为货币市场，是指专门融通一年以下短期资金的场所，主要解决市场主体的短期性、临时性资金需求。长期金融市场又称资本市场，是指专门融通期限在一年以上的中长期资金的市场。长期资金大都参加社会再生产过程，起的是资本的作用，主要满足政府和企业部门对资金的需求。

### （二）按金融交易的交割方式分类

金融市场分为现货市场、期货市场和期权市场。现货市场是指随交易协议达成而立即交割的市场。期货市场是指交易协议虽已经达成，交割却要在未来某一特定时间进行的市场。期权市场是指交易双方按约定的价格，在约定的时间内或某一天，就是否购买或者出售某种证券而预先达成契约交易的市场。

#### （三）按市场交易的层次分类

金融市场分为发行市场和流通市场。发行市场又称初级市场或一级市场，它主要是票据、股票、债券等有价证券的最初发行场所。流通市场又称次级市场或二级市场，它主要指有价证券流通转让的场所。

#### （四）按金融交易对象分类

金融市场分为同业拆借市场、票据市场、可转让大额定期存单市场、证券市场、外汇市场和黄金市场等。

#### （五）按金融交易的业务活动地域分类

金融市场分为国内金融市场和国际金融市场。国内金融市场是在本国居民、企业之间进行金融交易的市场。其交易活动只受本国有关法规和制度的约束，所涉及的货币也主要是本国货币，同时还包括一些外币交易。国际金融市场则是指各国居民、企业、金融机构等跨地区、跨国界的金融交易市场。国际金融市场一般是通过不同货币进行活动的，主要受国际惯例和交易双方共同认可的法规制约。

金融市场一般从金融交易期限和交易对象相结合的角度分类，如表 7－1 所示。

表 7－1 金融市场分类

| | | | | |
|---|---|---|---|---|
| 金融市场 | 短期资金市场（货币市场） | • 同业拆借市场<br>• 短期债券市场 | • 票据市场<br>• 回购协议市场 | • 大额存单市场<br>• 短期信贷市场 |
| | 长期资金市场（资本市场） | • 股票市场 | • 债券市场 | • 证券投资基金市场 |
| | 外汇市场 | | | |
| | 黄金市场 | | | |

## 第二节 金融工具

### 一、金融工具的概念

#### （一）金融工具的含义

金融工具是指以书面形式发行和流通，用以证明债权债务关系或所有权关系的合法凭证。它是在各种信用形式发展的基础上产生的，是信用活动的媒介体。

### （二）金融工具的特征

金融工具一般具有偿还性、流动性、风险性和收益性四个特征。

1. 偿还性。偿还性是指各种金融工具（除股票外）一般都载明到期偿还的义务和期限。金融工具的偿还期限可以有零和无限期这两个极端。如活期存款的偿还期可以看作是零，而永久性债券的偿还期则是无限的。

2. 流动性。流动性是指金融工具迅速变现为货币而不致遭受损失的能力。一般说来，流动性与偿还期成反比，偿还期越长，流动性越小；流动性与债务人的信誉成正比，债权人信誉越高，流动性越强。政府发行的国库券和银行的活期存款变现最易，因而流动性最强。

3. 风险性。风险性是指购买金融工具的本金是否会遭受损失的风险。本金受损的风险有信用风险和市场风险两种。信用风险是指债务人不履行合约、不按期归还本金的风险。这类风险与债务人的信誉、经营状况有关，也与金融工具种类有关。市场风险是指由于金融工具市场价格下跌所带来的风险。某些金融工具如股票、债券，它们的市价是经常变化的，市价下跌就意味着投资者金融资产贬值。

4. 收益性。收益性是指持有金融工具所取得的收益与本金的比率。收益率有三种计算方法：名义收益率、即期收益率与平均收益率。名义收益率是金融工具票面收益与票面金额的比率。即期收益率是年收益额与该金融工具当期市场价格的比率。平均收益率是将即期收益与资金损益共同考虑的收益率。

## 二、金融工具的分类

1. 按金融工具的期限，可将金融工具分为货币市场的金融工具和资本市场的金融工具。货币市场的金融工具也就是短期金融工具，主要有商业票据、短期国债、银行承兑汇票、可转让大额定期存单、回购协议等。这类金融工具期限短、风险小、流动性强，一般被看作准货币。资本市场的金融工具也就是长期金融工具，主要包括股票、公司债券及中长期国债等。它们期限长，风险较大，流动性较弱。

2. 按发行者是否为金融机构，可将金融工具划分为直接金融工具和间接金融工具。直接金融工具是由非金融机构的融资者发行的商业票据、政府债券、公司债券、股票等，目的主要是为自己取得资金。间接金融工具是由金融机构发行的存款单、银行券、银行票据、金融债券、保险单等，目的是集聚可用于贷放的资金。

3. 按投资人是否掌握所投资产的所有权，金融工具可分为债务凭证与所有权凭证。所有权凭证只有股票这一种，其他所有金融工具都是债务凭证。债务凭证表明投入的资金取得了债权，所以有权据以到期讨还本金并获取利息；而所有权凭证表明资金的投入并非取得债权而是所有权，因而无权据以索要本金，只可以在必要时通过转让所有权，即以出售证券的方式收回本金。

## 三、主要的金融工具

### （一）短期金融工具

短期金融工具是指在货币市场上交易的，在一年之内到期的短期信用凭证。它具有期限短、风险小、流动性强等特征，一般被看作准货币。短期金融工具主要有：

1. 票据。票据是具有一定书面格式，载明一定金额、日期，到期由付款人对持票人（或指定人）无条件支付一定金额的债务凭证。在发达的商品经济社会，凡因商品交易和资金借贷而形成的债权债务关系，都可以使用一定形式的票据来进行交付或清算。票据记载的事项，必须符合法律规定，明确票据权利和票据责任。票据的签发、取得、转让，应当遵循诚实信用的原则，具有真实的交易关系和债权债务关系。票据分为商业票据和银行票据。商业票据是在商业信用发生时，记载由其产生的债权债务关系的凭证；银行票据是由银行签发或由银行承担付款义务的书面凭证，主要分为汇票、本票、支票三大类：

（1）汇票。汇票是出票人签发的，委托付款人在见票时或者在指定日期无条件支付确定的金额给收款人或者持票人的票据。按照出票人的不同，汇票分为银行汇票和商业汇票。由银行签发的汇票为银行汇票，由银行以外的企业、单位等签发的汇票为商业汇票。

**知识链接**

**银行汇票**。银行汇票是银行应汇款人的请求，在汇款人按规定履行手续并交足保证金后，签发给汇款人由其交付收款人的一种汇票。银行汇票的基本当事人只有两个，即出票银行和收款人，银行既是出票人又是付款人。银行汇票是由企业单位或个人将款项交存银行，由银行签发给其持往异地办理转账结算或支取现金的票据。银行汇票具有票随人到、方便灵活、兑付性强的特点，深受广大企事业单位、个体经济户和个人的欢迎，其使用范围广泛，使用量大，对方便异地采购起到了积极的作用，银行汇票已成为使用最广泛的支付工具之一。

**商业汇票**。商业汇票是企事业单位等签发的，委托付款人在付款日期无条件支付确定金额给收款人或持票人的一种汇票。商业汇票一般有三个当事人，即出票人、付款人和收款人。按照承兑人的不同，商业汇票分为商业承兑汇票和银行承兑汇票。由银行承兑的汇票为银行承兑汇票，由银行以外的企事业单位等承兑的汇票为商业承兑汇票。商业汇票是适用于企业单位先发货后付款或双方约定延期付款的商品交易。这种汇票经过购货单位或银行承诺付款，承兑人负有到期无条件支付票款的责任，对付款人具有较强的约束力。购销双方根据需要可以商定不超过6个月的付款期限。购货单位在资金暂时不足的情况下，可以凭承兑的汇票购买商品。销货单位急需资金时，可持承兑的汇票向银行申请贴现。销货单位也可以在汇票背面背书后转让给第三者，以支付货款。目前流通中的商业汇票大多是银行承兑汇票，商业承兑汇票使用较少。

（2）本票。本票是出票人签发的，承诺自己在见票时无条件支付确定的金额给收款人或持票人的票据。按出票人不同，它分为银行本票和商业本票。目前，在我国流通并使用的本票只有银行本票一种。银行本票是申请人将款项交存银行，由银行签发给其凭以办理同一票据交换区域内转账或支取现金的票据。本票的基本当事人有两个，即出票人和收款人。银行本票能适应各种商品和劳务的交易以及各种债权债务的结算，也可以背书转让，成为十分有用的金融工具。目前在一些经济比较发达的城市和小商品市场比较发达的地区使用比较多。

（3）支票。支票是出票人签发的，委托办理支票存款业务的银行或者其他金融机构在见票时无条件支付确定的金额给收款人或者持票人的票据。支票主要分为现金支票和转账支票。支票的基本当事人有三个：出票人、付款人和收款人。支票是在中国最普遍使用的非现金支付工具，用于支取现金和转账。在同一城市范围内的商品交易、劳务供应、清偿债务等款项支付，均可以使用支票。

从未来发展趋势来看，尽管包括电子支付在内的各种新的支付工具不断出现和被广泛使用，但支票的使用量仍将保持在较高水平。特别是个人支票的推广使用，将会改变支票的结构，成为支票中富有生命力的品种。个人支票具有现金和银行卡结算方式无法比拟的优势，个人支票有利于商业银行开拓个人金融业务，减少现金流通，提高社会信用。人民银行一直重视个人支票的推广工作，目前，在广州、武汉等城市已经有一定量的个人支票在使用。随着个人征信系统的建立和完善，个人支票业务发展前景广阔。

2. 可转让大额定期存单。可转让大额定期存单是银行发给存款人按一定期限和约定利率计息，到期前可以流通转让的证券化的存款凭证。它有如下特点：发行人通常是资本雄厚的大银行；面额大，并且面额固定；不记名可转让流通，但不能提前支取；利率较高，比同期银行存款利率高。

可转让大额定期存单是银行定期存款的一种，但与定期存款又有区别：定期存款是记名不可转让的，存单则通常是不记名可转让的；定期存款金额不固定，大小不等，可有零数，存单金额则都是整数，按标准单位发行；定期存款利息一般是固定的，可提前支取，存单不得提前支取，但可在市场转让。存单与商业票据也不同，后者不是存款，不须缴纳存款准备金，存单则须缴纳准备金；存单的发行人是银行，信誉高，商业票据的发行人主要是企业，信誉相对差些。

3. 短期债券。短期债券是指期限不超过一年的债券，主要指国库券和短期公司债券。国库券是由政府发行的，借以应付临时性、季节性财政需要的短期债券。目前，国库券是货币市场中最重要的信用工具。国库券与其他投资工具或信用工具相比，收益率并不算高，但信誉好、期限短、利率优惠、流动性非常强，持券人可以在货币市场上随时出售其所持的国库券，是短期资金市场上最受欢迎的金融工具。

对政府而言，发行短期债券主要有以下三个作用：（1）满足政府对短期资金的需要。（2）在长期金融工具的收益率不稳定时，国库券可以起到弥补财政赤字的作用；（3）国库券是中央银行进行公开市场业务活动的主要工具，中央银行通过国库券的买卖调节社会上的货币供应量。

4. 信用卡。信用卡是在消费信用基础上产生的一种短期、小额的信用工具。它是银行等机构对具有一定信用的顾客发行的一种信用证书，具有“先消费，后付款”的特点和发放循环贷款的作用。

### （二）长期金融工具

1. 债券。债券是政府、企业、金融机构为了筹集资金而发行的一种有价证券，它是表明债权债务关系的一种凭证。债券一般具有三个特点：①安全性。主要表现在两个方面：一是收益相对固定，受市场利率影响较小；二是可按期收回本金，风险较小。②收益性。与一般银行存款方式相比，债券的收益率较高。③流动性。债券在偿还期之前可以在金融市场上灵活转手，而银行存款则不能转手。

按照债券的发行主体可将债券分为政府债券、公司债券、金融债券。

（1）政府债券是政府为筹集资金而向投资者出具的承诺在一定时期支付利息和偿还本金的债务凭证。政府债券一般包括中央政府债券、地方政府债券和政府担保债券。

（2）公司债券是公司、企业发行的，在一定时期支付利息和偿还本金的债务凭证。公司债券是企业筹措长期资金的重要方式，期限较长，大多为 10 ~ 30 年。公司债券的风险相对较大，因此，其利率高于一般政府债券和金融债券。

（3）金融债券是指银行及其他金融机构所发行的债券。金融债券的期限一般为 1 ~ 5 年，其利率略高于同期定期存款。金融债券由于发行者是金融机构，资信较高，所以金融债券多为信用债券，即无担保债券。

知识链接

**中国地方政府债券信息公开平台正式上线试运行**

为推进全国统一的地方政府债务信息公开平台建设，财政部于 2019 年 12 月 31 日正式上线试运行中国地方政府债券信息公开平台。

此次上线的中国地方政府债券信息公开平台，是由财政部统一建设的地方政府债务信息公开平台。该平台通过定期公开地方政府债务限额、余额以及经济财政状况、债务发行、存续期管理等信息，促进形成市场化融资自律机制。

财政部政府债务研究和评估中心表示，中国地方政府债券信息公开平台的建设，是深化重点领域信息公开、回应社会各界关注关切、提升政务公开质量的重要举措，有利于规范地方政府债务管理、防范化解债务风险，进一步提高政府治理能力，促进经济社会持续健康发展。

（资料来源：新华社，2020 年 1 月 2 日。）

2. 股票。股票是股份有限公司发给股东以证明投资份额并对公司拥有相应的财产所有权的证书。股票的持有人就是股份公司的股东，可以按其投入的资本额享有所有者的法定权利。股票又是一种永不返还投资资金的投资证券，股份公司发行股票筹集的资本是作为股份公司的自有资本，是不偿还的，股东也不能退股，但可以到证券市场上通过转让将股票换成现款，收回投资。股票是收益与风险共存的有价证券，股票股息收入是随着公司的盈利状况而发生变化的。

股票和债券的区别

知识链接

**股票的种类**

一、按股东权益不同，股票分为普通股票和优先股票

1. 普通股票是指对公司财产权利都平等的股份，是股份公司资本构成中最基本的股份，是公司资本的主体。普通股的权利每年随企业利润额大小而变动，且其发放顺序排在公司盈利分配的最后；在公司破产清算分配剩余财产时，排在公司的债权人、优先股股东之后；普通股股东一般都拥有参与公司经营的管理和决策权利。

2. 优先股股票是指对公司资产和利润享有比普通股优先或特殊权利的股票。优先股的股利是固定的，在分配盈利、财产清偿时有优先的权利，但优先股股东不能参与公司的经营管理。

二、按投资主体不同，股票可以分为国有股、法人股和社会公众股

1. 国有股是指有权代表国家投资的部门或机构以国有资产向公司投资形成的股份，包括以公司现有国有资产折算成的股份。世界上许多国家都存在国有股，我国的国有股主要来自于国家各级政府对国内外股份公司的投资。

2. 法人股是指企业法人或具有法人资格的事业单位和社会团体以其依法可经营的资产向公司非上市流通股权部分投资所形成的股份。

3. 社会公众股是指我国境内个人和机构以其合法财产向公司可上市流通股权部分投资所形成的股份。

三、按上市地点和投资者不同，股票分为A股、B股、H股、N股和S股等

1. A股的正式名称是人民币普通股票。它是由我国境内的公司发行，供境内机构、组织或个人以人民币认购和交易的普通股股票。

2. B股的正式名称是人民币特种股票。它是以人民币标明面值，以外币认购和买卖，在境内证券交易所上市交易的普通股股票。

3. H股指注册地在境内、上市地在香港的外资股。在纽约上市的外资股称为N股，在新加坡上市的外资股称为S股。

3. 基金。基金包括证券投资基金和社会公益基金。

（1）证券投资基金是指一种利益共享、风险共担的集合证券投资方式，即通过发行基金单位，集中投资者的资金，由基金托管人托管，基金管理人管理和运用资金从事股票、债券等金融工具投资，并将投资收益按基金投资者的投资比例进行分配的一种间接投资方式。

（2）社会公益基金是指将收益用于指定的社会公益事业的基金，如福利基金、社会保障基金、科技发展基金、教育发展基金、文学奖励基金、退休基金、养老基金等。我国有关政策规定，各种社会福利基金、退休费统筹基金等可用于国债投资，以求保值增值。

知识链接

### 证券投资基金的种类

根据不同标准，可以将证券投资基金划分为不同的种类：

1. 根据基金单位是否可增加或赎回，可分为开放式基金和封闭式基金。开放式基金不上市交易（这要看情况），通过银行、券商、基金公司申购和赎回，基金规模不固定；封闭式基金有固定的存续期，一般在证券交易场所上市交易，投资者通过二级市场买卖基金单位。

2. 根据组织形态的不同，可分为公司型基金和契约型基金。基金通过发行基金股份成立投资基金公司的形式设立，通常称为公司型基金；由基金管理人、基金托管人和投资人三方通过基金契约设立，通常称为契约型基金。

3. 根据投资风险与收益的不同，可分为成长型、收入型和平衡型基金。成长型基金是基金中最常见的一种，它追求的是基金资产的长期增值；收入型基金主要投资于可带来现金收入的有价证券，以获取当期的最大收入为目的；平衡型基金将资产分别投资于两种不同特性的证券上，并在以取得收入为目的的债券及优先股和以资本增值为目的的普通股之间进行平衡。

4. 根据投资对象的不同，可分为股票基金、债券基金、货币市场基金、期货基金等。基金资产80%以上投资于股票的为股票基金；基金资产80%以上投资于债券的为债券基金；投资于股票、债券和货币市场工具，但股票投资和债券投资的比例不符合股票基金、债券基金规定的为混合基金。

# 第三节　金融市场结构

金融市场是由许多具体的、相互独立但又有紧密关联的市场组成的。按不同的标准可以进行不同的分类。本节从金融市场的交易期限和交易对象相结合的角度来介绍金融市场结构。

## 一、货币市场

货币市场是融通一年以下短期资金的金融市场。在这个市场上流动的金融工具，因其偿还期短、变现力强、风险小，与货币的功能差别不大，往往被当作货币的替代品，故称“货币市场”。

### （一）货币市场的特征

1. 流动性大，变现能力强。货币市场交易的证券期限在一年以内，这些短期金融工具具有期限短、风险小、流动性强、交易频繁、买卖方便、变现能力强等特点。

2. 融资工具质量高，风险性小。有资格的货币市场发行人主要是政府，金融机构和少数资信程度很高、知名度很高的大公司，都是资信质量较高的借款人，因此违约的情况极少发生。

3. 便于中央银行调节货币供应量。货币市场一个最突出的特点，表现为中央银行的直接参加。货币市场作为中央银行控制国家整个金融体系的中心机制，是中央银行及商业银行和其他金融机构的资金连接渠道，是国家利用货币政策调节全国金融活动的杠杆支点。中央银行通过直接买卖货币市场工具，调节和控制货币供应量，影响利率水平，提供金融信息服务。

### （二）货币市场的主要内容

按交易内容不同，货币市场可分为票据市场、银行同业拆借市场、短期债券市场、可转让大额定期存单市场和短期信贷市场等。

1. 票据市场。票据市场是指以票据作为工具，通过票据的承兑和贴现进行融资活动的货币市场。主要包括票据承兑市场和票据贴现市场。

（1）票据承兑市场。票据承兑是付款人或银行承诺到期付款的行为。票据承兑市场主要由出票、承兑两个环节组成，出票、承兑构成票据发行市场，贴现和再贴现构成票据流通市场。在银行对票据进行承兑时，是以其自身的信用作保证，负责承兑的票据到期付款，故办理承兑要收取手续费作为酬金。商业票据经承兑后，就等于向贴现市场提供符合条件的信用工具。

（2）票据贴现市场，是以未到期的商业票据为信用工具开展贴现业务的市场。贴现业务具体分为贴现、转贴现和再贴现三种。贴现是指客户持未到期的商业票据，向商业银行兑取现款以获得短期融资的行为。贴现反映了商业银行与企业之间的资金融通关系。转贴现是指贴现银行把尚未到期的商业票据转让给其他商业银行而获得短期资金的一种融资行为。它所反映的是商业银行之间的资金融通关系。再贴现是指商业银行把已贴现但尚未到期的商业票据向中央银行再办理贴现的融资行为。它反映的是中央银行与商业银行之间的资金融通关系。

2. 银行同业拆借市场。同业拆借市场是金融机构内部进行资金头寸融通的市场。一般来讲，能够进入该市场的必须是金融机构。拆借的目的是弥补资金头寸的暂时不足和灵活调度资金。

**知识链接**

**头寸**也称为“头衬”，就是款项的意思，是金融界及商业界的流行用语。如果银行在当日的全部收付款中收入大于支出款项，就称为“多头寸”，如果付出款项大于收入款项，就称为“缺头寸”。对预计这一类头寸的多与少的行为称为“轧头寸”；到处想方设法调进款项的行为称为“调头寸”。暂时未用的款项大于需用量时称为“头寸松”；资金需求量大于闲置量时就称为“头寸紧”。

3. 短期债券市场。短期债券市场是一年以内债券发行和买卖的市场。在短期债券市场上交易的主要对象是国库券、短期公司债券和短期金融债券等短期金融工具。其特点是：期限短，交易对象要求具有较强的安全性和流动性，要符合有关金融法规的规定。

4. 可转让大额定期存单市场。可转让大额定期存单市场，简称 CDs 市场，是可转让大额定期存单的发行与转让市场。

5. 银行短期信贷市场。银行短期信贷市场主要是指银行提供一年以内短期性的，以帮助工商企业解决短期流动资金需要的场所。

## 二、资本市场

资本市场是指融通一年以上中长期资金的市场。在这个市场上流通的金融工具因偿还期长、流动性小、风险大，往往被用来筹措固定资产投资资本，故称为“资本市场”。

### （一）资本市场的特点

1. 流动性小，资金周转期长。资本市场交易的证券期限至少在一年以上，最长可达几十年，股票甚至没有期限，具有流动性小、风险大、资金周转期长的特点。

2. 较高的风险性。资本市场客体主要是股票和债券等长期金融工具，它们或因发行者资信程度较低而具有较大的违约风险和经营风险，或因市场变化而承受较大的利率变动风险和价格变动风险。

3. 便于政府和企业筹集中长期资金，调节资金供求。资本市场一方面为政府和企业筹措资金提供场所，另一方面为投资机构和个人提供运用资金的场所，同时也便于政府及管理机构控制金融活动，调节资金供求。

### （二）资本市场的主要内容

资本市场分为中长期借贷市场和证券市场。

1. 中长期借贷市场。中长期借贷市场是指银行与非银行金融机构办理一年期以上的中长期信贷业务的市场。中长期借贷市场的特点是：贷款期限长，中期贷款期限在一年以上五年以下，长期贷款期限在五年以上；主要用于基本建设、技术改造等固定资产投资项目；贷款有一定风险；市场比较稳定，包括中长期抵押贷款和中长期信用贷款。

2. 证券市场。证券市场是股票、债券等有价证券进行交易的市场，由证券发行市场和流通市场组成。

（1）证券发行市场。证券发行市场是指将新的股票、国债和公司债券从发行主体手中转移到认购者手里的市场。凡新公司成立发行股票，老公司增资补充发行股票，政府及工商企业发行债券等，均构成发行市场活动的内容。新证券的发行或是由发行者自行组织，或是通过证券发行的中介机构，如投资公司、信托公司、专门的证券商等提供发行服务。

（2）证券流通市场。证券流通市场是买卖已上市证券的市场。当股东想转让股票或债券持有人想将未到期债券提前变现时，均需要在流通市场上寻找买家。流通市场体现了各类金融资本的流动能力，因而也称为“资金流动市场”。流通市场的主要场所是证券交易所。证券交易所是提供证券集中竞价交易的场所。我国目前的证券交易所有上海证券交易所和深圳证券交易所和北京证券交易所。

①证券交易程序。证券交易所交易的基本程序，包括开户、委托、竞价成交、交割。

②证券交易价格。在交易所里，最常见的有下列市场价格的表示方法：开盘价格，又称开市价，是证券在交易所营业日开始时的第一笔交易的成交价格。收盘价格，又称收市价，是证券在交易所营业日结束前最后一笔交易的成交价格。最高价格，简称最高价，是证券交易所中一定时期，通常是一个营业日内的最高成交价格。最低价格，简称最低价，是证券在交易所中一定时期，通常是一营业日内的最低成交价格。

③股票价格指数。在股票市场上，人们常用股票价格指数来分析股票行情。股票价格指数，是某时点上多种股票的平均价格与某一基期的平均价格相比所出现的价格相对变化的指标。目前，在西方国家，股票市场已经成为一般市场的代表，它集中反映了市场趋势和面临的问题。目前世界上影响比较大的股票价格指数有：道·琼斯股票价格平均指数、标准普尔

股票交易费用计算

股票综合指数、纽约证券交易所股票价格指数、香港恒生指数、英国伦敦《金融时报》指数、日本的日经平均股价指数。目前，我国的股票价格指数主要有：上海证券交易所股票价格指数（简称上证指数）、深圳证券交易所股票价格指数（简称深证指数）等。

### 三、外汇市场

外汇市场是指进行外汇交易所形成的市场。具体包括本国货币与外国货币之间以及不同的外国货币相互之间的买卖。

外汇按不同的标准可以分为不同的市场。按外汇交易的期限，外汇市场可以分为即期外汇市场和远期外汇市场。即期外汇交易又称为现汇交易，是交易成交后当天或第二个营业日内清算交割的一种外汇业务。远期外汇交易是指双方预先订立合同，规定所买卖的外币币种、数额、汇率和交割日，到约定时间再进行交割的一种外汇业务活动。远期业务与即期业务的根本区别在于远期买卖的货币实际支付是在将来某特定日期进行。远期外汇交易是在进出口贸易中产生的，是商人为避免因汇率变动而遭受风险所采取的一种措施。

外汇市场的主要参与者有各国的中央银行、外汇银行、外汇经纪人和进出口商，以及其他外汇供求者。中央银行不仅是外汇市场的参与者，也是外汇市场的干预者、监督者，其外汇买卖的目的主要在于维持官方认为有利的汇率和转移外汇储备风险。

### 四、黄金市场

黄金市场是集中进行买卖黄金的场所，是金融市场体系的重要组成部分。

黄金市场的参与者，有采金国的采金企业、一般企业和集团、个人、外汇银行、中央银行以及各种投机者。黄金按不同的标准可分为不同的市场。按交易方式划分，有现货市场和期货市场。现货市场和期货市场的交易都很少直接采用实物交割，而是采用账面拨付的办法，即把寄存于某金库的黄金更改一下标签，就改变了所有者，这样既节省了搬运费用，又避免了运送风险。2002 年 10 月上海黄金交易所开业，标志着中国的黄金业开始走向市场化。上海黄金交易所是目前国内可以交易现货黄金和其他贵金属的交易所。

**知识链接**

**我国的三大证券交易所**

北京证券交易所（简称“北交所”），于 2021 年 9 月 3 日注册成立，是经国务院批准设立的中国第一家公司制证券交易所，受中国证监会监督管理。这一消息意味着我国第三大证券所诞生，三足鼎立时代正式到来，以北上深三大核心圈组成中国的核心证券资本圈。三大证券交易所的区别：

1. 上海证券交易所成立于 1990 年 11 月 26 日，包含上证板块和科创板块，上证板块涨跌幅 10%，而科创板块涨跌幅 20%。深圳证券交易所成立于 1990 年 12 月 1 日，包含深证板块、中小企业板块和创业板块，深证板块和中小企业板块涨跌幅为 10%，而创业板块涨跌幅为 20%。北京证券交易所的股票涨跌幅为 30%。

2. 上海证券交易所主要以主板为主，重点服务各行业、各地区的龙头企业和大型骨干企业，2019 年科创板正式开板，支持高科技企业发展壮大。深圳证券交易所定位于中小板，后开启创业板，服务中型企业和初创型企业。北京证券交易所，打造服务创新型中小企业主阵地，由新三板精选层变更而来，这是对新三板深化改革的重大举措。

3. 上海证券交易所和深圳证券交易所属于会员制证券交易所，北京证券交易所是公司制证券交易所。会员制证券交易所是不以营利为目的，由会员自治自律、互相约束，参与经营的会员可以参加股票交易中的股票买卖与交割的交易所。目前，世界上许多著名的证券交易所都采取会员制证券交易所形式。公司制证券交易所以营利为目的，它是由各类出资人共同投资入股建立起来的公司法人。该种证券交易所只提供场地、设备、人员等，在政府主管机构的管理与监督下，吸收各类证券商在集中的交易市场内自由地买卖并集中交割，但不参与本所上市证券的买卖。

## 复习思考题

1. 什么是金融市场？其特点有哪些？金融市场有哪两种融资方式？
2. 简述金融市场的构成要素。
3. 简述金融工具含义和特征。
4. 简述货币市场与资本市场的概念及区别。
5. 在金融市场中，任何个人和单位都能参与金融交易吗？
6. 谈谈你对最近中国股市的认识。

# 第八章
# 国际金融

【知识目标】 1. 掌握外汇、汇率的概念，汇率的种类

2. 了解外汇的种类、主要的国际金融机构

3. 理解国际收支平衡表的主要内容、外汇汇率的标价方法

【思政目标】 了解国情，培养学生服务国家的责任感

【情境引例】

### 出国留学换汇技巧

出国留学之前，需要考虑周全，其中很重要的一点就是兑换外币。哪些银行可以兑换外币？怎么换最划算？

国内四大行：中、农、工、建都可以兑换外币。其中，中国银行能兑换的币种最多，包括：英镑、港币、美元、瑞士法郎、新加坡元、瑞典克朗、丹麦克朗、挪威克朗、日元、加拿大元、澳大利亚元、欧元、澳门元、菲律宾比索、泰国铢、新西兰元、韩元等。

其他银行，如招商银行、交通银行等也可以办理。招行、交行的信用卡如果有3万元的人民币额度，那就有等额的美元可以提取。此外，并不是所有的银行营业厅都能办理兑换外币业务。某些城市只有特定营业厅能兑换外币，需提前打电话咨询。外币兑换的手续并不复杂，在预约了之后，持本人有效身份证件、填写相关单据、交付现钞即可办理。

随着人民币升值，外汇汇率波动较大，换汇多了很多“学问”，瞅准时机换汇能节省不少银子。

1. 换汇应提早关注汇率。在汇率较合适的时候适当分批买入，避免出行前匆忙购汇，面对一路走高的汇率懊恼不已。我国境内居民个人购汇实行年度总额管理，年度总额每人每年等值5万美元，也就是说，三口之家一年可以换汇15万美元，足够支付在境外一年的学费和生活费。如果需要超过年度总额购汇，只要能提供相应的证明材料，也可以直接在银行办理购汇手续。

2. 各银行外汇牌价不同，可货比三家。同一银行在不同时刻外汇牌价不一样，不同银行在同一时刻外汇牌价也有差别。在换汇时，可登录各银行的网站或电话查询外汇牌价，货比三家后换汇。

3. 对有升值预期的币种，可一次购入；贬值预期的币种，分批购买。

# 第一节　国际收支

## 一、国际收支的概念

国际收支是指一国在一定时期内对外所发生的全部经济交易的系统记录。也就是指一国或地区与世界其他国家或地区之间由于贸易、非贸易和资本往来而引起国际间资金移动，从而发生的一种国际间资金收支行为。它包括两种具体的收支形式：直接的货币收支和以货币表示的资产的转移。目前各国普遍采用这一国际收支概念，并据以编制国际收支平衡表。

## 二、国际收支平衡表的主要内容

一个国家的国际收支情况集中反映在这个国家的国际收支平衡表中。国际收支平衡表是系统地记录一个国家在一定时间内（一年、半年或一个季度）各种国际收支项目及其金额的统计表。国际收支平衡表是按照会计学的复式借贷记账法原理编制的，即以借贷作为符号，以“有借必有贷，借贷必相等”来记录每笔国际经济记录。一切收入项目或负债增加、资产减少的项目都列为贷方；一切支出项目或资产增加、负债减少项目都列为借方。每一笔经济交易有借必有贷，同时分记有关的借贷两方，金额相等，因此原则上国际收支平衡表金额项目的借方总额与贷方总额是相等的，其净差额为零。但国际收支平衡表每一具体项目的借方和贷方却经常是不平衡的，每一具体项目收支相抵后往往会出现一定的差额，如贸易差额、劳务收支差额等。这种差额称为局部差额。如果收入大于支出，有盈余时，称为“顺差”；如果支出大于收入，有赤字时，称为“逆差”。

各个国家所编制的国际收支平衡表，其项目内容不尽相同。国际货币基金组织出版的《国际收支手册》1993 年第五版，对国际收支平衡表的编制所采用的概念、准则、管理、分类方法以及标准构成都作了统一的说明，将国际收支账户分为四大类：

### （一）经常账户

经常账户是反映一国与他国之间实际资源的转移状况的账户，是经常发生的国际经济交易，也是一国国际收支平衡表中最基本、最重要的账户。它包括以下项目：

1. 货物。货物是经常账户的第一大项目，主要记录进出口商品发生的外汇收支，也称有形贸易收支。

2. 服务。服务是经常账户的第二大项目，主要记录运输、金融、邮电、工程承包、计算机与信息服务、咨询设计、旅游、专利权使用等服务所发生的外汇收支，也称无形贸易收支。

3. 收入。收入包括职工报酬和投资收入，其中职工报酬包括以现金或实物形式支付给非居民工人的工资、薪金和其他福利。投资收入包括居民因拥有国外金融资产而得到的收入。

4. 经常转移。也称单方面转移或无偿转移，主要记录商品、服务或金融服务从居民一方转移到非居民一方而不要求得到对等报偿的外汇收支，如战争赔款、政府间的军事援助、经济援助和捐赠、侨汇、遗产继承、年金、退休金汇款等。

### （二）资本和金融账户

资本和金融账户是指对资产所有权在国际间流动行为进行记录的账户，包括资本账户和金融账户两大部分：

1. 资本账户包括资本转移和非生产、非金融资产的收买或放弃。①资本转移涉及固定资产所有权转移，同固定资产买进卖出联系在一起或以其为条件的资金转移以及债权人不索取任何回报而取消的债务。②非生产、非金融资产的收买或放弃是指各种无形资产如专利、版权、商标、经销权以及租赁和其他可转让合同的交易。

2. 金融账户就是一国或地区的国外资产和负债。这里的资产必须是法律上实际存在的债权。根据投资类型或功能，金融账户可以分为直接投资、证券投资、其他投资三种。

### （三）储备资产

储备资产包括货币黄金、特别提款权、在基金组织的储备头寸、外汇、其他债权等。储备资产中的外汇储备，是一国政府所持有的国际储备资产中的外汇部分，即一国政府保有的以外币表示的债权。为了应付国际支付的需要，各国的中央银行及其他政府机构所集中掌握的外汇储备，同黄金储备、特别提款权以及在国际货币基金组织中可随时动用的款项一起，构成一国的官方储备（储备资产）总额。外汇储备的主要用途是支付清偿国际收支逆差，还经常被用来干预外汇市场，以维持本国货币的汇率。外汇储备的主要形式有政府在国外的短期存款，其他可以在国外兑现的支付手段，如外国有价证券，外国银行的支票、期票、外币汇票等。在国际储备资产总额中，外汇储备比例不断增高。外汇储备的多少，从一定程度上反映一国应付国际收支的能力，关系到该国货币汇率的维持和稳定。它是显示一个国家经济、货币和国际收支等实力的重要指标。

### （四）净误差与遗漏账户

国际收支账户采用的是复式记账法，因而所有账户的借方总额和贷方总额应相等。但由于不同账户的统计资料来源不一、记录时间不同以及一些人为因素等原因，会造成结账时出现净的借方或贷方余额，这时就需要人为设立一个抵销账户，数目与上述余额相等而方向相反。净误差与遗漏账户就是这样一种账户。简单地说，由于从事国际交往的行为主体成千上万，统计时难免发生差错，因而，一切统计上的误差均归入净误差和遗漏账户。国际收支平衡表如表 8－1 所示。

**表 8－1　　国际收支平衡表**（简表）

| 项　目 | 差额 | 贷方 | 借方 |
|---|---|---|---|
| 一、经常账户 | | | |
| （一）货物和服务 | | | |
| 1. 货物 | | | |
| 2. 服务 | | | |

续表

| 项　目 | 差额 | 贷方 | 借方 |
|---|---|---|---|
| （二）收入 | | | |
| 1. 职工报酬 | | | |
| 2. 投资收入 | | | |
| （三）经常转移 | | | |
| 1. 各级政府 | | | |
| 2. 其他部门 | | | |
| 二、资本和金融账户 | | | |
| （一）资本账户 | | | |
| （二）金融账户 | | | |
| 1. 直接投资 | | | |
| 2. 证券投资 | | | |
| 3. 其他投资 | | | |
| 三、储备资产 | | | |
| 四、净误差与遗漏 | | | |

## 三、我国的国际收支

### （一）我国国际收支概况

在 1980 年以前，我国未曾编制过国际收支统计。1980 年，我国相继恢复了在国际货币基金组织和世界银行的合法席位。作为该组织的成员国，我国要定期向其提供有关资料，国际收支统计资料是其中一项。1985 年 9月，国家外汇管理局首次公布了我国 1982—1984 年的国际收支概览表。从 1987 年开始，我国每年定期公布上一年的国际收支状况。我国自 1994 年开始正式实行国际收支统计申报制度，从此我国的国际收支平衡表的统计和编制便走上了正轨，并逐年对外公布。

### （二）我国 2020 年国际收支的特点

根据 2021 年 2 月 19 日外汇局公布的 2020 年四季度及全年国际收支平衡表初步数据：2020 年，我国经常账户顺差 2 989 亿美元，与同期国内生产总值（GDP）之比为 2%，继续处于合理区间，跨境资金双向平稳流动，国际收支保持基本平衡。

数据显示，2020 年四季度，我国经常账户顺差 8 601 亿元（1 302 亿美元），其中，货物贸易顺差 12 788 亿元，服务贸易逆差 1 878 亿元，初次收入逆差 2 582 亿元，二次收入顺差 273 亿元。资本和金融账户中，直接投资顺差 3 784 亿元，储备资产增加 1 628 亿元。

2020 年，我国经常账户顺差 20 437 亿元（2 989 亿美元），其中，货物贸易顺差 36 611 亿元，服务贸易逆差 10 040 亿元，初次收入逆差 6 776 亿元，二次收入顺差 642 亿元。资本和金融账户中，直接投资顺差 6 991 亿元，储备资产增加 1 878 亿元。

2020 年我国国际收支呈现三大特点：

一是货物贸易保持较高顺差。2020 年，国际收支口径的货物贸易顺差为 5 338 亿美元。其中，出口同比增长 4%，进口与 2019 年基本持平，均明显好于预期。分季度看，货物贸易顺差呈现出先降后升的走势：一季度由于新冠肺炎疫情暴发，顺差规模明显回落；二至四季度，通过采取有效的疫情防控措施，我国率先复工复产，弥补全球产出缺口，顺差较快恢复。

二是服务贸易逆差收窄。2020 年，服务贸易逆差 1 453 亿美元，同比下降 44%。其中，旅行逆差 1 162 亿美元，同比下降 47%，主要是在疫情影响下，跨境出行受限，旅行收支大幅萎缩。

三是直接投资延续较高顺差，证券投资双向交易活跃。2020 年，直接投资顺差 1 034 亿美元，同比增长 78%，其中对外直接投资 1 096 亿美元，同比增长 12%，境内主体对外投资保持理性有序；来华直接投资 2 130 亿美元，同比增长 37%，表明境外投资者看好我国经济长期发展潜力。证券投资项下双向流动更加活跃，对外证券投资和来华证券投资均表现为增长。

总体来看，我国正在加快构建以国内大循环为主体、国内国际双循环相互促进的新发展格局，积极促进内需和外需、进口和出口、引进外资和对外投资协调发展，有利于我国国际收支保持基本平衡。

# 第二节 外汇与汇率

## 一、外汇的概念及其种类

### （一）外汇的概念

外汇是指以外币表示的可用于对外支付的金融资产。《中华人民共和国外汇管理条例》第三条规定：“本条例所称外汇，是指下列以外币表示的可以用作国际清偿的支付手段和资产：①外国货币，包括纸币、铸币；②外币支付凭证或者支付工具，包括票据、银行存款凭证、银行卡等；③外币有价证券，包括债券、股票等；④特别提款权；⑤其他外汇资产。”

外国货币不一定都是外汇。外国货币是否称为“外汇”，首先要看它能否自由兑换，或者说这种钞票能否重新回流到它的国家，而且可以不受限制地存入该国的任意一家商业银行的普通账户上去，并在需要时可以任意转账。只有在国际金融市场上可自由兑换的外币以及在国际上能够得到偿付的外币债权才能称为外汇。

特别提款权 SDR

常用货币及其英文缩写如表 8 -2 所示。

表 8－2　常见货币名称及其英文缩写

| 货币名称 | 货币符号 | 货币名称 | 货币符号 | 货币名称 | 货币符号 |
| --- | --- | --- | --- | --- | --- |
| 人民币 | RMB | 澳大利亚元 | AUD | 新加坡元 | SGD |
| 美元 | USD | 瑞士法郎 | CHF | 新西兰元 | NZD |
| 日元 | JPY | 加拿大元 | CAD | 泰铢 | THB |
| 欧元 | EUR | 菲律宾比索 | PHP | 印尼盾 | IDR |
| 英镑 | GBP | 俄罗斯卢布 | SUR | 韩国元 | KRW |
| 港币 | HKD | | | | |

### （二）外汇的种类

1. 按能否自由兑换划分，外汇主要分为自由外汇和记账外汇。

（1）自由外汇。自由外汇是指无须经货币发行国外汇管理机关批准，在国际金融市场上可以自由转换为其他国家货币的外汇。它能在国际交往中作为支付手段被广泛地使用和流通。如美元、英镑、欧元、加拿大元、日元、澳大利亚元、港币、新加坡元、新西兰元、马来西亚林吉特等货币，以及这些货币所表示的支票、汇票、股票、旅行支票等，属于自由外汇。

（2）记账外汇。记账外汇是指两国政府签订的支付协议中所使用的外汇。在一定条件下可作为两国交往中使用的记账工具。记账外汇，不经货币发行国家管理当局批准，不能自由兑换为其他国家的货币，也不能对第三国支付，只能根据有关两国的协定，在相互间使用。如我国先前与苏联的贸易与非贸易往来采用的就是记账外汇，原规定记账外汇为卢布，后改为瑞士法郎。运用记账外汇从事经济活动的两国，在年底集中冲销债权债务后，其差额可用现汇支付或转入下一年度继续使用。

> **小问题**
>
> 人民币是自由外汇吗？

2. 按来源和用途不同划分，外汇可分为贸易外汇和非贸易外汇。

（1）贸易外汇。贸易外汇是指由于国际间商品的输入或输出所形成的支出或收入的外汇。一个国家的商品输出会收入外汇，商品输入需支付外汇。贸易外汇除了直接从事商品的进出口所产生的外汇收付以外，还包括来料加工、补偿贸易、租赁等业务经营中的外汇收付。贸易外汇往往是一个国家外汇收入的主要来源，也是一个国家外汇支出的主要部分。

（2）非贸易外汇。非贸易外汇是指各国之间除了贸易之外的其他各种经济往来过程中发生收支的外汇。如劳务的进出口（运输、保险、金融、旅游等）、侨民的汇兑、投资利润的分享（利息、股息、红利分配等）及其他方面（国外借款等）。

3. 按外汇交割的期限划分，外汇可分为即期外汇和远期外汇。

（1）即期外汇。即期外汇又称现汇，是指在外汇买卖成交以后，于当日或两个营业日内办理交割的外汇。其特点是成交后马上交割。

（2）远期外汇。远期外汇又称期汇，是指外汇市场买卖双方按商定的汇价订立买卖合同，到约定的日期进行交割的外汇。其特点是先成交，在未来的日子里按合同中规定的金额、期限和汇率办理交割。

## 二、外汇汇率

### （一）外汇汇率的含义

汇率是一个国家的货币折算成另一国家货币的比率，也就是一种货币用另一种货币表示出来的价格。国际间政治、经济、文化的联系以及贸易和非贸易往来所引起的货币收支和债权债务都要在有关国家间办理国际结算，而这种结算就是通过经常、大量的外汇买卖来进行的。外汇买卖必须有一个兑换比率，即汇率或汇价，才能使交易达成。所以每一个国家都规定本国货币对其他国家货币的汇率。简言之，汇率就是两种不同货币之间的比价。

### （二）外汇汇率的标价方法

汇率的标价方法，也就是标明或表示外汇价格的方法，也叫外汇挂牌的方法。目前，国际上汇率标价法有三种：直接标价法、间接标价法和美元标价法。

1. 直接标价法。是以一定单位（1 或 100 个单位）的外国货币折合成若干单位的本国货币。它是用外国货币作为基准货币，本国货币作为标价货币。直接标价法表示买进一定数额外汇需要支付多少本国货币，所以又叫应付标价法。包括中国在内的世界上绝大多数国家目前都采用直接标价法。例如，2021 年 11 月 17 日中国外汇交易中心公布：1 美元 = 6.393 5 元人民币，1 欧元 = 7.237 1 元人民币。

直接标价法的特点是一定单位的外国货币数额固定不变，折合的本国货币的数额则随着外汇行市的变化而变化。如果一定单位外币换得本国货币的数量增加，如 US$100 = RMB ¥ 638.53，称为外汇汇率上涨，说明外国货币对本国货币的币值上升，或本国货币对外国货币的币值下降；反之称为外汇汇率下跌，说明外国货币对本国货币的币值下降，或本国货币对外国货币的币值上升。

2. 间接标价法。是以一定单位（1 或 100 个单位）的本国货币为标准，折合成若干单位的外国货币。间接标价法表示支付一定单位本国货币，应收若干数额的外国货币，所以又叫应收标价法。例如，2022 年 1 月 7 日英镑对美元汇率：GBP1 = USD1.353 9，对英国来说就是间接标价法。

间接标价法的特点是本国货币的数额固定不变，汇率的涨跌以相对的外国货币数额的变化来表示。如果一定单位本国货币所换得的外国货币数额增加，如 GBP1 = USD1.553 9，表明外汇汇率下跌，说明本国货币对外国货币的币值上升，外国货币对本国货币的币值下降。反之，称为外汇汇率上升。

当今世界上大多数国家都采用直接标价法。采用间接标价法的目前只有英国和美国。

3. 美元标价法，是以一定单位的美元为标准来计算应兑换多少其他货币的汇率表示方法。它是各大国际金融中心普遍使用的方法。

### （三）汇率的种类

1. 基本汇率和套算汇率。基本汇率是指一国货币对关键货币的汇率。关键货币应具备在国际交往中使用最多，在外汇储备中占比重最大，可自由兑换并在国际上被普遍接受的特点。目前大多数国家把美元当作关键货币，把本币对美元的汇率称为其基本汇率。套算汇率是根据基本汇率套算出本币与其他国货币之间的汇率。

2. 固定汇率和浮动汇率。固定汇率是指两国货币汇率基本固定的，其波动幅度限制在一定范围内的汇率。浮动汇率是指汇率水平完全由外汇市场上的供求决定，政府不加任何干预的汇率制度。在当今世界上，由于政府力量的强大和对经济生活日益加深的干预，各国政府同样也或多或少地对汇率水平进行干预和指导。我们将这种有干预有指导的浮动汇率称之为有管理的浮动汇率。

3. 买入汇率、卖出汇率、中间汇率及现钞汇率。买入汇率是银行向客户买入外汇所使用的汇率。卖出汇率是银行向客户卖出外汇时使用的汇率。买卖汇率之间的差幅一般为1‰～5‰，是银行买卖外汇的收益。中间汇率是买入与卖出汇率的平均数。报纸杂志报道汇率、银行年终决算制作报表时常用中间汇率。现钞汇率是银行买入外币现钞的价格，银行收兑进的外币现钞最终要运送出境外，这就要花费包装费、运费和保险费，此外还要考虑利息费用。因此，银行的现钞买入价低于外汇买入价，外币现钞卖出价与外汇卖出价相同。

4. 即期汇率与远期汇率。即期汇率是在外汇交易协议达成后，在当日或两个营业日内进行外汇交割所使用的汇率。远期汇率是指外汇交易双方达成外汇买卖协议后，约定在将来某一时间进行外汇实际交割所使用的汇率。

5. 官方汇率与市场汇率。官方汇率是由一国外汇管理当局所规定的汇率。市场汇率是由市场供求状况自发决定或形成的汇率。

此外，按外汇银行营业时间划分，有开盘汇率和收盘汇率；按汇兑的不同方式划分，有电汇汇率、信汇汇率和票汇汇率等。

### （四）影响汇率变动的主要因素

在外汇市场上，各种货币的汇率经常发生波动，引起汇率变动的主要因素是：

1. 一国的经济状况。这是影响汇率的最根本的因素。当一国的经济状况较以前改善时，该国货币代表的价值量就提高，该货币对外币就升值；当一国的经济状况较以前恶化时，该国货币代表的价值量就减少，该货币对外币就贬值。

2. 国际收支。国际收支状况对一国汇率的变动发生直接影响。一般情况是：一国国际收支持续顺差，外汇收入相应增多，国际储备也随之增长，反映在外汇市场上就会出现外汇供大于求的情况，导致外汇汇率下跌；反之，一国国际收支持续逆差，在外汇市场上就会出现外汇供给小于外汇需求，导致外汇汇率上涨。

3. 通货膨胀。在一国发生通货膨胀情况时，该国货币所代表的价值量减少，其实际购买力下降，国内物价总水平趋于上涨，直接影响一国商品劳务在世界市场上的竞争能力，从而引起出口商品的减少和进口商品的增加。在此情况下，该国对外汇需求增加，必将导致外汇汇率上涨。反之则会导致外汇汇率下降。

4. 利率水平。一国利率水平的高低，是反映借贷资本供求状况的主要标志。一国利率水平相对提高，会吸引外国资本流入该国，从而增加对该国货币的需求，该国货币汇率就趋于上浮。一国的利率水平相对降低，会直接引起国内短期资本流出，从而减少对该国货币的需求，该国货币汇率就下浮。

除上述因素外，外汇投机活动、关税政策、外贸政策、外汇管理措施、政治经济形势等对汇率变动均有一定的影响。

## 三、我国人民币汇率制度及其管理

### （一）人民币汇率制度

人民币汇率是我国人民币对外币的比价。人民币汇率采用直接标价法，多数情况下以100单位外币为标准折合人民币若干元。现行的人民币汇率主要是对发达国家货币之间的有管理的浮动汇率，其中以人民币对美元的汇率为基础汇率，人民币与其他货币之间的汇率通过各自与美元的汇率套算出来。

人民币汇率每天通过中国经营外汇业务的银行挂牌公布，具体分为买入价、卖出价和中间价。银行买入外汇用买入价，卖出外汇用卖出价。

自2005年7月21日起，我国开始实行以市场供求为基础、参考一篮子货币进行调节、有管理的浮动汇率制度。在新制度中，人民币汇率不再盯住单一美元，而是按照我国对外经济发展的实际情况，选择若干种主要货币，赋予相应的权重，组成一个货币篮子。同时，根据国内外经济金融形势，以市场供求为基础，参考一篮子货币计算人民币多边汇率指数的变化，对人民币汇率进行管理和调节，维护人民币汇率在合理均衡水平上的基本稳定，据此形成更富弹性的人民币汇率机制。

### （二）中国现行的外汇管理框架

1. 人民币经常项目可兑换。1996年，我国正式接受《国际货币基金组织协定》第八条款，实现了人民币经常项目可兑换。

2. 资本项目部分管制。按照“循序渐进、统筹规划、先易后难、留有余地”的改革原则，中国逐步推进资本项目可兑换。

3. 金融机构外汇业务进行严格的监督和管理。银行在办理结售汇业务中，必须严格按照规定审核有关凭证，防止资本项目下的外汇收支混入经常项目结售汇，防止不法分子通过结售汇渠道骗购外汇。

4. 不断改进人民币汇率形成机制。人民币汇率形成机制改革坚持主动性、可控性、渐进性的原则。自2005年7月21日起，我国开始实行以市场供求为基础、参考一篮子货币进行调节、有管理的浮动汇率制度。

5. 外汇市场不断发展适应人民币汇率形成机制改革，银行间外汇市场对交易主体、交易机制、业务品种和范围、汇价管理、结售汇头寸管理等方面进行重大调整。

6. 国际收支监测体系不断完善。重新设计和开发了新版银行结售汇统计系统；升级国际收支统计监测系统；加快建设国际收支统计监测预警体系，初步建立高频债务监测系统和市场预期调查系统，不断提高预警分析水平。

**案例分析**

汇率风险又称外汇风险，指经济主体持有或运用外汇的经济活动中，因汇率变动而蒙受损失的可能性。

2021年1月我国上海市的A公司与德国的B公司签订了金额为100万元人民币的贸易合同，双方约定于同年11月22日用欧元进行结算，1月签订合同时欧元的汇率在8.025左右，而到11月22日结汇时，欧元的汇率跌至7.2086左右，汇率的下跌使我国的A公司损失不少。

我国的A公司与德国的B公司签订的贸易合同，由于将来进行结算时的汇率没有确定，因而存在一定的风险，这是一般企业以外币计价进行贸易交易时而产生的风险，又称为“交易结算风险”，这是因错误地选择结算货币而产生的汇率风险。

# 第三节　国际金融机构

国际金融机构是指从事国际性金融管理及国际间融资业务的超国家性质的组织机构。它的成员通常由参加国政府或政府机构组成，是一种政府间的金融合作组织。

## 一、全球性国际金融机构

### （一）国际货币基金组织（International Monetary Fund，IMF）

国际货币基金组织是根据1944年7月举行的布雷顿森林会议通过的《国际货币基金协定》建立的政府间的国际金融组织。1945年12月正式成立，于1947年3月1日开始金融运作。它是联合国的专门机构之一，总部设在华盛顿，也是目前世界上最大的政府间金融机构。我国是国际货币基金组织的创始国之一。

国际货币基金组织的宗旨是加强各国在货币金融领域的合作，稳定货币汇率，促进国际贸易，通过贷款帮助成员国解决国际收支不平衡的困难。其业务的资金主要由会员国认缴的基金份额、借入资金和信托基金构成。主要业务是以发放贷款方式向会员国融资，贷款对象仅限于会员国政府。

国际货币基金组织是以成员国入股方式组成的金融机构，所有的会员国必须缴纳一定的份额作为入股基金。国际货币基金组织的重大问题由成员国投票决定，每个成员国的投票权与其向国际货币基金组织所缴份额密切相关。

### （二）世界银行（International Bank for Reconstrution and Development，IBRD）

通常所说的世界银行即国际复兴开发银行，是1944年7月举行的布雷顿森林会议后建立的国际金融组织。1945年12月正式成立，于1946年6月开始营业。它是联合国的专门机构之一，总部设在华盛顿。凡是参加世界银行的国家必须是国际货币基金组织的成员国，但国际货币基金组织的成员国不一定参加世界银行。我国于1980年5月15日恢复了在世界银行的合法席位。

世界银行的宗旨是鼓励不发达国家发展生产与资源的开发；促进私人对外投资；鼓励国际投资，开发成员国生产资源，促进国际贸易；对成员国提供贷款保证。资金来源主要是成员国缴纳的股金、在国际资本市场上发行中长期债券、留存净收益、贷款资金回流和债权转让收入。其业务主要是发放贷款。

世界银行的组织机构与国际货币基金组织相似，由理事会、执行董事会组成。各成员国的投票权大小根据其持有的股金份额多少决定，也是实行加权投票制。

### （三）国际清算银行（Bank for International Settlements，BIS）

国际清算银行是1930年成立的世界上第一家国际金融机构，行址在瑞士的巴塞尔。设立的最初目的是处理第一次世界大战后德国对协约国的战争赔款及相关业务。1948年，它成为欧洲经济合作组织的银行，此后又成为西方国家中央银行进行货币合作的机构。1996—1997年，又吸收了亚洲、拉丁美洲等国家中央银行参加。时至今日，国际清算银行已发展成为一个重要的国际金融机构，它是一个各国中央银行磋商、合作的重要场所，故又称为“央行中的央行”，在中央银行外汇储备管理和国际金融研究方面享有很高声誉。

1984年我国与国际清算银行开始建立业务联系，中国人民银行在该行存放黄金和外汇，成为该行的客户，从1985年开始，我国每年都以客户身份参加国际清算银行的年会。1996年9月9日，国际清算银行董事会通过一项决议，决定接纳中国、香港金融管理局为该行的新成员。

### （四）国际开发协会（International Development Association，IDA）

国际开发协会是一个专门从事对欠发达国家提供期限长和无息贷款的国际金融组织。国际开发协会是全球众多最贫困国家的最大援助来源之一，也是这些国家基本社会服务捐助资金的最大单一来源。国际开发协会的贷款多会以无息的形式（存在一定手续费），还款期限可长达50年，还向面临债务违约风险的国家提供赠款，以及对穷国进行大量债务减免等。

在1959年10月IMF和世界银行年会上，通过了建立专门资助最不发达国家的国际开发协会的决议，1960年9月24日正式成立了国际开发协会，世界银行的成员国均可成为国际开发协会的成员国，目前共有173个成员国，总部位于美国华盛顿。

### （五）国际金融公司（International Finance Corporation，IFC）

国际金融公司，世界银行集团成员，是专注于发展中国家私营部门发展的全球最大发展机构。国际金融公司的设立，是由于IMF和世界银行的贷款对象主要是成员国政府，而私人企业的贷款必须由政府机构担保，限制了世界银行业务活动的扩展。因此，1951年提议在世界银行下设立国际金融公司，并最终于1956年7月24日正式成立，世界银行的成员国均可成为该公司的成员国。

## 二、区域性国际金融机构

主要有欧洲投资银行、亚洲开发银行、非洲开发银行、泛美开发银行、亚洲基础设施投资银行等。

### （一）亚洲开发银行（Asian Development Bank，ADB）

亚洲开发银行由联合国所属机构——亚洲太平洋经济委员会创办，于1966年11月正式建立，总部设在菲律宾首都马尼拉，是面向亚太地区的区域性政府间的金融开发机构。参加亚洲开发银行的，不仅有亚洲及太平洋经济委员会成员国和亚太地区的其他国家或地区，还有亚太地区外的国家或地区。1986 年 3 月 10 日，我国成为亚洲开发银行正式成员国。

亚洲开发银行的宗旨是向其成员国提供贷款和技术援助；同联合国及其专门机构进行合作，帮助协调成员国在经济、贸易和发展方面的政策，以促进亚太地区的经济发展。

亚洲开发银行资金来源主要是各成员国（地区）认缴的股金、捐款、国际金融市场筹资和银行业务净收益。贷款对象为亚太地区的成员国。贷款着重于农业、能源或为农业服务的工业项目。贷款形式有两种：一种是普通贷款，一种是优惠贷款。普通贷款主要提供给经济状况比较好的国家和地区；优惠贷款则主要提供给贫穷的发展中国家和地区。优惠贷款的偿还期和宽限期长，利息也较低。

中国是亚洲开发银行的第三大认股国，并于 1987 年 4 月 28 日，在大阪举行的亚行理事会第 20 届年会上，中国当选为亚洲开发银行的董事国。

### （二）亚洲基础设施投资银行（Asian Infrastructure Investment Bank，AIIB）

亚洲基础设施投资银行，简称亚投行，2015 年 12 月 25 日成立，它是亚洲地区的一个政府间多边发展机构。重点支持基础设施建设，支持的项目包括六个方面：铁路、管道、电力、公路、港口、通信，其目的是促进亚洲地区的建设、互联互通和经济一体化进程，加强中国与其他亚洲国家和地区的合作。它是中国发起的第一家多边金融机构，总部设在北京，拥有 1 000 亿美元的法定资本。截至 2020 年 7 月，亚投行有 103 个成员国。

**阅读资料**

**世界银行启动有史以来最大的经济复兴计划**

据加纳媒体报道，世界银行集团计划启动 1 570 亿美元的有史以来最大的疫情防控、经济和社会复兴计划，以应对疫情对发展中国家的严重不利影响。世界银行集团已在 2021 财年启动 1 100 亿美元的危机应对计划。

自从新冠肺炎疫情开始以来，世界银行已经向很多国家提供了疫情防控、卫生系统建设、保护弱势群体、增加就业等方面的帮助。预计有 90% 的发达国家经济将于 2022 前恢复到疫情之前的水平，但只有 1/3 的发展中国家实现同样的经济增长。2020 年世界极端贫困人口在 20 年来首次增加了 1 亿人。为此，世界银行将不懈努力，为发展中国家提供重要的经济援助，摆脱经济危机，实现广泛基础的经济复兴。

（资料来源：中国商务新闻网，2021 年 7 月 26 日。）

## 复习思考题

1. 什么是外汇？外汇汇率的标价方法有哪两种？
2. 简述我国人民币汇率制度及其管理的主要内容。
3. 国际金融机构有什么作用？有哪些国际金融机构？

# 第九章
# 财政政策与货币政策

【知识目标】 1. 掌握财政政策的构成要素及财政政策工具
2. 掌握货币政策目标及货币政策工具分类
3. 理解财政政策和货币政策对经济的影响

【思政目标】 1. 培养学生的公共意识，增强公共责任和公共管理能力
2. 加强行使公权力教育和加强权力监督教育

【情境引例】

### 积极财政政策助力巩固经济稳中向好

2012 年以来，我国连续十年实施积极的财政政策，顺应经济发展变化和市场主体急需丰富政策内涵，合理确定赤字率水平，扩大政府投资规模，实施大规模减税降费，坚决不搞“大水漫灌”式的强刺激，相机预调微调、“精准滴灌”，有效发挥逆周期调节作用，推动经济社会发展成效显著。

2021 年下半年工作重点是“一个保持”“两个提高”“三项重点”，使积极的财政政策提质增效、更可持续。

“一个保持”，即保持财政政策的连续性、稳定性和可持续性，不急转弯，保持对经济恢复必要的支持力度。支持实施扩大内需政策，稳定和扩大居民消费，积极拓展投资空间，落实落细减税降费政策，坚决不收“过头税费”。

“两个提高”。一是提高支出效率，继续用好管好常态化资金直达机制，进一步优化分配流程，加强执行分析，确保资金管得严、放得活、用得准。二是提高资金使用绩效，推动绩效管理覆盖所有财政资金，切实做到花钱要问效、无效要问责。

“三个重点”。一是重点支持实施国家重大的战略任务，围绕国之大者，支持打好关键核心技术攻坚战，推动产业链供应链优化升级，支持全面实施乡村振兴战略，加强污染防治和生态建设等方面。二是重点保障和改善基本民生，落实就业优先政策，促进教育高质量发展，稳步提高社会保障水平，强化公共卫生投入，支持发展文化事业和文化产业。三是重点推进风险防范化解，统筹做好国债、地方政府债券发行工作，强化地方政府债务存量风险的化解和增量风险的防范工作。

（资料来源：中华人民共和国财政部网站，2021 年 8 月 5 日。）

2012 年起，积极财政政策这个名词频繁出现在新闻媒体中，尤其在新冠肺炎疫情出现后，财政部采取了一系列财政手段来稳经济、保民生，但是很多人并不理解财政政策的含义，本章我们就来学习有关财政政策和货币政策的相关内容。

## 第一节 财政政策

### 一、财政政策的含义

财政政策在近几年出现的频率之高是前所未有的，与和谐社会、关注民生紧密联系在一起，成为和谐“大合唱”中美妙的音符，2021 年财政政策，包括持续推进减税降费政策、推动构建新发展格局、加快建立现代财税体制、做好重点领域风险防范化解工作等方面持续发力。

财政政策是指国家根据一定时期政治经济形势和任务制定的指导财政分配活动，处理财政分配关系的基本准则和措施的总和。作为通过对财政收入和支出总量的调节来影响总需求，使之与总供给相适应的经济政策，财政政策是国家经济政策的重要组成部分，是客观存在的财政分配关系在国家意志上的反映。在现代市场经济条件下，财政政策又是国家干预经济、实现宏观经济目标的工具。财政政策与货币政策是政府控制与管理经济的最重要的两个宏观经济调控工具：财政政策借助政府财政开支、税收、债务融资方面的变化来刺激或减缓经济增长；货币政策则侧重对经济体中货币发行量的调节。

### 二、财政政策的构成要素

财政政策包括财政政策目标、财政政策主体和财政政策工具三大要素。

#### （一）财政政策目标

财政政策目标是在一定时期内，国家实施财政政策所要努力达到的预期日的，或要实现的期望值，它是财政政策的核心内容。根据我国社会经济的发展需要以及财政的基本特点，我国财政政策的目标，可以归结为以下几个方面：

1. 物价稳定。这是世界各国财政政策追求的重要目标。物价稳定是指一般物价水平在短期内没有显著的或急剧的波动。在市场经济条件下，商品价格是由市场上的供求关系决定的。如果个别商品的价格上下波动较大，有可能是由这些商品的供求因素所致，并不能反映整个宏观经济出了问题。但如果整个物价水平发生了很大的变动，则表明宏观经济的运行出现了问题。通常，物价水平上升过快，通货膨胀率较高，意味着经济过热，即总需求大于总供给；而物价水平大幅度回落，出现通货紧缩，意味着经济衰退，即总供给大于总需求。因此，可以形象地说，物价水平的变动状况是宏观经济运行的“晴雨表”。政府将物价相对稳定作为财政政策的一个重要目标，并不是要简单地干预市场上的物价，而是要运用适当的财政政策来调节宏观经济运行，抑制经济过热或刺激经济走出低谷。

2. 充分就业。充分就业是指现行总人口中，有工作能力、愿意工作又正在寻找工作的人，能在较合理的条件下，找到按现行工资率付酬的职业。一般以失业率指标来衡量劳动者的就业程度。所谓失业率，就是社会上具有工作能力且愿意工作而没有工作的失业人数与愿意就业的劳动者的比率，失业率的大小代表了社会的充分就业程度，失业率高，表明生产资源的浪费大，不利于社会的稳定，并对社会经济增长极为不利。因此，世界各国都运用财政政策尽可能地降低失业率。

3. 经济增长。经济增长是指一定时期内所生产的商品与劳务总量的增长，及与其相适应的供给能力的增长，这是各国政府所共同追求的重要目标。只有实现经济增长目标，才能增加就业，提高国民的收入与生活水平，也只有实现经济增长，社会才会安定，国家才能长治久安。经济增长应当是持续的、稳定的。我国常用国民生产总值或国内生产总值增长率反映经济增长情况，并以此作为调整财政政策的依据。

4. 收入公平分配。收入合理分配并不等于收入的均等化。由于社会成员的劳动贡献不同，他们所获得的收入报酬也不应当是均等的。要想达到既能充分调动社会成员的劳动积极性，又能避免分配上过分的贫富悬殊，就要求国家采取相应的财政政策，对各经济主体的利益进行调节。财政政策的收入公平分配的目标，就是要调节社会财富的分配，使之达到社会认为公平或公正的分配状态。合理分配税收负担，建立完善的社会保障体系，是实现收入合理分配目标的关键。

#### （二）财政政策主体

财政政策主体是指政策的制定者和执行者，财政政策的主体只能是各级政府，而且主要是中央政府。各级政策主体的行为是否规范，对于政策功能的发挥和政策效应的大小都具有关键作用。

#### （三）财政政策工具

财政政策工具是财政政策主体所选择的用以达到政策目标的各种财政手段。构成财政政策工具的必须具备两个条件：一是为实现财政政策目标所需要的；二是国家能够直接控制的。根据这两个条件，财政政策工具主要有税收、国债、财政支出、政府投资、财政补贴等。

### 三、财政政策工具

#### （一）税收

税收作为一种政策工具，它具有分配形式上的强制性、无偿性和固定性特征，这些特征使税收调节具有权威性。税收调节作用，主要通过调整税种、征税范围、税率、税收优惠、税收惩罚等措施，影响生产者或消费者，使其改变生产或消费行为。税收对实现财政政策目标的作用主要表现在以下几个方面：

1. 对经济稳定增长的作用。经济稳定增长是以社会总供求大体均衡为基本前提的。在社会需求膨胀、供给相对不足、经济发展速度过快时，增加税负可以提高财政收入占国民生产总值的比重，相应降低纳税人收入的增长幅度，从而起到收缩社会需求，抑制经济过快增长的调控效应；反之，在经济衰退时期，社会有效需求不足、供给相对过剩的情况下，降低税负以降低财政收入占国民生产总值的比重，可以相对增加纳税人的收入比重，从而起到刺激社会需求、促进经济发展的调控效应。

2. 税收对资源合理配置的作用。税收是一种对物质利益有广泛调节作用的财政政策工具，通过税率变化、增减税种、税收优惠等政策，对资源的充分利用和资源配置比例协调有着重要的影响。

3. 税收对收入公平分配的作用。税收是政府公平收入分配的重要手段。政府征收的各种所得税是对企业和居民收入直接的最终调节。通过开征适当的税种、制定适当的税率，如个人所得税、遗产税等，既可以起到保护合理收入、拉开收入档次、促进和提高效率的作用，又可以起到调节收入分配不公、防止贫富悬殊，在促进效率提高的前提下体现社会公平的作用。

### （二）国债

作为一种财政信用形式，国债最初是用来弥补财政赤字的。随着信用制度的发展，国债已成为调节货币供求、协调财政与金融关系的重要政策手段。国债的作用主要通过国债规模、持有人结构、期限结构、利率综合体现出来。政府可以通过调整国债规模，选择购买对象，区分国债偿还期限，制定不同国债利率来实现财政政策的目标。

### （三）公共财政支出

公共财政支出是增加社会总需求的重要渠道，其增减变化不但可以直接调节社会需求总量，而且可以改善社会产品的供给结构，因而成为宏观调控中重要的财政政策手段。

1. 购买性财政支出对经济稳定增长的作用。购买性财政支出的增减变动会引起社会总需求的扩张或收缩，进而对经济稳定增长产生影响。当社会需求过旺、经济发展过热时，减少财政支出，可以抑制社会需求，促使经济适度增长；而在经济萧条、社会需求相对不足时，增加财政支出，可以刺激需求，促使经济回升。

2. 转移性财政支出对收入公平分配的作用。转移性财政支出对收入公平分配的作用主要表现在两个方面：一是通过转移性支付来实施社会保障，提高低收入者的个人消费水平；二是通过政府投资增加低收入者的公共福利，相应提高其生活质量。

### （四）政府投资

政府投资指财政用于资本项目的建设支出，最终将形成各种类型的固定资产，是实现资源有效配置的重要手段。

1. 政府投资是实现资源有效配置的重要手段。在市场经济条件下，政府承担着市场不宜或不能实现的资源配置任务。政府投资的项目主要是那些具有自然垄断特征、外部效应大，具有示范和诱导作用的基础性产业、公共设施以及新兴的高科技主导产业等。私人不愿投资这些产业，但这些产业关系着国计民生，必须由政府进行投资。政府投资在资源配置上与市场形成互补，从而发挥着促进资源在私人产品与公共产品之间，基础产业与一般产业之间合理配置的作用。政府投资的能力与投资方向对经济结构的调整起关键性作用。我国改革开放以来，非政府部门的投资在增长，但非政府部门投资基础性产业受财力有限、预期收益不稳定等因素的制约。因此，在一个时期内，保持政府投资的适当比例，对于产业结构的调整具有重要意义。

2. 政府投资是影响经济稳定增长的决定性因素。由于政府投资数量大，作用力强，其投入能大大提高全社会的积累水平，促进经济稳定增长。当经济衰退时，总需求不足，增加政府投资，由于政府投资的示范、诱导作用可以刺激投资需求和消费需求，如我国从1998年开始每年用发行国债所筹资金加大对基础设施和基础产业的投资，这不仅直接增加了社会需求，而且还刺激了个人消费与企业投资，保证了从1998年到2011年连续13年每年经济增长率保持在7%以上；在经济繁荣时，总需求过旺，减少政府投资，由于政府投资的示范、诱导作用，可以抑制投资需求和消费需求。

### （五）财政补贴

财政补贴是政府转移性支付的重要形式，是与价格、工资等分配手段相配合发生作用的，具有调节灵活的显著特点。增减财政补贴不但影响社会需求而且调节社会供给。因此成为财政政策的重要工具。

1. 财政补贴对经济稳定增长的作用。当经济衰退、社会有效需求不足时，政府增加消费性补贴可以刺激消费需求，增加生产性补贴可以扩大投资需求，从而产生反经济衰退的作用；当经济过热、社会需求膨胀时，减少补贴则有抑制需求，稳定经济增长的调控效果。

2. 财政补贴对资源合理配置的作用。财政补贴是政府间接配置资源的一种方式。当一些因客观原因不具备市场竞争条件，又为国民经济协调发展所必需的产业难以通过市场获取平均利润时，通过财政补贴给予这些行业、企业适当的补助，如我国目前对“三农”的大量补贴，可以促使资源在这些部门中保持适当的配置比例，从而产生优化资源配置的调控效果。

3. 财政补贴对收入公平分配的作用。财政补贴是政府调节个人收入分配的重要手段，通过对低收入者和无收入者进行适当的救济性补助，可以提高其实际收入水平，从而达到收入公平分配的调控效果。

**案例分析**

2020年11月2日，国务院办公厅印发了《新能源汽车产业发展规划（2021—2035年）》（以下简称《规划》），《规划》提出，到2025年，纯电动乘用车新车平均电耗降至12.0千瓦时/百公里，新能源汽车新车销售量达到汽车新车销售总量的20%左右，高度自动驾驶汽车实现限定区域和特定场景商业化应用。到2035年，纯电动汽车成为新销售车辆的主流，公共领域用车全面电动化，燃料电池汽车实现商业化应用，高度自动驾驶汽车实现规模化应用，有效促进节能减排水平和社会运行效率的提升。纯电动汽车有哪些优势呢？

1. 环保特性。燃油汽车会产生废气，造成环境污染，而电动汽车则不会。

2. 节能特性。燃油汽车在非行驶状态下很多时候不熄火，而不熄火就会源源不断地消耗燃料，而电动汽车可以极其方便地启动和停止，也就不会存在浪费能源的问题。

3. 轻便特性。燃油汽车都有一个大油箱，但是油箱让车子的空间减少，又增加了全车负重。电动车的电瓶相比于油箱小很多，因此电动车比燃油车要轻便很多。

**思考：**政府可以使用哪些财政政策工具来鼓励发展新能源汽车？

### 四、财政政策的类型

#### （一）根据财政政策具有调节经济周期的作用，可划分为自动稳定的财政政策和相机抉择的财政政策

1. 自动稳定的财政政策是指某些能够根据经济波动情况自动发生稳定作用的政策，它无须借助外力就可直接产生调控效果。财政政策的这种内在的、自动产生的稳定效果，可以随着社会经济的发展，自行发挥调节作用，不需要政府采取任何干预行动。但自动稳定器的效果是有限的。财政政策的自动稳定性主要表现在两个方面：第一，税收的自动稳定性，指累进所得税制度。第二，政府支出的自动稳定性，指社会保险制度。

**想一想：**

财政的自动稳定器如何稳定经济？

2. 相机抉择的财政政策意味着某些财政政策本身没有自动稳定的作用，需要借助外力才能对经济产生调节作用。一般来说，这种政策是政府根据当时的经济形势，采用不同的财政措施，以消除通货膨胀缺口或通货紧缩缺口，是政府利用国家财力有意识干预经济运行的行为。

#### （二）根据财政政策在调节国民经济总量方面的功能，可划分为扩张性政策、紧缩性政策和中性政策

1. 扩张性财政政策，也称赤字财政政策或膨胀性财政政策或“松”的财政政策，是指通过财政分配活动来增加和刺激社会的总需求。在国民经济存在总需求不足时，通过扩张性财政政策使总需求与总供给的差额缩小以至于平衡；如果总需求与总供给原来就是平衡的，扩张性财政政策就会使总需求超过总供给。在我国扩张性财政政策也被称为积极的财政政策。

实现扩张性财政政策的手段主要是减税（降低税率）和增加财政支出规模。一般来说，减税可以增加民间的可支配收入，在财政支出规模不变的情况下，也可以扩大社会总需求。同时，减税的种类和方式不同，其扩张效应也不同。财政支出是社会总需求的直接构成因素，财政支出规模的扩大会直接增加总需求。在减税与增加支出并举的情况下，扩张性财政政策一般会导致财政赤字，从这个意义上说，扩张性财政政策等同于赤字财政政策。

2. 紧缩性财政政策，也称结余财政政策或紧的财政政策，是指通过财政分配活动来减少和抑制总需求。在国民经济已出现总需求过旺的情况下，通过紧缩性财政政策消除通货膨胀缺口，达到供求平衡；如果总供求原来就是平衡的，紧缩性财政政策会造成有效需求不足。

实现紧缩性财政政策的手段主要是增税（提高税率）和减少财政支出。增加税收可以减少民间的可支配收入，降低人们的消费需求；减少财政支出可以降低政府的消费需求和投资需求。所以，无论是增税还是减支，都具有减少和抑制社会总需求的效应。如果在一定经济状态下，增税与减支同时并举，财政盈余就有可能出现，在一定程度上说，紧缩性财政政策等同于盈余财政政策。

3. 中性财政政策，是指财政的分配活动对社会总需求的影响保持中性。财政的收支活动既不会产生扩张效应，也不会产生紧缩效应。在一般情况下，这种政策要求财政收支要保持平衡。但是，使预算收支平衡的政策并不等于中性财政政策。

阅读资料

**“十四五”开局之年 积极的财政政策如何发力?**

2021 年是“十四五”开局之年，积极的财政政策要提质增效、更可持续，要在保持适度支出强度、优化和落实减税降费政策、落实政府过紧日子要求、更加突出绩效导向等方面持续发力，为推动构建新发展格局迈好第一步。

2021 年，全国一般公共预算支出安排超过 25 万亿元，增长 1.8%。

在实际新增财力有限的情况下，中央财政继续压减本级、调整支出结构，增加对地方转移支付规模。对地方转移支付安排 83 370 亿元，比 2020 年略有增加，其中一般性转移支付增长 7.8%。

新增专项债券安排 3.65 万亿元，比 2020 年减少 1 000 亿元，比 2019 年增加 1.5 万亿元；赤字率按 3.2% 左右安排，在 2020 年的 3.6% 和 2019 年的 2.8% 之间；赤字规模为 3.57 万亿元，比 2020 年减少 1 900 亿元，比 2019 年增加 0.81 万亿元。虽然赤字率比 2020 年下调，但由于 2021 年名义 GDP 增速有望大幅反弹，赤字规模总量仍将较大。

优化和落实减税降费政策是 2021 年财政政策的一项重要内容。2021 年，继续执行制度性减税政策，延长小规模纳税人增值税优惠等部分阶段性政策执行期限，实施新的结构性减税举措。取消港口建设费，将民航发展基金航空公司征收标准再降低 20%。

**思考：**从以上资料，你理解积极财政政策的含义了吗?

（资料来源：中华人民共和国财政部网站，2021 年 3 月 11 日。）

# 第二节　货币政策

## 一、货币政策的含义

货币政策是指一国政府为实现特定的宏观经济目标所制定的各种调节货币供给量和信用条件的方针、措施的总和。它包括三个方面的内容，货币政策目标、货币政策工具和货币政策效应。中央银行是制定和执行货币政策的国家权威机构。

## 二、货币政策目标

货币政策作为国家经济政策的组成部分，如同财政政策一样，其最终目标与国家的宏观经济目标是一致的。世界各国中央银行货币政策所要实现的目标有四个：稳定物价、充分就业、经济增长和国际收支平衡。这四个货币政策目标之间是有矛盾的，所以任何一个国家的中央银行，对上述四个目标是不能同时兼顾的，即不可能同时达到四个目标。一般说来，不同的国家选择货币政策目标的侧重点是不同的。我国的货币政策目标在《中华人民共和国中国人民银行法》中做了明确规定："货币政策目标是保持货币币值的稳定，并以此促进经济增长。"这一法律规定表明，国家要求中央银行的货币政策必须将稳定货币币值作为首要目标，通过调节货币供给总量为国民经济创造良好的货币金融环境，以此促进经济持续、快速、健康发展。

## 三、货币政策工具

货币政策工具是中央银行为实现货币政策目标而使用的各种信用手段。货币政策工具很多，凡是能够影响市场货币供应的政策都可以说是货币政策工具。通常划分为四大类：一般性货币政策工具、选择性货币政策工具、直接信用控制工具和间接信用控制工具。

### （一）一般性货币政策工具

一般性货币政策工具是对货币供给总量进行调控的工具，包括法定存款准备金率、再贴现政策和公开市场业务三大政策工具，通称"三大法宝"。

1. 法定存款准备金率，是指以法律形式规定商业银行等金融机构将其吸收存款的一部分上缴中央银行作为准备金的比率。将商业银行等金融机构的存款准备金集中于中央银行，是为了保障银行体系的安全和存户的利益，也为了控制商业银行创造存款的能力，从而调节货币供应量。但是该工具调控力度大，效果猛烈，因此要谨慎使用。

当经济繁荣、需求过旺、发生通货膨胀时，中央银行提高法定存款准备金率，使商业银行可用现金资产减少，创造派生存款能力下降，迫使商业银行紧缩信贷规模，从而减少市场货币供应量。反之亦然。

2. 再贴现政策，是指商业银行或其他金融机构以贴现所获得的未到期票据向中央银行融资时所作的票据转让。再贴现政策是中央银行通过制定或调整再贴现率，来干预和影响市场货币供求，从而调节市场货币供应量的金融政策。

当经济繁荣、需求过旺、发生通货膨胀时，中央银行提高再贴现率，商业银行借入资金成本上升，迫使商业银行减少向中央银行的借款，紧缩信贷规模，从而减少市场货币供应量。反之亦然。

3. 公开市场业务，是指中央银行在金融市场上买进或卖出有价证券，借以调节货币供应量，控制信用规模的政策。这是最重要也是最常用的工具。当金融市场上货币过多时，中央银行卖出有价证券，使货币回笼，从而减少货币供应量。反之亦然。

### （二）选择性货币政策工具

选择性货币政策工具是指中央银行针对某些特殊的经济领域或特殊用途的信贷而采用的信用调节工具。

1. 消费信用控制，是指中央银行对不动产以外的各种耐用消费品的销售融资予以控制。其主要内容包括：

（1）对分期付款方式购买耐用品时的首次付款规定最低比例；

（2）规定消费信贷的最长期限；

（3）规定可用消费信贷购买的耐用品种类，对不同消费品规定不同的信贷条件。

2. 不动产信用控制，是指中央银行对金融机构在房地产放款方面的限制措施，如规定贷款限额、最长期限以及首次付款比例等，目的是抑制房地产投机。

3. 证券市场信用控制，是指中央银行对有关证券交易的各种贷款进行限制，目的在于限制对证券市场的信贷数量，稳定证券市场的价格，如规定一定比例的证券保证金比率。

### （三）直接信用控制

直接信用控制，也称直接信用管制，是指中央银行基于质与量的信用控制目的，依据有关法令，对商业银行创造信用业务加以各种直接干预的总称。一般市场经济发达的国家很少采用这类方式。主要内容有：

1. 利率最高限。规定存贷款最高利率限制是最常用的信用管制工具，目的是防止银行用抬高利率的办法竞相吸收存款和为谋取高额利润而进行高风险存贷。

2. 信用配额，是指中央银行根据金融市场状况以及宏观经济需要，分别对各个商业银行的信用规模加以分配，限制其最高数量。这种办法在资金供给严重不足的发展中国家广泛地被采用。

3. 流动性比率，是流动资产占存款的比例。商业银行要保持中央银行规定的流动性比率，必须缩减长期贷款，扩大短期贷款和增加易变现的资产，从而限制信用扩张。

4. 直接干预，是指中央银行直接对商业银行的信贷业务、放款范围等加以干预。如直接干预商业银行对存款的吸收，对经营不当的银行拒绝再贴现或采取惩罚利率等。

### （四）间接信用控制

间接信用控制，是指中央银行用各种间接措施对商业银行的信用创造施加影响，主要措施有道义劝告和窗口指导等。

1. 道义劝告，是指中央银行利用自己在金融体系中的特殊地位和威望，通过对商业银行及其他金融机构的劝告，以影响其放款的数量和投资的方向，从而达到控制和调节信用的目的。道义劝告既能控制信用的总量，也能调整信用的构成，在质和量的方面均起作用。中央银行的道义劝告不具有强制性，而是将货币政策的意向与金融状况向商业银行和其他金融机构提出，使其能自动地根据中央银行的政策意向采取相应措施。

2. 窗口指导，是指中央银行根据产业行情、物价趋势和金融市场动向，规定商业银行每季度贷款的增减额，并要求其执行。如商业银行不执行，中央银行可削减对该银行的贷款额度甚至采取停止提供信用等制裁措施。虽然窗口指导没有法律约束力，但其作用有时也很大。

## 四、我国的货币政策工具

1995 年颁布的《中国人民银行法》对我国中央银行运用的货币政策工具做了明确的规定，包括存款准备金，基准利率（中央银行对金融机构的存、贷款利率），再贴现，再贷款，公开市场业务等货币政策工具。

**案例分析**

**楼市调控注重长短期结合**

2016年一线城市和部分二线城市房价过快上涨引起社会广泛关注。

中央经济工作会议提出，坚持“房子是用来住的、不是用来炒的”的定位，综合运用金融、土地、财税、投资、立法等手段，加快研究建立符合国情、适应市场规律的基础性制度和长效机制，既抑制房地产泡沫，又防止出现大起大落。

近十几年来，中国对房地产调控都是以短期、需求端为主，但这种单一需求调控却难以抑制房价上涨预期，导致房价越调越高。中央经济工作会议提出建立房地产调控长效机制，这意味着中央将改变以往单一短期、需求端调控方法，而是在此基础上更加注重供给调控。

在需求端调控上，此次中央经济工作会议提出严格限制信贷流向投资投机性购房；而在供给端调控上，会议提出要落实人地挂钩政策，根据人口流动情况分配建设用地指标。落实地方政府主体责任，房价上涨压力大的城市要合理增加土地供应，提高住宅用地比例，盘活城市闲置和低效用地。特大城市要加快疏解部分城市功能，带动周边中小城市发展。

**思考：**查找资料，阐述我国政府对房地产市场使用了哪些财政和货币政策工具？如何进行调控的？

### 五、货币政策的类型

根据货币政策对社会货币供应量所具有的不同调节功能，将货币政策分为扩张性货币政策、紧缩性货币政策和中性货币政策三种类型。

1. 扩张性货币政策，又称膨胀性货币政策，或“松”的货币政策。它是指通过降低法定存款准备金比率、降低再贴现率、中央银行在公开市场业务中收购有价证券及中央银行降低存放款利率等手段，增加社会货币供应量进而刺激社会总需求增加的政策。在经济衰退时期，总需求不足，通过实施扩张性货币政策，可以增加社会货币供应量，进而刺激社会总需求的增加。

2. 紧缩性货币政策，是指通过提高法定存款准备金率、提高再贴现率、中央银行在公开市场业务中卖出有价证券及中央银行提高存放款利率等手段，抑制或减少社会货币供应量进而减少社会总需求的政策。在经济繁荣时期，总需求过旺，出现通货膨胀，通过实施紧缩性货币政策，可以减少社会货币供应量进而抑制、减少社会总需求。

3. 中性货币政策，是指货币供应量大体等于货币需要量的政策，它对社会货币供应量及社会总需求既不产生扩张性效应，也不产生紧缩性的后果。

2022年，我国继续实施稳健的货币政策，做到灵活适度，保持流动性合理充裕。稳健的货币政策是指根据经济变化的征兆来调整政策取向，当经济出现衰退迹象时，货币政策偏向扩张；当经济出现过热时，货币政策偏向紧缩。最终反映到物价上，就是保持物价稳定。

# 第三节 财政政策与货币政策的配合

## 一、财政政策与货币政策协调配合的必要性

财政政策与货币政策都是国家调控经济运行的主要工具，都能对社会总需求与总供给进行调节，二者既各有侧重，又紧密联系，必须准确把握和正确处理二者的关系，根据实际情况协调而灵活运用财政政策和货币政策，才能充分发挥其应有作用，保证国民经济健康持续快速发展。

### （一）财政政策与货币政策的共同点决定其协调配合的可能性

1. 两者都是调节需求总量的重要工具。财政分配是采取货币形式进行的，财政支出直接形成社会总需求的一部分。货币政策的核心就是控制流通中的货币量，实际上也就是控制社会总需求。财政政策和货币政策通过各自政策工具的运用，都会影响需求总量。

2. 两者都是调节需求结构的重要工具。从财政政策看，无论是税收、公债，还是政府投资、财政补贴，都具有明显的调整需求结构的功能。从货币政策看，信贷资金投放方向的不同、差别利率等也具有调节需求结构的功能。

3. 两者是间接调节总供给的重要工具。财政政策与货币政策对需求总量与结构的调节，并不限于需求本身，也会在一定程度上对供给总量和供给结构进行调节。不论是扩张性或紧缩性财政政策、货币政策，都会影响供给总量的增加或减少。

### （二）财政政策与货币政策的不同点决定其协调配合的必要性

1. 调节领域不同。财政政策在分配领域通过财政收支的增减来实现对经济运行的调节；货币政策则在流通领域通过对货币供应量的调节来实现对经济运行的调节。

2. 调节的侧重点不同。财政政策调节的侧重点是结构。财政可以通过自身的收支活动，把一部分货币资金引导到新兴产业和薄弱产业上去，从而达到优化经济结构推动经济增长的目的；而货币政策调节的侧重点是总量，目的是物价稳定。

3. 财政政策侧重于公平分配。通过对货币资金的无偿集中和使用，调节经济利益在社会各阶层的公平分配；货币政策侧重于提高经济运行效率，调控的是具有有偿性的信贷资金，这就决定了货币政策调控更多注意提高资金的使用效益。

4. 财政政策侧重于弥补市场缺陷，对私人不愿投资和私人不适合投资的领域有效发挥资源配置职能；货币政策侧重于调节储蓄与投资，通过利率变化来调节消费与储蓄的比重，从而引导储蓄倾向和消费倾向的相互转化。

## 二、财政政策与货币政策协调配合的模式

财政政策与货币政策的协调配合也就是扩张性、紧缩性和中性财政政策与货币政策的不同组合。

### （一）松的财政政策和松的货币政策相配合，即“双松”模式

松的财政政策是通过减税和扩大政府支出规模来增加社会总需求；松的货币政策是通过降低法定存款准备金率、降低再贴现率、降低利率等措施来扩大信贷支出规模，增加货币供应量、刺激投资，增加社会总需求。“双松”政策的实施结果表现为社会总需求快速增长，并以此推动经济发展，但同时可能带来通货膨胀风险。

“双松”模式一般是在社会总需求严重不足，生产能力和生产资源未得到充分利用，就业不足的情况下采取的对策。

### （二）紧的财政政策和紧的货币政策相配合，即“双紧”模式

紧的财政政策是通过增加税收和削减财政支出规模、限制消费和投资，来减少社会总需求；紧的货币政策是通过提高法定存款准备金率、提高再贴现率、提高利率等措施来压缩信贷支出规模，减少货币供应量，抑制总需求的快速增长。“双紧”模式的实施结果表现为有效地制止需求膨胀和通货膨胀，但可能会带来经济停滞的后果。

“双紧”模式一般是在经济过热、需求过旺和通货膨胀压力下采取的对策。

### （三）紧的财政政策和松的货币政策相配合，即“紧财政松货币”模式

紧的财政政策可以在一定程度上防止总需求膨胀和经济过热；松的货币政策可以使经济保持一定的增长率。这种政策组合的效应就是在保持经济适度增长的同时，尽可能避免通货膨胀。但货币政策过松，也难以控制通货膨胀。

实施紧缩性的财政政策和扩张性的货币政策搭配的适宜条件是：经济过热、通货膨胀、社会失业率低、国际收支出现过多顺差。

### （四）松的财政政策和紧的货币政策，即“松财政紧货币”模式

松的财政政策在于刺激需求，刺激经济增长，对克服经济萧条较为有效；紧的货币政策可以控制货币供应量的增长，从而防止通货膨胀。这种政策组合效应就是在控制通货膨胀的同时，保持经济的适度增长。但如果长期运用这种组合，会使财政赤字不断扩大。

实施扩张性的财政政策和紧缩性的货币政策搭配适宜的条件是：经济停滞不前甚至衰退、社会总需求不足、物价稳定、失业率高、国际收支逆差。

可以看出，上述四种组合各有特点，在现实生活中，这四种政策搭配与选择是一个很复杂的问题。采取哪种形式，应视当时的经济情况而定，灵活、适当运用。

阅读资料

### 中国人民银行决定下调金融机构存款准备金率

为支持实体经济发展，促进综合融资成本稳中有降，中国人民银行决定于2021年12月15日下调金融机构存款准备金率0.5个百分点（不含已执行5%存款准备金率的金融机构）。本次下调后，金融机构加权平均存款准备金率为8.4%。

一、此次降准是否意味着稳健货币政策取向发生改变？

稳健货币政策取向没有改变。此次降准是货币政策常规操作，释放的一部分资金将被金融机构用于归还到期的中期借贷便利（MLF），还有一部分被金融机构用于补充长期资金，更好满足市场主体需求。人民银行坚持正常货币政策，保持政策的连续性、稳定性、可持续性，不搞大水漫灌，为高质量发展和供给侧结构性改革营造适宜的货币金融环境。

二、此次降准的考虑是什么？

此次降准的目的是加强跨周期调节，优化金融机构的资金结构，提升金融服务能力，更好支持实体经济。一是在保持流动性合理充裕的同时，有效增加金融机构支持实体经济的长期稳定资金来源，增强金融机构资金配置能力。二是引导金融机构积极运用降准资金加大对实体经济特别是中小微企业的支持力度。三是此次降准降低金融机构资金成本每年约150亿元，通过金融机构传导可促进降低社会综合融资成本。

三、此次降准释放多少资金？

此次降准为全面降准，除已执行5%存款准备金率的部分县域法人金融机构外，对其他金融机构普遍下调存款准备金率0.5个百分点，同时考虑到参加普惠金融定向降准考核的大多数金融机构都达到了支农支小（含个体工商户）等考核标准，政策目标已实现，有关金融机构统一执行最优惠档存款准备金率，这样此次降准共计释放长期资金约1.2万亿元。

（资料来源：中国人民银行官网，2021年12月6日。）

## 复习思考题

1. 什么是财政政策？它有哪些构成要素？
2. 财政政策有哪几种类型？在经济衰退时期应如何使用？
3. 什么是积极的财政政策和稳健的货币政策？其具体内容是什么？

# 主要参考书目


1. 陈共：《财政学》，中国人民大学出版社 2012 年版。
2. 邓子基：《财政学》，中国人民大学出版社 2001 年版。
3. 樊珂，孙丹：《财政与金融基础知识》，华中师范大学出版社 2018 年版。
4. 申长平：《财政学概论》，东北财经大学出版社 2007 年版。
5. 朱德云：《财政学》，经济科学出版社 2008 年版。
6. 中国注册会计师协会：《税法》，经济科学出版社 2009 年版。
7. 曾康华：《财政与金融》，中国财政经济出版社 2006 年版。
8. 中国银行业从业人员资格认证办公室：《公共基础》，中国金融出版社 2008 年版。
9. 胡世良：《互联网金融模式与创新》，人民邮电出版社 2013 年版。
10. 汤冰凌：《互联网金融技术与应用》，电子工业出版社 2015 年版。